K&K Verlagsanstalt
Der Pfälzer Pitaval

Der pfälzer Pitaval

K&K Verlagsanstalt

1. Auflage herausgegeben von
Josef-Stefan Kindler und Rolf Übel

Autoren:
Eckhard Braun, M.A.: Doktorand an der Johann-Wolfgang-Goethe-Universität in Frankfurt und freier Schriftsteller.
Ludwig Hans, Historiker: Veröffentlichungen zur Geschichte der Stadt Germersheim und zur Geschichte der 1848/49er Revolution.
Dr. Andreas Imhoff: Archivar am Stadtarchiv Landau in der Pfalz. Veröffentlichungen zur Sozial- und Wirtschaftsgeschichte der Stadt Landau und zur Landesgeschichte.
Bernhard Kukatzki: Historiker, Veröffentlichungen zur Landesgeschichte, Schwerpunkt: Geschichte des Judentums in der Pfalz.
Rolf Übel, M.A.: Archivar für die Verbandsgemeinden Annweiler am Trifels und Bad Bergzabern. Veröffentlichungen zur Festungs-, Burgen- und Landesgeschichte.

Titelbild und Grafiken:
Thomas Stützel

Grafische Arbeiten:
Martin Ohmer

Druck:
Druckhaus Engelhardt & Bauer, Karlsruhe

© 1996
Alle Rechte vorbehalten
Nachdruck, auch auszugsweise,
ohne Genehmigung des Verlages nicht gestattet

K&K Verlagsanstalt
Holzgasse 30 · 76863 Herxheim
Fon (07276) 91 91 83 · Fax (07276) 91 91 85

ISBN 3-930643-01-4

Inhaltsverzeichnis

... bis er gesteht	13
Vom Gerichtswesen in der Südpfalz	35
Aus den Akten des Germersheimer Blutgerichts	69
Rauben und Plündern ist keine Schande	89
Hexenprozesse in der Pfalz	103
Die 98 Missetaten des Hans Hoffmann	161
Die Hannikelbande in der Pfalz	179
Eine öffentliche Hinrichtung	191
Tod im Wiesental	213
Kriminalberichterstattung in pfälzischen Lokalblättern der Kaiserzeit	227
Währungstabellen	269
Literatur	270

DER PFÄLZER PITAVAL
Begriffsbestimmung und Einleitung
von Rolf Übel

„Mit der Bezeichnung „Pitaval" meinen wir heute eine Sammlung von Kriminalgeschichten. Daß dies ein Eigenname ist und wer Pitaval war, kümmert kaum noch jemand. Und das ist verständlich; denn die Person und die Lebensumstände dieses merkwürdigen Autors sind heute unbekannt. Der Berichterstatter wurde über dem Berichteten vergessen."

Demjenigen, der mit dem Haupttitel dieses Buches - Der Pfälzer Pitaval - wenig anfangen kann, wird dieses Zitat auch nicht viel weiterhelfen, verweist es doch nur auf den Namensgeber, ohne sein Leben näher zu beleuchten beziehungsweise festzustellen, warum „Der Pitaval" in der Kriminalliteratur seit nunmehr zweieinhalb Jahrhunderten ein stehender Begriff ist.

Francois Gayot de Pitaval (1673-1743) hatte Kriminal- und Justizfälle gesammelt und in seinem Hauptwerk „Berühmte und interessante Rechtsfälle" (1734-1743) einem breiten Publikum vorgelegt.

Dies war ihm nicht an der Wiege gesungen! Der Sproß einer Adelsfamilie war für den geistlichen Stand bestimmt, den er aber nach wenigen Jahren wieder verließ, um sich dem Waffenhandwerk zu verschreiben, dies allerdings auch nicht mit großem Erfolg oder von langer Dauer. Seinem Vater folgend ließ er sich als Anwalt nieder. Er praktizierte kurioserweise schon, bevor er sein Studium abgeschlossen hatte, und das mit einigem Erfolg.

Neben seiner Anwaltstätigkeit nahm er mit knapp 40 Jahren seine schriftstellerische Tätigkeit auf - und betrat auch hier Neuland. Er wollte keine Handbücher für „Juristen" schreiben oder etwa Sammlungen von Urteilen, Anklage- oder Verteidigungsreden. Vielmehr versuchte er, interessante, aber auch aufsehenerregende Rechtsfälle für ein breites Publikum verständlich darzustellen. Damit hatte er den Erfolg, den er mit seinen Kriegsbüchern oder Reisebeschreibungen zuvor nicht gehabt hatte.

Der Ur-Pitaval mit dem Titel „*Berühmte und interessante Rechtsfälle mit den Urteilen gesammelt, die sie entschieden haben*" erschien von 1734-1743 in insgesamt 22 Bänden und kann mit Fug und Recht als Bestseller bezeichnet werden.

Denn Pitaval wollte keine „Sammlung von Kriminalfällen, Urteilen und musterhaften Gerichtsreden zu strafrechtlichen Studienzwecken für angehende Juristen" schreiben, sondern er „*stellte in ausführlichen Erzählungen dar, wie sich der Prozeßverlauf allmählich ergab, und ließ die menschlichen Konflikte der handelnden oder betroffenen Personen dramatisch und plastisch hervortreten.*" Er verwandte auf die Formung der Tatbestände und die psychologische Durchdringung der Personen weit mehr Sorgfalt als die juristischen Lehrbücher.

„*Mit eben diesem neuen Interesse am Menschen, auch in seinen Verirrungen, mit der Straffung der Handlungen und der Schaffung von Spannungsmomenten wirkte Pitaval natürlich weit erregender auf die Leserschaft als die einem ganz anderen Zweck dienenden Fall- oder Urteilssammlungen.*"
Damit erreichte Pitaval eine breite Leserschaft, und sein Werk geriet auch nach seinem Tode 1743 keineswegs in Vergessenheit, sondern wurde immer wieder aufgelegt und übersetzt, unter anderem ins Deutsche. Nach Pitaval riß das Interesse an wahren Kriminalgeschichten nicht mehr ab. Schiller hatte sich vor der Niederschrift des „Verbrechers aus verlorener Ehre" mit dem Pitaval beschäftigt und schrieb die Einleitung zu einer deutschen Ausgabe. Selbst die juristischen Fallstudien des frühen 19. Jahrhunderts übernahmen immer mehr seinen Stil.

Pitaval kann als der Stammvater dreier Genres gelten, dem des Kriminalromans schlechthin, den er mit seinen teilweise psychologisch angelegten Beschreibungen von Verbrecher und Verbrechen vorwegnahm, dem des historischen Kriminalromans, der sich an authentischen Fällen orientiert, und dem des dokumentarischen Kriminalsachbuchs.

Mit letzterem blieb der Name Pitaval verbunden, sei es im „*Neuen Pitaval*", der 1842-1865 in dreißig Bänden erschienen war, im dreibändigen „*Sächsischen Pitaval*" (1861) oder im späteren „*Prager Pitaval*" von Egon Erwin Kisch (1931). Auch Autoren wie Jürgen Thorwald „Das Jahrhundert der Detektive", Truman Capote „Kaltblütig", Norman Mailer „Gnadenlos" oder das „True Crime" Genre traten in seine Fußstapfen.

Einige der Fälle, die Pitaval in seinen Büchern schilderte, wurden regelrecht legendär und erfuhren immer wieder Bearbeitungen bis in unsere Tage. So verarbeiteten Filmemacher den Fall des Martin Guerre in „Die Wiederkehr des Martin Guerre" in Frankreich und letztlich in einer „Sommersby" genannten Hollywoodinterpretation.

Das vorliegende Buch trägt den Namen *„Pfälzer Pitaval"* und steht somit in der Tradition des Berichtens über authentische Kriminalfälle. Verschrieb sich das große Vorbild zuerst der Hochgerichtsbarkeit, wählte es vor allem Fälle aus, die die Gemüter erhitzten, beschrieb es auch politische Prozesse wie den gegen Charles I. von England oder gegen Jeanne d´Arc, so setzt der Pfälzer Pitaval die Schwerpunkte ähnlich und doch anders.

Neben großen Prozessen will das Buch auch mit den kleineren Vergehen bekannt machen, die mitunter in Dorfgerichten abgehandelt wurden, die die Obrigkeit nur am Rande beschäftigten und den Lebenskreis der Betroffenen kaum verließen. Es soll nicht nur aus den „Blutbüchern" berichtet werden, sondern auch aus den „Frevelbüchern", in denen die kleinen Sünden der Menschen aufgeschrieben wurden. Auch sie sind erzählenswert!

Dieser Band findet seinen Schwerpunkt im Südpfälzer Raum. Dies ist keine Wertung und soll keineswegs unterstellen, daß gerade hier Verbrechen und Vergehen blühten. Vielmehr ist der Großteil der Autoren in dieser Landschaft beheimatet und hat schon lange intensiv die Geschichte und Rechtsgeschichte der Region erforscht. In weiteren Bänden soll auch aus anderen Regionen ausführlicher berichtet werden.

Obwohl die Beiträge chronologisch gegliedert sind wurde der Versuch, aus allen Epochen Kriminalfälle zu beschreiben, nicht unternommen. Die Schwerpunkte in den einzelnen Jahrhunderten geben die Meinung der Autoren wieder, die eben diese Fälle für erzählenswert halten und andere nicht.

Eines darf dem Leser aber gewiß sein. Deckt auch der Stil der Autoren die Möglichkeiten vom fast romanhaften Erzählen bis hin zum wissenschaftlichen Aufsatz ab, so sind alle Geschichten wahr. Mag es auch in ausschmükkender Sprache dargeboten sein, es bleiben Fälle aus der Rechtsgeschichte der Pfalz, die sich genau so abgespielt haben.

... BIS ER GESTEHT
aus der Rechtspraxis vergangener Tage
von Rolf Übel

Dieses Buch versteht sich nicht als rechtsgeschichtliche Abhandlung, sondern ist eine Anthologie von Verbrechen und Gerichtsfällen, die sich während eines halben Jahrtausends in der Pfalz zugetragen haben. Trotzdem soll eine kurze und allgemein verständliche Abhandlung über die Rechtsgeschichte der Pfalz vorangestellt werden, in welcher der Leser einiges über die Anklageerhebungen, die Prozeßverläufe und Strafen erfährt.
Vieles wird ihm fremd, weiteres sehr brutal vorkommen, weit entfernt von der Rechtspraxis unserer Tage, einiges mitunter kurios, fast einem Panoptikum entsprungen.
Ist dem Rechtshistoriker auch einiges zu oberflächlich behandelt, so versteht er sicherlich, daß sich dieser Überblick an den historischen wie rechtsgeschichtlichen Laien wendet.
Ist heute jedem die Gesetzgebung und ihre Strafen bekannt und gilt einheitliches Recht für alle Bürger in allen Regionen Deutschlands, so ist dies für das Mittelalter und die frühe Neuzeit keineswegs festzustellen. Vielmehr spiegelt sich die Zersplitterung des Reiches in viele unabhängige Territorien auch in der Zerrissenheit in viele Rechtslandschaften.
Eine Trennung der Gewalten gab es nicht: Der Dorf- oder Stadtherr als Träger von Legislative und Exekutive konnte gleichzeitig Gerichtsherr sein. Das Recht über Leben und Tod zu richten, stand jedem auch noch so unbedeutenden Adeligen in seinem Gebiet zu.

Selbst ein einheitliches verbindliches Gesetzbuch gab es nicht. Es wurde in unserem Gebiet 1804 durch den Code Napoleon geschaffen. In anderen deutschen Staaten brachten erst das Bürgerliche Gesetzbuch und das Strafgesetzbuch eine einheitliche Grundlage der Rechtsprechung.
Unsere moderne Rechtstradition ist noch keine 200 Jahre alt. Die Trennung der Gewalten und die Unabhängigkeit der Judikative, das Schwurgericht und die Rechtsgleichheit sind Errungenschaften, die erst mit der Französischen Revolution zu uns kamen - aber nun von Anfang an.

„Verräter und Überläufer knüpften die Germanen an dürren Bäumen auf, Feiglinge und Fahnenflüchtige, und solche, die in Widernatürlichkeit ihren Leib (oder den anderer) sexuell mißbraucht hatten, versenkten sie im Moor oder Sumpf und überdeckten sie mit Gestrüpp". So beschrieb der römische Historiker Tacitus im ersten nachchristlichen Jahrhundert die Rechtsgebräuche der Germanen in seinem Werk „Germania".

Recht war unter den Germanen Gewohnheitsrecht, das nicht kodifiziert war, sondern in mündlicher Überlieferung weitergegeben wurde. Was Recht war blieb über Generationen bekannt. Allerdings waren die Unterschiede in den Rechtsgewohnheiten der einzelnen Stämme stark ausgeprägt.
Mit dem Eintritt der Germanen als staatenbildende Völker in die Geschichte entstanden Rechtskodizes. Deren ältester ist die im frühen 6. Jahrhundert entstandene „Lex salica". Weitere Stammesrechte sollten folgen, von denen die „Lex Baiuvariorum" das bekannteste werden sollte. Mit aller Vorsicht, die die Verallgemeinerung birgt, kann man schon von Kirchenrecht, Staatsrecht (=Herrscherrecht) und Volksrecht (=Strafrecht) sprechen. In karolingischer Zeit wurden die Leges durch die Kapitularien ergänzt, die in weltliche wie geistliche Rechtsbereiche eingriffen, allerdings nicht alle möglichen Rechtsfälle, vor allem des einfachen Gewohnheitsrechts, entsprechend reglementierten. Allen diesen ist aber gemein, daß von den Herrschern und Gesetzgebern eine enge Verzahnung zwischen Kirche und Staat in Bereichen des Rechts angestrebt wurde. Wie sich der Kaiser auch als oberster Kirchenherr verstand, so mußte er sich ebenso als höchster Bewahrer der Glaubenssätze der kirchlichen Lehre sehen. Daher hatte er ihre Durchsetzung durch Gesetze zu erwirken, eine Tendenz, die die ganze mittelalterliche Rechtsgeschichte durchzieht. Diese Rechtsbücher waren in lateinischer Sprache abgefaßt und daher einem großen Teil der Bevölkerung nicht zugänglich. Es kann aber von einer weiteren Tradierung in mündlicher Überlieferung ausgegangen werden.
Obwohl die lateinische Sprache auf das Römische Reich zurückgeht, wurden in dieser Sprache keine römischen Rechtsbücher verfaßt, sondern die germanischen Stammesrechte niedergelegt. Auch die großen Gesetzeswerke der

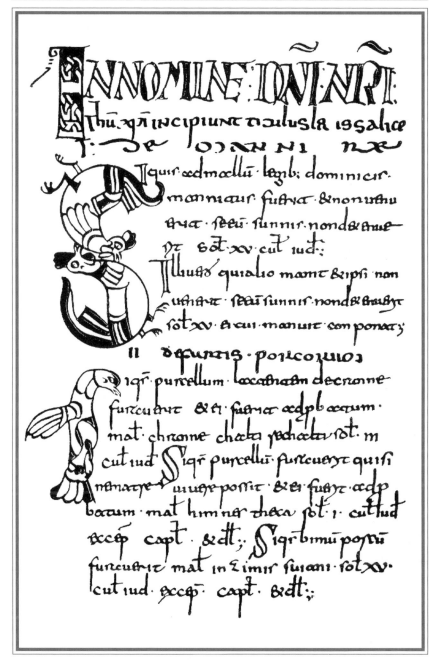

Die Anfangsseite einer Handschrift der LEX SALICA aus dem späten 8. Jahrhundert.

Spätantike, wie der Kodex des oströmischen Kaisers Justinian aus dem Jahre 534, fanden kaum Eingang in die germanisch-fränkischen Gesetze.
Parallel zu den Leges und Kapitularien entstanden die Volksrechte, die, mündlich tradiert, in ihrer Gegenüberstellung von Tat und Sühne wesentlich konkreter waren. Sie spiegelten sicherlich wesentlich stärker das Rechtsempfinden und die Strafforderungen der einfachen Schichten wider. Dies verdeutlicht, daß sich nach der Vereinheitlichungstendenz unter den Karolingerkönigen die Stammesrechte wieder stärker durchsetzten; auch die schriftlose Überlieferung erhielt wieder einen höheren Stellenwert.
Der im frühen 13. Jahrhundert entstandene Sachsenspiegel ist das bekannteste hochmittelalterliche Rechtsbuch. Das von einem Privatmann (Eike von Repgow) - also nicht in hoheitlichem Auftrag - niedergelegte Werk, sammelte bestehendes Stammrecht und fand später Eingang in das Sachsenrecht, wurde so zu dessen Vorläufer.
Der Sachsenspiegel fand weite Verbreitung und sein süddeutsches Pendant im Schwabenspiegel, der im selben Jahrhundert entstand. Diese Gesetzbücher hatten eine wesentliche Bedeutung für die Rechtsgeschichte bis in die Neuzeit. Die Bemerkung eines Historikers, Sachsen verließ erst 1864 mit dem Sächsischen Bürgerlichen Gesetzbuch den Sachsenspiegel, kann in dieser Ausdeutung nicht so stehen bleiben: Auch die "Rechtsspiegel" wurden oft modifiziert oder hielten Einzug in die Reichsgesetzbücher.
Diese Volks- oder Stammesrechte, die in Bilderhandschriften dem Rechtskundigen wie dem Laien zugänglich waren und durchaus als Grundlage von Verfahren dienen konnten, drangen in die Stadtrechte ein, auch wenn diese in der Regel erst viel später niedergelegt wurden.
Da die Stadtrechtsprivilegien außer Mauer- und Marktrecht auch häufig das Gerichtsprivileg enthielten, bildeten die Städte eigene Rechtsinseln innerhalb der Stammesrechte.
Das Recht kam nach mittelalterlicher Vorstellung von Gott, und die Aufgabe der Gerichtsherren konnte es daher nur sein, diesem Recht seine Durchsetzung zu verschaffen. Sie sollten den Gottesfrieden, den man als Landfrieden verstand, durchsetzen. Konsequenterweise kannte man bis in das Hochmittelalter auch die Gottesurteile, durch die quasi direkt vor Gott ein Urteil erlangt wurde, resultierend aus dem Glauben, daß Gott eine ungerechte Bestrafung nicht zulassen könne, wenn der Vorwurf des Gottes-Friedensbruchs (=Land-Friedensbruch) erhoben wurde.
Die „Wasserprobe" gilt als eines der bekanntesten Beispiele für ein Gottesurteil. Der Angeklagte mußte einen Gegenstand, häufig ein Kreuz, aus kochendem Wasser greifen. Der verbrühte Arm wurde sofort eng verbunden, entzündete er sich nicht, so galt dies als Unschuldsbeweis. Die „Bahrprobe"

Oes hilligen
geiſtes myn
ne dei ſterke
myne ſynne
dat ik recht
vñ vnrecht
der ſaſſen beſcheyde na godes
huldē vnde der werlde vromē
Des en kan yck allene nicht
vullebrēgē Dar vine ſo bid∕
de ick to hulpe alle gude lude
de ēchtes begert Off eymant
de rede bepegēde·de myne dū∕
me ſyne vmdede dar dit bock
nicht aff enſpreke·dat ſei dat
beſchede woldē na orē ſynnen
ſo ſe dat ēchtes wettē·wente

ēcht en ſal neymant wiſen na
leyff noch leit to hebtē·noch
torn noch giff te·wēte got ys
ſuluē dat ēcht·dar vine is em
dat ēcht laiff Hir vine ſep ſey
to deme gēchte dē dat vā go
des wegen beuolen is·dat ſey
alſo richtē dat godes gēchte
vñ torn ouer ſe genetlikē gaē
mote·:·   Artiaulſ ·pmſ

Ot de dar is ey begy̅
vnde ende aller gudē
dige de dar erſten ma
kede hēmel vñ erdē·dē miſchē
in ertrike vñ ſatte ene in dat
padijs·welker brak dē horſa
vnſ allento ſchaden dar vine

Eine Seite des Sachsenspiegels des Eike von Repgow aus einer Ausgabe von 1480.

zielt in ähnliche Richtung: Der Ermordete wurde vor dem Beschuldigten aufgebahrt, dieser mußte die Leiche berühren, öffnete sich die Wunde nicht, galt er als unschuldig. Das hochmittelalterliche Nibelungenepos beschreibt einen solchen Vorgang: Als die Leiche des ermordeten Siegfried vor Hagen gebracht wurde, begann die Speerwunde wieder zu bluten - ein untrügliches Zeichen für die Schuld des finstren Hagen. Beispiele für Gottesurteile lassen sich in der Pfalz allerdings nicht finden.

Da es hier auch um die unteren Rechtsinstanzen gehen soll, kann das Kaiser- und Königsrecht nur am Rande interessieren. Der Deutsche Kaiser oder König war keiner weltlichen Macht Rechenschaft schuldig. Die Oberrechtshoheit des Herrschers erkannten auch die Leges ausdrücklich an, womit sich das Eindringen des römischen Rechts manifestierte.

Aber die gesetzgeberische Tätigkeit des Herrschers zeigte sich unter den Staufern Friedrich II. und Heinrich (VII.) dahingehend, daß sie wichtige Königsrechte entfremdeten und die Stellung des Adels als Gerichtsherren im Auftrag des Herrschers stärkten. Königsrecht wurde langsam zum landesherrlichen Recht. Die Tendenz der Staufer, durch die Einführung des Römischen Rechts die Gerichtsbarkeit zu vereinheitlichen, das den Gesetzgeber - in der Regel den Herrscher - und allgemeinverbindliche Rechtsbücher kannte, verkehrte sich durch die Stärkung der Landesherren immer mehr zu deren Instrument. Im Deutschen Reich blieb de jure der König oberster Rechtsherr. Allerdings okkupierte der Adel in seinen Gebieten immer stärker gesetzgeberische Rechte, so daß auch eine Zersplitterung der Rechtslandschaft verstärkt wurde, obwohl unter den Staufern versucht worden war, diese zu zentralisieren. Was dem Stauferkaiser Friedrich II. in seinem süditalienischen Kernland gelungen war, die Vereinheitlichung und Zentralisierung von Verwaltung und Rechtsprechung, war ihm im Deutschen Reich gründlich mißlungen und hatte sich ins Gegenteil gekehrt.

Nach den Gesetzen der Staufer sollte die „Goldene Bulle" von 1356 zu einem „Grundgesetz in Verfassungsfragen" für das „Heilige Römische Reich Deutscher Nation" werden. So regelte sie die Königswahl und die Zahl und Stellung der Kurfürsten, beschränkte sich aber auf das Staatsrecht.

Blieb die Goldene Bulle das Reichsgesetz bis zum Dreißigjährigen Krieg, so kann der „Ewige Landfriede" des Kaisers Maximilian von 1495 nur als Versuch gewertet werden, im Reich eine einheitliche Gesetzgebung zu etablieren, die vor allem das Privatrecht der ritterlichen Fehde beschneiden und die Sicherheit im Lande wiederherstellen sollte. Auch die Funktion der Reichsacht als Mittel gegen Friedensbrecher erhielt eine Aufwertung, allerdings nur auf dem Papier, wie später das Kapitel über die Raubritter zeigen wird.

Titelkupfer einer Ausgabe der Carolina aus dem Jahre 1559.

Gerichte sollten privatrechtliche Auseinandersetzungen schlichten. Wer dem zuwiderhandelte, verfiel der Reichsacht. Als höchste Instanz fungierte das Reichskammergericht, das ebenfalls 1495 gegründet wurde.

Erneut wurde der Versuch unternommen, das römische Recht, wie es im ausgehenden Mittelalter an den Universitäten gelehrt wurde, in Deutschland einzuführen. Allerdings sollte das römische Recht nur dann gelten, wenn das germanisch-deutsche Recht nicht anwendbar war. In der Folge gab es also ein Nebeneinander von germanischen und römischen Rechtstraditionen. Das zeigte sich auch in der Praxis! Denn das Fehdewesen wurde keineswegs vollständig unterbunden, und auch die Tendenz, sich an die Gerichte zu wenden, nahm erst langsam zu.

Allerdings blieb dieses Gesetz, wie auch weitere Versuche einen allgemeinen Landfrieden zu erlassen, Makulatur. Die Zersplitterung des Reiches war schon zu weit fortgeschritten, und die Landesherren wachten peinlich über ihre Rechte, auch über ihre Rechtshoheit. Unser heutiger Grundsatz: Bundesrecht bricht Landesrecht, galt im Mittelalter nicht. Die Gerichtsherren sahen die Gesetzbücher, die die Herrscher erließen, bestenfalls als Empfehlung, an die sie sich halten konnten, aber nicht mußten.

Kaiser Karl V. unternahm mit seiner „Constitutio Criminalis Carolina" (kurz CCC oder „Carolina") den Versuch, die Hochgerichtsbarkeit zu ordnen - und zwar für das ganze Reich. Obwohl dies nicht gelang und einige Landesherren subsidiäre Landrechte erließen, darf die Bedeutung dieses Rechtskodexes nicht unterschätzt werden. In der Pfalz hielt er Einzug in die Landrechte und in die Stadtgerichte bis zur Französischen Revolution. „Laut Kayser Carols peinlicher Halsgerichtsordnung" findet man häufig den Urteilsformeln vorangestellt.

Ebenfalls im 16. Jahrhundert erlassene Reichspolizeiordnungen banden die Landesherren nicht, hatten aber, ähnlich wie die Carolina, Modellcharakter. Vieles, was in ihnen niedergeschrieben wurde, findet sich später in den hoheitlichen Verordnungen der Landesherren. Die Polizeiordnungen sollten, wie später die Verordnungen der frühen Neuzeit, das gottgefällige Leben durch Gesetz verbindlich machen.

Die Landrechte, seien es die preußischen, kurpfälzischen, bayerischen oder österreichischen, suchten im 17. und 18. Jahrhundert die Hoch- und die Niedergerichtsbarkeit in ihrem Rechtsgebiet zu vereinheitlichen und in Rechtsbüchern niederzulegen.

Nach der Französischen Revolution versuchten einige Staaten die Errungenschaften der französischen Gesetzbücher zu übernehmen, allen voran Bayern, und hier an erster Stelle die bayerische Pfalz, in der das französische Recht Gültigkeit behielt.

Erst das Bürgerliche Gesetzbuch (BGB) von 1896 und das Strafgesetzbuch (StGB) von 1900 schufen einheitliche Rechtsnormen für das 1871 gegründete Deutsche Reich.

Wenden wir den Blick noch einmal zurück zu den Leges. Es handelte sich hier zum einen um Klassenrecht, das nicht auf Diener und Sklaven anwendbar war, und zum anderen um Privatrecht, in dem sich die Sippe des Geschädigten selbst ihr Recht suchte. Das Männerrecht galt für Frauen ohnehin nicht.

Die nordischen Sagenkreise haben uns viele Episoden dieses Rechtes überliefert, das man nicht unzutreffend als „Blutrache" bezeichnen kann.

Durch die Zahlung eines frei ausgehandelten Wergeldes (Manngeldes) konnte der Streit geschlichtet werden, ohne Einschaltung einer richterlichen Instanz. Natürlich konnte die Annahme des Wergeldes auch abgelehnt werden, mit allen Folgen, die es für das Verhältnis der betreffenden Sippen haben mochte.

Es gab aber auch Vergehen, die die Ordnungen aller brachen: Sie wurden von der Gemeinschaft bestraft, ohne daß die Wergeldzahlung angewandt wurde. Dies geschah beim Ting, einer Versammlung der Freien, bei der über die Angeklagten zu Gericht gesessen wurde. Hierbei handelte es sich beispielsweise um Hochverrat, Zerstörung von gemeinsamem Eigentum oder von Kultstätten oder um Verstöße gegen religiöse und moralische Vorschriften. Die Bestrafung lag in der Hand der Gemeinschaft. Die berühmten Moorleichen erinnern an diese Art des frühen Strafvollzugs.

Unter den Karolingern wurde dieses vornehmlich als Königsrecht angewandt, um Verstöße gegen die christliche Ordnung oder wegen Vergehen, die die Kirche als Sünde einstufte, zu ahnden. Auch Staatsverbrechen fielen, wie schon zuvor, unter diese Kategorie. Als Richter fungierten die Gaugrafen, die an bestimmten Orten im Gau Gerichtstage abhielten: Im Speyergau war dies der Lutramsforst bei Frankweiler.

Auf die privaten Auseinandersetzungen hatte dies keine Auswirkung, aber auch sie wurden in den hochmittelalterlichen Leges auf eine andere Basis gestellt.

Es erfolgte nicht mehr das freie Aushandeln eines Wergeldes, sondern Tat und Buße waren festgelegt, auch in Ansätzen der Verlauf des Verfahrens.

So finden sich in der „lex baiuvariorum" unter anderem folgende Punkte:

3. Wenn einer aus böser Lust an eine Freie Hand anlegt, sie sei eine Jungfrau oder das Weib eines anderen, was die Bayern „unzüchtigen Griff" nennen, so büße er mit sechs Schillingen.

4. Wenn einer ihr die Kleider über die Knie aufhebt, was sie „Kleiderzerrung" nennen, so büße er mit zwölf Schillingen...
11. Wenn einer einer freigelassenen Jungfrau beiligt, der büße mit 8 Schillingen den Verwandten oder ihrem Herrn.
12. Wenn einer der Magd des anderen, die verheiratet ist, beiligt, der büße es mit 20 Schillingen ihrem Herrn.

Auch hier entscheidet der Stand der Betroffenen mit über das Strafmaß, und die Strafgelder standen der geschädigten Partei zu.

Die Carolina (1532) formulierte Verbrechen und Strafe sehr genau aus, wenn auch nur im Bereich der Hochgerichtsbarkeit. Sie kannte schon genaue Festlegungen von hinreichenden Indizien für eine Prozeßeröffnung, regelte das Prozeßverfahren und die Anwendung der Folter. Der Einfluß des römischen Rechts, das eine Vereinheitlichung des Verfahrens anstrebte, ist auch hier schon zu erkennen.

Die Carolina kannte aber keinen Indizienprozeß, sondern das Urteil mußte auf einem Geständnis beruhen, das auch unter Anwendung der Folter erreicht werden konnte. Für deren Anwendung mußten vorher hinreichende Indizien vorliegen.

Zudem kannte die Carolina auch Ausnahmeverbrechen, wie Hexerei etwa, die gesondert zu verhandeln waren, und sie stellte fest, daß auch nach den alten Grundsätzen gerichtet werden konnte, also nach den überkommenen Rechtsbüchern.

Trotzdem setzte sie sich als Grundlage für die Hochgerichtsbarkeit fast im ganzen Reich durch.

Was das ganze mittelalterliche Strafrecht kennzeichnete, war das Fehlen eines offiziellen Anklägers. Nur in besonderen Fällen, wie bei Hexerei, wurde die Obrigkeit von sich heraus tätig, in anderen Fällen mußte eine Anklage von Privatpersonen kommen. Die Institution eines „Staatsanwalts", der ex officio eingriff, war selbst bei schwereren Verbrechen nicht üblich, und auch eine außergerichtliche Einigung von Täter und Opfer, etwa bei Raub, ist bis in das 17. Jahrhundert in der Pfalz nachweisbar.

Wenn ein Prozeß aber einmal in Gang gekommen war, dann regelte die Carolina dessen Verlauf und legte auch fest, wie die Strafen auszusehen hatten, wann und bis zu welchen Graden gefoltert werden durfte, und vieles mehr.

In der Pfalz blieb die Carolina bis zur Französischen Revolution die Rechtsgrundlage für die Hochgerichtsbarkeit. Die gesamte Gerichtslandschaft war allerdings recht vielfältig und ist für uns heute mitunter nicht einfach durchschaubar.

Es soll hier einmal die Zusammensetzung der Gerichte interessieren. Uns, die wir heute den Berufsjuristen als Träger der Rechtsprechung kennen, muß es verwundern, daß bis weit in die Neuzeit hinein Rechtsprechung eine Angelegenheit von Laien war. Die Gerichte, seien es nun die bäuerlichen Schöffengerichte oder die städtischen Magistratsgerichte, waren mit gewählten, teilweise auch ernannten juristischen Laien besetzt. Sie sprachen das Urteil, selbst wenn es um das Leben des Angeklagten ging.

Erst mit dem Beginn der Neuzeit und mit dem Etablieren der juristischen Fakultäten an den Universitäten wurden Juristen als Gutachter hinzugezogen, deren Ansichten aber nicht für das Urteilsgremium rechtsverbindlich waren, aber zunehmend an Einfluß gewannen.

Den Gerichten stand der dörfliche Schultheiß oder der städtische Bürgermeister vor, der die Verhandlung leitete, ohne in die Urteilsfindung selbst eingreifen zu dürfen.

In den Reichsstädten der Pfalz, Landau und Speyer, lagen die Urteilsfindung und auch die Anordnung ihrer Vollstreckung in den Händen des Stadtgerichts, das sich aus auf Lebenszeit gewählten Schöffen zusammensetzte.

In Städten, die zu einem Territorium gehörten, wie Annweiler oder Bergzabern, beide waren Teil des Herzogtums Pfalz-Zweibrücken, blieb die Niedergerichtsbarkeit in den Händen des Stadtgerichts. Die Hochgerichtsbarkeit konnte, wie im Beispiel des kurpfälzischen Frankenthal, auch beim städtischen Schöffengericht liegen, brauchte aber eine Bestätigung durch höhere Instanzen, entweder durch die Ämter, denen die Stadt unterstand, oder in besonderen Fällen durch den Landesherren selbst.

Wie die städtische Niedergerichtsbarkeit wurde auch die dörfliche von den Schöffengerichten an bestimmten Gerichtstagen ausgeübt, in Sitzungen, die ein von der Herrschaft eingesetzter Schultheiß leitete. Die genauen Modalitäten bäuerlicher Gerichtssitzungen sind in den „Weistümern" festgelegt, die auch regelten, bis zu welcher Strafhöhe diese Gerichte ihre Zuständigkeit hatten. Es handelte sich um sogenannte „Frevel", Bagatellfälle mit niederem Streitwert oder geringere Vergehen gegen gesellschaftliche Normen. Allerdings versuchten die Landesherren - durch Einführung der Gedanken des römischen Rechts - die Eigenständigkeit der überkommenen Rechtsformen der unteren Gerichtsinstanzen, vor allem der bäuerlichen Gerichte, zurückzudrängen; was sich in der frühen Neuzeit in sozialen Unruhen, hier vor allem im Bauernkrieg, entlud. Dort pochten die Bauern unter anderem auch auf ihre selbständigen Gerichtsinstanzen - vergebens allerdings!

Im Absolutismus wurde versucht, eine stärkere Zentralisierung der Rechtsprechung zu erzielen. Teilweise geschah dies mit der Ansiedlung von juristischen Kammern bei den Kameralbehörden einer Herrschaft, denen zumindest die Hochgerichtsentscheidungen der unteren Behörden zur Bestätigung vorgelegt werden mußten. Allerdings hatte sich hier eine Tendenz in Deutschland durchgesetzt, die sich schon im Mittelalter abgezeichnet hatte. Landesherrliches Recht behielt den Vorrang vor Reichsrecht, wenngleich dieses natürlich auch seinen Niederschlag in die landesherrlichen Gerichtspraktiken gefunden hatte, allerdings nur dort, wo die Landesherren nicht eigene Gesetzbücher erlassen hatten.

Blieb die Carolina, ich erwähnte es bereits, Rechtsgrundlage bis zur Französischen Revolution, so setzte vornehmlich im 17. und 18. Jahrhundert eine rege gesetzgeberische Tätigkeit zur Regelung der Niedergerichtsbarkeit ein.

Immer stärker griffen obrigkeitliche Verordnungen in die Privatsphäre der Menschen ein: Sittliches und daher gottgefälliges Leben wurde von den Beherrschten verlangt, selbst wenn die Landesherren in der Regel nicht nach den von ihnen erlassenen Gesetzen und Verordnungen lebten.

Familienfeste (Taufen, Hochzeiten, Leichenbegängnisse), dörfliche Belustigungen (Kirchweihen, Prozessionen), das Wirtschaftsleben (Zölle, Mühlenrechte, Steuern und Abgaben) wie die Privatsphäre (Eheregelungen, Strafen wegen vorehelichen Beischlafs und einiges mehr) waren reglementiert, die umfangreichen Folianten der gesammelten Verordnungen füllen heute noch die Regale der Archive. Geht heute manchem Bürger das Eindringen des Staates in die Privatsphäre zu weit, so würde er sich vor 250 Jahren noch mehr beklagt haben. Die Polizeiorgane (unter anderem Amtsbüttel und Stadtpolizeygarden) überwachten die Einhaltung dieser Vorschriften peinlich, und den Gerichtsherren war an einer strengen Überwachung gelegen, denn die Geldstrafen, die für Verstöße gegen die Verordnungen in der Regel erhoben wurden, wanderten in ihre Säckel.

So kann gegen Ende des Alten Reiches in der Pfalz in zwei Formen der Gerichtsbarkeit unterschieden werden: Die Nieder- oder Frevelgerichtsbarkeit, die immer noch bei den unteren Rechtsinstanzen wie den Schultheißengerichten der Dörfer und landständigen Städten lag, und die Hochgerichtsbarkeit, die außer in den Reichsstädten die Landesherren innehatten.

Nulla poena sine lege - keine Strafe ohne Gesetz, ein Rechtssatz, der heute geläufig ist und in unserem Jahrhundert mitunter ins Zwielicht geriet, zum Beispiel nach 1945 oder bei der Aufarbeitung der DDR-Vergangenheit. Dieser Grundsatz galt auch für unsere Vorfahren, nimmt man die Willkürjustiz einiger Herrscher einmal aus; nur waren die Strafen vielfältiger und nach heutigem Empfinden grausamer.

Auszug aus einer Bilderhandschrift des Sachsenspiegels, um 1350. Bei den oberen beiden Bildern werden Rechtsbräuche erläutert, wie das „Kaltwasserordal". Die unteren beiden Bilder zeigen die Anklage wegen eines Notzuchtverbrechens. Direkte Anklage mit zerrissenen Kleidern und gerauften Haaren gehörten zu den Regeln mittelalterlicher Anklageform. Das untere Bild zeigt die Strafe: Nicht nur der Vergewaltiger selbst sollte bestraft werden, vielmehr wurde auch das Haus, in dem die Tat stattfand, abgerissen, und die Tiere, die bei der Tat anwesend waren, wurden getötet.
Die Bilderhandschriften erläuterten die Rechtsgepflogenheiten für des Lesens Unkundige, die im Mittelalter den größten Teil der Bevölkerung ausmachten.

Verweilen wir bei der Niedergerichtsbarkeit: In einigen Städten sind sie an den Rathäusern noch zu sehen, in anderen ist ihr Standort bekannt. Die Rede ist von den Prangern oder Halseisen, Zeichen für die Schandstrafen. Freveldelikte wurden normalerweise nicht durch Geldstrafen abgebüßt, sondern als Schandstrafen - und diese konnten recht vielfältig sein.

Schon im Mittelalter kannte man sie: Das Tragen eines Hundes war eine solche Strafe, von der noch unser Sprichwort abgeleitet ist: „Er ist auf den Hund gekommen." Auch das Tragen eines Lasterteins gehört zu dieser Kategorie. „Am Prangerstehen" war die Strafe für Lästerweiber, die man häufig in Paaren ausstellte, auch das Tragen eines Strohkranzes als Zeichen für Hurerei war üblich. In der Pfalz ist die Halsgeige für den Traubendieb oder den Weinpanscher ja noch landläufig bekannt.

Die Prangerstrafen konnten auch mit einem Umherführen durch den Ort und der letztendlichen Ausweisung aus dem Gerichtsbezirk gekoppelt sein. War das Vergehen nicht durch die Art der Prangerstrafen, eher durch den Strohkranz oder die Lästerschelle bekannt, so erhielt der Delinquent ein Schild umgehängt, durch das die Tat bekannt gemacht wurde. Das Bewerfen der am Pranger stehenden Personen mit Unrat oder Schmutz wurde nicht nur nicht verhindert, sondern gehörte zum Strafmaß. In den kleinen, überschaubaren Gemeinwesen bedeutete diese Schandstrafe eine starke Stigmatisierung.

Bekannt ist auch die „Schubkarrenstrafe", eine Zwangsarbeit auf herrschaftlichen Gütern oder bei Befestigungen für unbedeutendere Vergehen.

Turmstrafen, also die Einkerkerung, waren als Strafe außerhalb eines Gerichtsverfahrens bis in das 17. Jahrhundert hinein eher ungewöhnlich. Vielmehr kam das uns heute noch bekannte „Zuchthaus" als Arbeitshaus erst im 18. Jahrhundert zum Tragen.

Die Art der Schandstrafe wie deren Dauer hingen vom Delikt ab.

Heute vollständig aus unserem Rechtsraum verschwunden sind Verstümmelungsstrafen, denen früher einige Bedeutung zukam. Sie wurden bei Verbrechen exekutiert, die nicht mehr unter die Freveljustiz fielen, aber noch keine Todesstrafe nach sich zogen.

Diese Strafen sollten den Täter stigmatisieren, aber auch den Wiederholungstäter entlarven. Ergriffen die Strafverfolgungsorgane einen verstümmelten Mann, so konnten sie davon ausgehen, daß dieser schon einmal mit dem Gesetz in Konflikt geraten war, und das Strafmaß fiel sicherlich härter aus. Zudem diente die Verstümmelung bei dem sogenannten „Signalelement", dem Steckbrief, als wichtigster Anhaltspunkt für die Beschreibung des Gesuchten.

Der nachgebaute Pranger in Annweiler.

Am Pranger.

Die Carolina stellte die Verstümmelungsstrafen in das Ermessen der Richter, so daß eine exakte Zuordnung, wann welche Verstümmelungsstrafen ausgesprochen wurden, nicht geleistet werden kann. Es sollen hier auch nur die wichtigsten genannt werden.

Als härteste galt das Blenden, das oft anstelle der Todesstrafe verhängt wurde. Mit einem Messer oder einem glühenden Dorn wurden die Augen ausgestochen.

Eine wohl zuerst bei Frauen angewandte Strafe war das Abschneiden der Ohren. Bei Männern wurde sie bei leichten Diebstählen aber auch bei Gotteslästerung vollzogen. Sie diente mehr der Kenntlichmachung, um den Täter durch seine körperliche Zeichnung vor dem Rückfall zu warnen.

Das Abschneiden der Zunge begegnet uns als Strafe für die Falschaussage bei Verleumdung oder bei falscher Anklage, bei schwerem Meineid wurde häufig die Todesstrafe verhängt. Sie fällt unter die sogenannten „spiegelnden Strafen", denn das bei dem Verbrechen benutzte Organ wurde herausgeschnitten.

Selbiges gilt auch für das Abhacken der Schwurfinger oder der Schwurhand für Falschaussage, Falschspiel oder schwerer Körperverletzung ohne Waffe. Einfacher Meineid konnte ebenso mit dem Abschlagen der Schwurhand oder der Schwurfinger bestraft werden.

Die härteste Strafe, die verhängt werden konnte, war die Todesstrafe. Streiten sich heute vornehmlich deren Befürworter um die humanste Art, den Delinquenten vom Leben zum Tode zu befördern, so blieb diese Prämisse unseren Vorfahren fremd. Strafen sollten vor allem abschreckend sein, und so legte man Wert auf ihre öffentliche und teils grausame Ausführung.

Die brutalste Strafe, die die frühe Neuzeit kannte, war das Rädern. Sie wurde nur bei Männern angewandt und traf Raubmörder, mehrfache Mörder oder Majestätsverbrecher.

Der Verurteilte wurde auf den Boden gelegt und an Händen und Füßen mit in den Boden gerammten Pflöcken verbunden. Anschließend legte der Henker unter Arme und Beine Hölzer, so daß der Delinquent völlig hohl lag. Dann zerstieß man ihm mit einem eisenbeschlagenen, eigens für die Hinrichtung angefertigten fünfspeichigen Rad die Glieder. Als Gnadenerweis galt das Rädern von oben herab, bei dem der erste Stoß gegen das Genick den Tod herbei führen sollte; als Strafverschärfung das Rädern von unten herauf, wodurch die Extremitäten zerschlagen wurden, der Todesstoß aber ausblieb. Der Leichnam, mitunter aber auch der noch lebende Verurteilte, wurde durch die Speichen des Rades geflochten, und das Rad auf dem Richtplatz auf einem Pfahl aufgerichtet.

... BIS ER GESTEHT

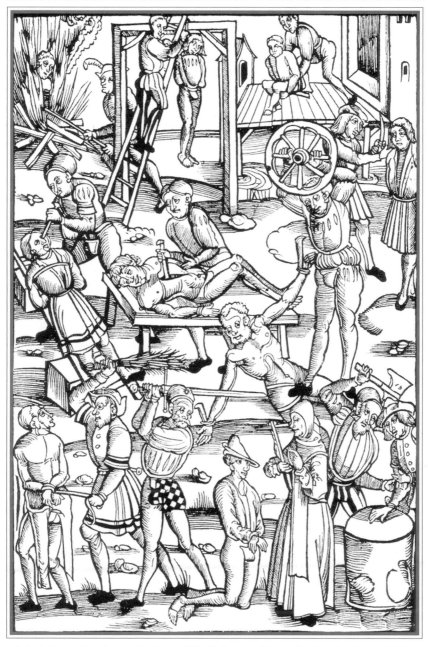

Holzschnitt aus dem „Layenspiegel" von 1508: Verbrennen, Hängen, Blenden, Ausdärmen, Rädern, Auspeitschen, Enthaupten und Handabschlagen.

Eine Todesstrafe wird durch das Rad vollstreckt. Kolorierte Zeichnung aus dem 16. Jahrhundert.

Die häufigste Todesstrafe war das Hängen, die vor allem an Dieben vollstreckt wurde. Diese Strafe galt als besonders schändlich. Auch hier kam es nicht auf eine schnelle Vollstreckung an, die man heute durch den „long drop", also den Fall durch die Falltür erreichen will, sondern der zu Richtende wurde mit der Schlinge um den Hals hochgezogen und stranguliert.

Die Verurteilten durften nicht vom Galgen abgenommen werden, sie blieben hängen, bis sie durch den Verwesungsprozeß von selbst herunterfielen. Erst dann wurden sie unter dem Galgen begraben.

Ebenfalls häufig vollstreckt wurden Todesurteile durch Enthaupten. Hierbei kam in aller Regel das Richtschwert zum Einsatz - ein schweres, zweihändig zu führendes Spezialschwert ohne Spitze, welches nur zu Richtzwecken benutzt werden durfte. Das Enthaupten mit einem Streich galt als hohe Kunst des Scharfrichters. Hinrichtungen mit dem Beil oder der Dille, einem Vorläufer der Guillotine, kamen seltener vor.

Das Enthaupten war die einzige Hinrichtungsart, die beim Adel angewandt werden durfte.

Das Erschießen blieb dem Militärstrafrecht vorbehalten, obwohl die Profosse, die Militärrichter früherer Heere, auch durchaus andere Methoden anwenden konnten.

Blieb das Rädern eine reine Männerstrafe, so bildeten Ertränken und lebendig Begraben Strafen, die fast ausschließlich an Frauen vollstreckt wurden.

Wenn das Verbrennen vor allem durch die Hexenprozesse eine traurige Berühmtheit erlangte, so wurde diese Strafe an Personen beiderlei Geschlechts vollzogen. Der Leitgedanke dabei war, den Übeltäter für besonders verabscheuungswürdige Verbrechen vom Antlitz der Erde zu tilgen.

Die Strafen konnten auch kumuliert werden, das heißt auf die Enthauptung konnte das Verbrennen des Leichnams folgen, so wie einer Enthauptung das Abschlagen der Hand vorausgehen konnte, wenn der Verurteilte für verschiedene Verbrechen bestraft werden sollte.

Die Richter konnten auch Strafverschärfungen anordnen, wie das Zwicken mit glühenden Zangen auf dem Weg zur Richtstatt oder Prangerstehen vor der Hinrichtung. Ebenso gab es den Gnadenzettel, der einen schnelleren Tod für den Delinquenten brachte, in dem man ihn vor dem Verbrennen erdrosselte oder beim Rädern den ersten Stoß gegen das Genick oder das Herz führen ließ.

Strafen wie Einmauern, Vierteilen oder Sieden waren gegen Ende des Alten Reiches zwar noch nicht abgeschafft, kamen aber kaum noch zur Anwendung. Die Tendenz, sich in der Urteilsvollstreckung bei Kapitalverbrechen auf eine Hinrichtungsart ohne Ansehen des Geschlechts oder des Standes festzulegen, entwickelte sich erst nach der Französischen Revolution, als

Aufrecht und ungefesselt empfing der Delinquent den Todesstreich. Es gehörte zu der ars morendi, der Kunst zu sterben, sich tapfer und scheinbar willig in sein Schicksal zu fügen. Wer tapfer starb, zeigte damit auch Reue für seine Tat.

man sich in Frankreich und den meisten deutschen Staaten für das Enthaupten, in den angelsächsischen für das Hängen und letztlich in Amerika in den verschiedenen Bundesstaaten für den Elektrischen Stuhl, die Gaskammer oder die Todesspritze entschied.

Schafften die meisten westlichen Staaten die Todesstrafe ab, so ist denen, die sie noch vollstrecken, eines gemeinsam: Todesurteile werden nicht mehr öffentlich, sondern hinter verschlossenen Gefängnistüren vor einer handvoll Zeugen vollstreckt. Konsequenterweise finden sich auch heute keine Hinrichtungsstätten mehr.

Vor wenigen Jahrhunderten gehörte das Hochgericht zu jeder größeren Stadt und zu jedem Gerichtsbezirk. Weithin sichtbar thronten die Galgen auf Anhöhen oder an Wegkreuzungen. Ihr Aufbau glich einem Ritual! Da jede Berührung mit Todeskandidaten, mit Hinrichtungswerkzeugen oder dem Galgen unrein machte, baute die Gemeinschaft, die den Hinrichtungsplatz zur Strafvollstreckung nutzte, die Hochgerichte gemeinsam auf. Alle Zünfte und auch die nichtzünftigen Handwerker legten Hand an. Wer beim Aufbau nicht selbst half, mußte den Galgen zumindest berühren.

Auch die Vollstrecker der obrigkeitlichen Urteile galten als unrein. Seit die Todesurteile nicht mehr, wie etwa das Steinigen, von gemeinsamer Hand vollstreckt wurden, gab es den Berufsstand der Scharfrichter. Diesen Handwerkern des Todes ist ein eigenes Kapitel in diesem Buch gewidmet.

Scharfrichter und Galgen sind verschwunden, an letztere erinnern aber häufig noch Gewannennamen wie Galgenberg oder Rabenstein, die an die frühere Funktion dieser Stätten erinnern.

Die in diesem Kapitel angesprochenen Strafen werden an Fallbeispielen noch lokalisiert und konkretisiert.

Vom Gerichtswesen in der Südpfalz
von Rolf Übel

Das Recht, Strafgesetze zu erlassen und Urteile zu verhängen, war im Mittelalter eine recht komplizierte Angelegenheit. Wir haben in dem vorangegangenen Kapitel schon davon gehört.
Ein öffentlicher Ankläger war weitgehend unbekannt. Aus den alten germanischen Gesetzen, den sogenannten Leges, abgeleitet, erklärten die Menschen die Strafverfolgung als Privatsache. So konnten selbst Mord und Totschlag durch Zahlung eines Mann- oder Wergeldes abgegolten werden, wenn die geschädigte Partei sich einverstanden erklärte.
Kannten die mittelalterlichen Gesetzesbücher kaum Verfolgungen ex officio, so sollten sich die Herrscher doch immer stärker gegen diese Privatjustiz wenden.
1495 versuchte König Maximilian I. durch den "Ewigen Landfrieden" diesem Rechtsbrauch, der unter anderem in den vielen Privatfehden des ausgehenden Mittelalters seinen Ausdruck fand, Einhalt zu gebieten. Auseinandersetzungen sollten nur noch gerichtlich geschlichtet werden. Allerdings drang dieser Landfrieden nicht durch.
1532 erfolgte die Drucklegung der "Peinlichen Halsgerichtsordnung Karls V.": der Carolina. Mit ihr wurde zum ersten Mal versucht, ein für das gesamte Deutsche Reich verbindliches Strafgesetzbuch zu schaffen. Allerdings griff die Carolina nur in die Hochgerichtsbarkeit ein, nicht in die Niederge-

richtsbarkeit. Das große Problem der Durchsetzung reichsweit gültiger Rechtsnormen muß in der Zersplitterung der deutschen Staaten gesehen werden: Jeder Landesherr, gebot er auch über ein noch so kleines Territorium, wachte peinlichst über seine Gerichtsbarkeit und wollte keine Kompetenzbeschneidung dulden. Und in aller Regel verfügten die Grafen und Fürsten, welchen Titel die Herren auch immer führen mochten, seit dem Mittelalter zumindest über die Hochgerichtsbarkeit, häufig auch über die Niedergerichtsbarkeit - denn aus den Strafgeldern und Gerichtsgebühren erwuchs ihnen eine gute Einnahmequelle.

Lehnten sich viele Landrechte der Einzelstaaten an die Carolina an und blieb sie im Bereich der Hochgerichtsbarkeit tatsächlich das Maß aller Dinge, so übernahmen die Landesherren dieses Reichsgesetzbuch aus freien Stücken. Sie veränderten es aber auch teilweise. Die kurpfälzische Malefizordnung ist hierfür ein Beispiel.

Aber die Zentralgewalt war zu schwach, um die Carolina überall bis in ihre Details durchzusetzen!

Ein einheitliches Rechtssystem für das Deutsche Reich schuf dieses Gesetzbuch schon gar nicht. Ganz im Gegenteil! Die Könige und Kaiser gewährten den Landesherren häufig das Privileg eigener Hofgerichte als selbständige Appellationsinstanz und schränkten die Möglichkeiten der Untertanen, sich an das Reichskammergericht zu wenden, erheblich ein. Der Landesherr war Gerichtsherr. Für diese Feststellung finden sich nur wenige Ausnahmen.

So heißt es im Pfalz-Zweibrückischen Hof- und Staatsrecht folgerichtig: *"Der Landesherr hat alle hohe, mittlere und niedere Gerichtsbarkeit in dem Herzogthume... Es kann niemand auf irgend eine Art der Gerichtsbarkeit Anspruch haben, deme der Landesherr solche nicht ausdrücklich verliehen..."*. Ähnlich im Löwensteinischen Gebiet um Albersweiler. Auch dort „*exequieren Serenissima (der Fürst) alle hohe und niedere Gerichtsbarkeit.*" Selbstredend galt dies auch für die bischöflich speyerischen Ämter Lauterburg und Madenburg, in denen der Bischof von Speyer auch weltlicher Herr war und ihm damit die Rechtsprechung zustand.

„Wem das Land, dem die Gerichtsbarkeit" könnte man ein bekanntes Zitat umformulieren.

Versuchte man zu Beginn der frühen Neuzeit einen verbindlichen Rechtskodex für die Hochgerichtsbarkeit zu begründen, was, wie gezeigt, nicht gelang, so unterblieb im Bereich der Niedergerichtsbarkeit selbst der Versuch. Einzig die Reichspolizeiordnungen 1530, 1548 und 1577 sollten vor allem für die städtische Niedergerichtsbarkeit Modellcharakter erhalten.

Einige Städte erließen dann eigene Rechtsordnungen, zum Beispiel Landau; häufig wurde auch auf die alten Weistümer zurückgegriffen.

Weistümer sind überlieferte, teilweise noch aus dem Mittelalter stammende Kodizes, die die sogenannte „bäuerliche Niedergerichtsbarkeit" regelten. Fast in jedem Dorf tagte ein aus Schultheiß (vom Landesherren zu bestätigender Bürgermeister) und Schöffen (Gerichtsbeisitzer) besetztes Schultheißengericht, das die sogenannten Frevelfälle aburteilte.

Unter Frevel verstand man Vergehen, die nur geringe Strafen nach sich zogen, wie Geldstrafen, kurze Haftstrafen oder eine Schandstrafe wie Prangerstehen. Jene Vergehen konnten vor dem bäuerlichen Gericht verhandelt werden, das auch die Urteile sprach. Die Frevelgelder blieben teilweise beim Gericht oder wurden an den Landesherren weitergeleitet. Dieses Niedergericht übte auch in Städten, soweit sie keine Reichsstädte waren, der Stadtrat aus. In Reichsstädten lag auch die Hochgerichtsbarkeit bei Stadtrat und Stadtgericht.

1783 wurde die Zuständigkeit der Schultheißengerichte für Pfalz-Zweibrükken folgendermaßen definiert:

"Die Ausübung der Gerichtsbarkeit fangt auf dem Dorf bei Schultheisen und Gerichten an. Sie haben einen Gerichtsdiener (Büttel) und einen Thurn. Ihre Schuld- oder Injurenklagen (Verleumdung), Handhabung der Polizey-Verordnungen, Ausführung der herrschaftlichen Befehle." Über 10 Gulden Strafe verfiel ihre Zuständigkeit.

Dorf- wie Stadtgerichte, soweit sie Landesherren unterstanden, unterlagen der Aufsicht der Oberamtsgerichte, diese wiederum dem Hofgericht. Der Instanzenweg war also de jure gewahrt, wenn er auch de facto nicht immer beschritten werden konnte. Allerdings war es gegen Ende des Alten Reiches durchaus üblich, daß vor allem Todesurteile, die das Oberamt verhängt hatte, zur Bestätigung nach Zweibrücken weitergeleitet wurden. Für die beiden Pfalz-Zweibrückischen Städte Bergzabern und Annweiler läßt sich feststellen, daß beide gegen Ende des 18. Jahrhunderts nur geringe rechtliche Befugnisse hatten. So durften in Bergzabern nur delicita levira (leichte Delikte) bestraft werden, ebenso Verstöße gegen die Polizeiverordnungen.

Vor allem der Verstoß gegen herzögliche Verordnungen machte einen großen Teil der Bestrafungen aus, die in den Frevelbüchern festgehalten wurden. Besonders im 18. Jahrhundert läßt sich ein wahrer Wust von sogenannten "Hochherrschaftlichen Verordnungen" feststellen, die in den Verordnungsbänden niedergelegt bei den Oberämtern gesammelt wurden. Die Verordnungen klammerten so gut wie keinen Lebensbereich aus. Sie reglementierten das Bauwesen, die Hygiene, die Feste und vieles mehr.

Verordnungen regelten das Leben der Untertanen bis ins Detail. Kaum ein Bereich blieb ausgeklammert. Die Landesherren von Gottes Gnaden versuchten auch in das Privatleben ihrer Untertanen einzugreifen, damit diese ein gottgefälliges Leben führten und nicht dem Laster verfielen!

Ein großer Versucher war der Alkohol; aber wie dem übermäßigen Zechen in einem Gebiet, das für seinen Weinbau berühmt war, begegnen? Für viele Zecher endigte der Weingenuß nicht nur in einem schlimmen Kater, sondern für sie hieß die Endstation Alkoholismus. Wird dieser heute als Krankheit gesehen und therapiert, so galt er in früheren Jahrhunderten als Charakterschwäche, die mit rigorosen Strafen behandelt wurde. Schon in den Wirtsstuben setzten die Maßnahmen gegen das „gräßlich Zusaufen" ein. So durfte kein Wirt nach zehn Uhr Wein ausschenken, außer an auswärtige Logiergäste. Betrunkene erhielten kein weiteres Getränk; ebenso wurde das Anschreiben untersagt.

Die „*dem Trunk ergebenen Personen*" erhielten beim ersten Auffallen eine Geld- oder Turmstrafe. Die Haft wurde, wenn „*solche Maßnahmen nicht verfangen sollten*", verlängert. Als härteste Strafe sollte der Schubkarren, die Zwangsarbeit also, den Zecher bessern. Auch konnte vom Oberamt verfügt werden, daß keine Gaststätte im Amtsbezirk an namentlich genannte Personen mehr Wein oder Bier ausschenken durfte. Wirkten all diese Maßnahmen nicht und litt die Familie unter der Trunksucht des Haushaltsvorstands, so konnte für „*bankrotte Söffer*" ein Vormund gestellt werden.

Als weiteres Laster wurde die Prostitution angesehen. Eine ganze Reihe von Verordnungen wurde erlassen, um sie aus den Straßen der Stadt zu verbannen. Verhängt wurden Geld- oder Haftstrafen, vor allem aber Ehrenstrafen. „*Soll sowohl die Hure als der Hurer an einem expresse zu verfertigendem Schubkarren, worauf nebst Schellen ein Schild mit Überschrift „Hurenstrafe" gesetzt wird, durch den Bügel zusammengespannt und an drei Tagen in der Hauptstadt des Oberamts, darin das Verbrechen begangen worden, um die Straßen von der Unrat zu säubern, herumgeführt und solches ohne Ansehen der Person, sie seien bürgl. oder militairs Stand*".

Vorbeugend sollte auch „*alles liederliche Gesindel, sonderlich Weibervolk, so von liederlichem Leben Profession macht, aus hiesiger Stadt gewiesen werden*". Genützt hat es scheinbar wenig, denn häufig mußten sich die Stadtbüttel mit dergleichen Fällen beschäftigen. Ertappten die Stadtdiener nun eine dieser liederlichen Personen häufiger, so folgten härtere Strafen, wie die Turm-, vor allem aber die Schubkarrenstrafe, eine Zwangsarbeit, die auch bei dem Unvermögen einer Geldstrafe an deren Stelle trat - „*ein Taglohn zu fünf Batzen*". Die Strafe wurde im Schloßgarten in Bergzabern abgeleistet.

Vorehelicher Beischlaf war eine öffentliche Angelegenheit, mit der sich die Obrigkeit beschäftigte, sobald er ruchbar wurde. Erst um 1761 erteilte ein

Erlaß Straffreiheit, wenn geheiratet wurde. Vorher stand er sogar dann unter Strafe, wenn eine Heiratserlaubnis, ein „Kopulationsschein", vorlag. Die Hebammen waren angewiesen zu melden, wenn eine Geburt so früh erfolgte, daß das Kind mit einiger Sicherheit vor der Ehe gezeugt worden war. Drei bis fünf Gulden konnte die Strafe betragen. Besonders belangt wurden Fremde, die eine Einheimische schwängerten, um über diesen Umweg das Niederlassungsrecht zu erhalten. Sie wurden häufig außer Landes gejagt und die Frauen bestraft. *„Nun ist eine herzögliche Verordnung vorhanden, daß wann ausländische Personen durch Schwängerung liederlicher Dirnen glauben sich in hießigen Landen zu etablieren, solches darinnen nicht geduldet, sondern dieselben ausgewiesen werden".*

Die Obrigkeit bemühte sich auch um die Vermeidung unehelicher Geburten. Zum einen waren die Pfarrer angehalten, bei Predigten auf die Verderbtheit des Lasters hinzuweisen - aber auch direkte Strafandrohungen finden sich. Die Turm-, Geld- oder Schubkarrenstrafen begründete die Obrigkeit zuerst mit dem „göttlichen Gebot der Sittsamkeit", aber auch damit, daß *„die Kinder nicht gänzlich dem Bettel verfallen"*.

Selbst das Heiraten verlangte die Kenntnis einiger Vorschriften. Zudem galt für Militärpersonen, vor allem für die im Dienste des „Regiment Royal

Hurenstrafe - Dirne und Freier werden als Schandstrafe durch die Straßen der Stadt gefahren.

Deuxponts" stehenden, eine besondere Ordnung. Generell stand das Heiraten ohne Genehmigung unter Strafe, egal ob es sich um Ledige oder *„Fraunpersonen, welche sich im Witwenstand befinden und mit Kindern versehen sind"* handelte.

Ebenso verbot ein Erlaß vom 30. März 1737 das Heiraten vor dem 21. Lebensjahr für Männer. Darin ist sicherlich auch ein Grund für die recht hohe Zahl der unehelichen Geburten zu sehen. Auch gab es keine Hochzeit ohne „Kopulationsschein", einer Heiratsgenehmigung, vor allem bei einer Verbindung „Personen differenter Religion". Der Kopulationsschein sollte nicht eher ausgestellt werden, als sich *„die Verlobten samt ihren Eltern und Vormündern vor ihren Pfarrer gestellt und diesem sowohl als auch von dem Amt untersucht sind, ob Verhinderungen zur Ehe vorhanden sind"*.

Waren alle Bedingungen für eine Ehe erfüllt, so konnte der Pfarrer die Verlobten *„copulieren und ehelich zusammensprechen"*, wie in einer zweibrükker Hochzeitsordnung vor 200 Jahren festgelegt wurde.

Die Hochzeit, die „hochgezit" des Mittelalters, war, wie der Name schon ahnen läßt, ein Höhepunkt im Leben unserer Vorfahren. Nicht nur für das Paar, das zum Traualtar schritt, sondern wohl noch mehr für die Verwandtschaft und Bekanntschaft, die auf ein billiges und kurzweiliges Vergnügen mit Speis, Trank und Gesang hoffen konnte - regelmäßig brachten dergleichen Festivitäten den armen Brautvater fast an den Bettelstab, sehr zum Grimm der gestrengen Obrigkeit, die solch verschwenderischem Treiben nur sehr ungern zusah.

So ist es auch nicht verwunderlich, daß im Herzöglich-Zweibrückischen, wie auch in vielen anderen Territorien, Verordnungen erlassen wurden, um die Hochzeitsfeiern auf ein erträgliches Maß zu beschränken. Nicht nur den „Exzessen und Übermass" wurde entgegengewirkt, die Herzöge erließen auch Verordnungen für alle Oberämter (1564, 1684, 1758, 1759), die genau regelten, in welchem Rahmen Hochzeiten gestattet waren. Die erstmalig von Herzog Wolfgang erlassene Hochzeitsordnung wurde von seinen Nachfolgern immer wieder erneuert. Nach der üblichen Einleitungsformel heißt es in der Schrift: *„nähmlich der Pracht und übermäßig Kosten mit den Hochzeiten ... mit welchen der Proviant hin und wieder erholet und die Theuerung gebracht, das Geld unnützlich angelegt sei."* Weiter fährt der Text fort, *„daß entsprechend der gebührlich Einnahmen und mass"* das Fest auszurichten sei.

Als Begründung für die Anweisung führte der Landesfürst an:
„Darauf haben wir als Landesfürst mit guter Vorbetrachtung den Allmächtigen und Stifter der Ehe zu ehren".

Die Hochzeit ist bei meiner Seel ein pudelnärrisch Ding,
man ißt und trinkt sich voll dabei,
da heißts nur tanz und spring.
(Deutsches Volkslied 18. Jh.)

Die einzelnen Punkte lauten wie folgt:

„Nähmlich und zum ersten ordnen Wir an, daß sich keine Feier in unserem Gebiett hinführen zu einer Hochzeit über vier Tisch Leute, sie seyen von Fremden oder Anverwandten zu Gast berufen und geladen, und die Gebührlichkeit zu versichern über ein Tisch mit mehr als den Zehen, das dem wärem zusammen vierzig Personen niedersetzen sollen... außerdem, daß das notwendig Gesind, so um Dienst und Aufwartung gebraucht wird, welche über einen Tisch nicht sitzen soll, eingeschlossen. Es sollen auch Eheleute, die dem Bräutigam oder der Braut nicht verwandt seyen über ein Fl (Gulden) oder eine einzige Person 1/2 Fl an Geld oder Gutes zur Schenkung auf die Hochzeit mitbringen, bei der Vermeidung von 10 Fl Strafe... Es soll die Hochzeit auch höchstens ein oder zwei Tage dauern, auch die Nach- oder Gesellentage, auch die Nachschenkungen oder Morgengaben oder wie sie sonst genannt werden, hiermit gänzlich abgestellt oder verboten seien, bei Strafe von 5 Fl... Und dieweil bisher viel Unzucht und Leichtfertigkeit im Tanzen, sowohl bei Tag als bei der Nacht geübt worden, so sollen fürderhin die Tanzen bei Hochzeiten nicht anders als im züchtigen, ehrbaren Handel gehalten werden und das Verdrehen und Springen abgestellt werden, sich

auch keiner, so nicht zur Hochzeit geladen ist, seins Gefallen selbst zu tanzen eindringen, noch einigen Zank und Hader anfangen, dazu sollen die Nebentänze, so bisher durch zahlreiches gesammeltes Gesindel neben den Tanzzeiten unzüchtig vollbracht bei Turmstrafe sogleich abgeschafft... Und nachdem sich auch etwas unordentlicher Weise begebet, daß sich die hochzeitlichen Personen spät und langsam zur Kirch und zum Tische schicken, aber dernach bis 4 oder 5 Stunden beieinander im Saufen, unordentlichen und viehischen Leben verharren, worauf dann den ganzen Tag mancher arme Mann zu Schaden und anderer durch Verhinderung unnützlich verzehrt wird".

Anschließend wird der genaue Verlauf einer Hochzeitsfeier festgeschrieben. Im Sommer soll die Hochzeitsgemeinschaft um 9 Uhr, in Winterszeiten um 10 Uhr vor der Kirche eintreffen, um 12 Uhr durfte das Essen beginnen, das höchstens fünf Gänge umfassen sollte, dazu noch Kuchen und Obst.

Wenige Jahre später, 1772, wurde diese Hochzeitsordnung erweitert.

„1. *Das bey diesen Hochzeiten bishero gewöhnlich zu lauter Unordnung Anlaß gebende fangen von Sträußen, Banden und Brautnesteln und dergleichen ist gänzlich verboten.*
2. *daß zu einer Hochzeit nicht mehr als 20 Personen invitiert werden sollen.*
3. *daß den Schulmeistern das Hochzeitbitten, jedoch ohne Abbruch ihres Amtes, verstattet sein soll.*
4. *daß das Hochzeitsmahl nur einen imbs, es sey mittags oder abends, bestehen und damit die ganze Hochzeit beschlossen sein soll."*

Die Verordnungen lassen unschwer erkennen, welches Ausmaß die Hochzeitsfeierlichkeiten in jenen Jahren gehabt haben müssen - aber das waren nicht die einzigen.

Außer den Hochzeiten gehörten die Taufen und die Leichenbegräbnisse zu den größten Festen im ländlichen Leben. Wie diese geregelt waren - davon später mehr.

Die Verordnungen werden uns auch noch bei den Frevelfällen begegnen. Es gilt nun zu fragen, wer diesen Wust von Vorschriften überwachte. Es waren dies von der Stadt bestallte Organe mit Polizeibefugnis, die die Verstöße anzeigen sollten, damit sie von dem Stadtgericht geahndet werden konnten - soweit sie in dessen Zuständigkeit fielen.

Unter einer „*guten Polzey"* verstand man vor 200 Jahren etwas anderes als in unseren Tagen. Ist heute mit der Polizei vornehmlich die staatliche Ordnungsmacht gemeint, so verband man damit in früheren Zeiten die Regeln des Zusammenlebens. Eine gute Polizei bedeutete also das Einhalten von bestimmten Regularien des Lebens in einem Gemeinwesen. Die Personen, die von der Stadt bestellt für die Überwachung der *„guten Polizey"* zuständig waren, nannten sich *„Polizeygarden"*, die wir bis in unser Jahrhundert noch als Polizeidiener kennen. Polizei bedeutet also die Ordnung selbst wie auch den Wächter über diese Ordnung.

Diese Polizeiordnungen konnten sich die Städte des Herzogtums in aller Regel aber nur für die Überwachung geringer Delikte geben. Sie wurden von dem Polizeidiener der Obrigkeit gemeldet und in einer Kladde, dem Frevelbuch, festgehalten. Diese Polizeiverordnungen waren subsidiär, das heißt, den herzöglichen Gesetzen und Erlassen nachgeordnet. Sie dienten häufig der Überwachung herzöglicher wie städtischer Verordnungen gleichzeitig.

Auch die Stadt Bergzabern erließ eine solche Polizeiordnung:

„Nachdem man Stadtraths wegen einer besseren Ordnung willen vor gut und nützlich gefunden hat, in hießiger Oberamtstadt Bergzabern einen Polizeygarden aufzustellen, welcher auf alle polizey frável, so der Stadtrat dahier, vermög unserer Stadtordnung und -privilegien zu bestrafen hat, genau acht haben soll und die Obertritter allwöchentlich bey Rath zur gebührenden Bestrafung und sonst erforderlichen Vorkehr anzuzeigen hat. Als wird demselben folgende Instruction seines Verhaltens ertheilt.

1. Soll derselbe hießige Stadt von Zeit zu Zeit durchgehen und vistieren und was er straff- und anzeigungswürdig findet unter Bemerkung der Sache selbst, der Tagesstunde, da der frável vorgegangen oder beobachtet wurde auf einer List aufzeichnen und solche ohne Zeitverlust dem Bürgermeister übergeben. Dabei ist in Spezie auf folgende Punkte zu achten."

Die Anweisung für den Polizeidiener bezog sich also ausdrücklich auf die Vergehen (Frevel), die nach der Stadtordnung, welche leider verlorengegangen ist, in die Gerichtsbarkeit des Rates fielen. Die höhere Gerichtsbarkeit des Oberamtes und Blutgerichtsbarkeit des Herzogs blieben hierbei unberührt. Nachfolgend werden die Verfehlungen, auf die der Polizeidiener zu achten hatte, im einzelnen aufgeführt:

1. *„Das Kegeln vor der Kirchen-Thüre vor und während des Gottesdienst"* war ebenso verboten wie das Kartenspiel und das Trinken zu den genannten Zeiten.

2. *„Seyend liederliche Weibs-Leuth, so ohne Dienst sich hier aufhalten, so diejenige, so dergleichen Personen aufenthalt geben, nahmhaft zu machen, anzuzeigen".*

3. *„Das am Sonn- und hohen Festtagen niemand vor der Kirche auf offenem Marckt oder den Straßen Obst und andere Viktualien feilhalte".*

4. Ebenso sollte das *„Tumult verüben"* während der Sonn- und Festtagen unter Strafe stehen.

5. *„Hat der Polizeygard auf das Zusammenlaufen der Kinder auf den Gassen hießiger Stadt, wodurch öfters die Passage gehemmt oder die Kinder einem Unfall ausgesetzt werden, zu regulieren."*
6. Wenn das *„Dienstgesinde Unordnung"* verübte, so war dies vom Polizeidiener ebenfalls zu melden.
7. *„Seyend die Wirtshäuser dahier in fleißiger Aufsicht und Visitation zu halten, daß außer den Jahr Marckten und Kirchway Tagen, an welchen es bis 12 Uhr erlaubt ist, weder das Spiel und Tantzen über 10 Uhr währe, noch auch denen Gästen mit ausnahm jedoch denen Frembten und Reisenden, nach solcher Zeit weiteres Getränck gegeben werde, andernfalls der Wörth sowohl als die Gäste ihrer gesetzmäßigen Strafe von 3b unterworfen werden."*

In Punkt 8 wurde die Lebensmittelüberwachung geregelt. Der Polizeidiener war angewiesen zu überwachen, ob die Bäcker und Metzger die richtigen Zutaten verwendeten und auch die richtigen, das sind die gesetzten Preise, für ihre Waren verlangten. Ebenso sollte er auf die Wirte des Ortes ein gestrenges Auge werfen, ob sie nicht *„saures Bier, oder ungesundes anderes Getränk verzappen"*.

9. Den Metzgern wurde untersagt, kranke Tiere zu schlachten. *„Auch wenn sie den Hund nicht anbinden"*, kamen die Metzger zur Meldung. Bei dieser Gelegenheit wies man den Polizeidiener an, *„Aufsicht zu halten auf alle Hunde so bey nächtlicher Zeit auf den Gassen herumlaufen"*.

Auch die Überwachung der Qualität und des Preises der Waren wie das rechte Einhalten der Maße und Gewichte sowie der städtischen Feuerordnung oblag dem Polizeidiener.

„Ist anzuzeigen, wenn jemand mit offenem Licht, Feuer und Kohlen auf Schippen über die Straße oder gar in Scheunen und Stallungen feuern geht oder gefährliche und feuerfangende Sachen, als Aschen Holz-Reißer auf die Speiger lege". *„Wann jemand mit brennenden TabacsPfeifen in Scheuern, Stallungen-Speigern sich würde betreffen lassen, auch"*.

Auch Punkt 13 ist der Feuerordnung entnommen und verbietet den nachlässigen Umgang mit Feuer in Öfen, wie der Punkt 14 die Aufstellung von Backöfen regelt.

„15. Ist zu invigilieren, daß auf unseren Wochenmärkten kein Ankauf der Viktualien vor den Toren oder in den Häusern geschehe, sondern alles auf den Markt gebracht und von denjenigen, so über die Bedürfnis ihrer eigenen Haushaltungen, Früchten, Victualien, Güttern und Stroh inhandeln wollen, solches vor geendigten Marcktszeitens keineswegs zu gestatten, überdies auch keinem Fremden verlaubt sey, vor 10 Uhr etwas abzukaufen."

„*16. Hat der Gard auf die Stadt Brunnen auch Viehtränken, daß solche nicht verderbt oder durch Waschen und Sudeleyen unsauber genau acht zu haben und die Verbrecher zur Bestrafung anzugeben*". In Punkt 17 wurde ihm aufgetragen, im Frühjahr darauf zu achten, daß die „*Bäume und lebendige Hägen*" von Raupen und anderem Ungeziefer frei waren. Der Punkt 18 warnte vor dem Stehenlassen von „*Wagen und Kärchen*" zur Nachtzeit wie vor dem unbeaufsichtigten Laufenlassen von Pferden und Ochsen, die Fuhrwerke zogen. Die Bäume, die an den Straßen, auf dem Friedhof und der Allmende standen, durften nicht beschädigt werden. Zudem hatte der Polizeidiener die mittwöchige und samstägliche Reinigung der Straßen zu prüfen, weiter sollte er den Feuerschutz und die Visitation der Öfen, wie sie die Feuerordnung vorschreibt, mit den hierfür vorgesehenen Personen überwachen. Für seine Dienste wurden dem Polizeidiener ein Gehalt von 15 Gulden jährlich ausgesetzt. Der Polizeidiener wurde angemahnt, „*bei Vermeidung Cahsation und schwere Strafe*" unbestechlich zu sein, bei seinen Anzeigen sich „*vielmehr der Wahrheit und Gewißlichkeit zu befleißigen*". Diese Ordnung wurde am 2. Januar 1777 unterzeichnet.

Über den „Polizeygarden Odenbach", der am 27. Juni seinen Dienst antrat, wissen wir genaueres. Er mußte anläßlich seiner Bestallung beeiden, daß er die Instruktionen über seine Dienstobliegenheiten allzeit beachten würde: „*Alles getreulich sonder Arglist und Gefährde dessen zu wahren, urkund und versicherung alles festzuhalten, hab ich dies eigenhändig unterschrieben. So geschehen, Bad Bergzabern, d. 25ten Juni 1778*".

Das Recht zur Stellung eines Polizeygarden war „seit urdenklichen Zeiten" das Recht des Stadtrats. Natürlich hatte dieser die Befugnis, die niedere Gerichtsbarkeit abzuurteilen, die „Frevelfälle". Die Hoch- und Blutgerichtsbarkeit oblag alleine dem Landesherrn, also dem Herzog von Zweibrücken.

Der Polizeigarde - auch Polizeiknecht oder Polizeidiener genannt - war während seines Dienstes mancherlei Fährnissen ausgesetzt. Um ihn zu schützen, sollten hohe Strafen davor abschrecken, „*ihn bei seinen Verrichtungen zu stören oder ihn mit Schimpfworten oder Schlägen zu mißhandeln*". Bis zu 200 Gulden, eine verhältnismäßig hohe Strafe, konnten verhängt werden.

Der Polizeygarde erhielt jährlich 15 Gulden, dazu kam eine „Denunziationsgebühr" von einem Drittel der Geldstrafe, die auf seine Anzeige hin verhängt wurde.

Begleiten wir nun den Polizeygarden Odenbach auf seinen Kontrollgängen durch die Stadt Bergzabern!

Zu dem Aufgabenbereich gehörte die Überwachung der Feuerordnung. Am 16. Juni 1783 wurde Elisabetha Nivarin mit brennendem Licht im Stall angetroffen, Carl Knoll am 16. August mit einer brennenden Tabakspfeife. Am 3.

September „*hat man den hießigen Bürger und Schuhmachermeister Valentin Häußer weilen derselbe eynen Feuereimer verkaufft, armuthshalber in 24 stündige Thurmstrafe condamniert und demselben angehalten, sogleich wieder einen Feuereimer zu stellen.*"

Auch über Ruhe und Ordnung in den Straßen und auf das Einhalten des Zapfenstreiches wachte der Polizeygarde. Zwei Gulden zahlten junge Burschen, die nachts um neun Uhr Unfug in den Straßen getrieben, drei Gulden sieben Batzen und acht Pfennige mußten einige Musikanten entrichten, die am Martinsmarkt Unfug getrieben hatten.

Auch Übersitz in Gaststätten kam zu Anzeige: „*Nachdem die Anzeige, daß unterm 13ten Monats letzthin nachts um ein Uhr die hießigen Bürger namens Phillipp Jacob Halfter, der Färber, Anton Huber, der Färber, Reinhard Fleckstein, der Becker und Konrad Kornbrust, der Schuhmacher, in des Bierwirts Johannes Matthiersen Behausung mit Karten gespielet, sogleich gegen die Polizeyverordnung kraft welcher nach 10 Uhr sich niemand mehr in dem Wirtshaus betreffen lassen solle, zuwider gehandelt*". Die Strafe lautete auf 15 Gulden zuzüglich der Gerichtskosten, und es wurde ihnen angedroht, daß man im Wiederholungsfalle höheren Orts gegen sie vorgehen würde.

Am 30. Januar 1783 traf es einige Bürger, „*weil man sie während des Gottesdienstes mit Kartenspiel angetroffen hatte*". Am 12. März selben Jahres gab Odenbach zu Protokoll, „*daß es letzt verwichenen Fastnachts Dienstag nachstehende Personen in dem hießigen Wirtshaus zum Löwen bis nach Mitternacht und bis morgens früh um vier Uhr angetroffen habe, welchen den öfteren Feyerabend geboten, ohnerachtet getanzt, gegessen und getrunken hatten*". Für jeden Beteiligten wurde die Strafe auf drei Gulden festgesetzt.

In einer Zeit, in der verheerende Seuchen noch nicht wirksam bekämpft werden konnten, waren zur Prävention Hygienevorschriften erlassen worden. Vor allem das Wasser der öffentlichen Brunnen genoß besonderen Schutz, Verunreinigungen standen unter Strafe. 15 Batzen und 11 Pfennige schlugen für Ludwig Jung zu Buche, „*da seine Tochter einen unsauberen Wasserkübel in den Brunnen gethan*". Ebenfalls bestraft wurde Georg Hübner, ein Metzger. Dieser hatte „*an dem Brunnen auf der Eich einen Kübel mit Gedärm*" unter dem Rohr stehen gehabt, welches in den Trog gelaufen und das Wasser verunreinigt hatte.

Auf die Tiere war ebenfalls ein Auge zu werfen. Einen Reichstaler Strafe zahlte der Metzger Lesch, weil sein Hund „*vor seinem Haus liegend ... ohne angebunden angetroffen worden*". Dieselbe Strafe erhielt Johann Michell einen Tag später wegen desselben Delikts. Sieben Batzen und acht Pfennige hatten die Besitzer von Pferden, die unbeaufsichtigt durch die Straßen trabten, an die Stadtkasse zu entrichten.

Die Aufsicht auf Maße und Gewichte und die Überprüfung der Qualität der Lebensmittel oblag ebenfalls dem Polizeygarden. *„12. Juni 1783. Polizeygard Odenbach zeigt an, daß Lorentz Pfister der Metzger dahier, den 24. Mai den Walter Müller 2 1/2 Pfund Schweinefleisch verkaufet habe, welches 2 1/2 Loth zu leicht gewesen seye und bittet denselbigen zur verordneten Straf zu ziehen."* Ebenso gingen Anzeigen wegen *„verzapften sauren Biers"* oder wegen Preiswuchers ein. So wurde ein Gulden Strafe für den Becker Paul Hauer festgesetzt, der zu leichtes Brot gebacken hatte.

Und die „Moral von oben", wie wir sie aus den Verordnungen schon kennen, überwachte der Polizeygarde: *"Polizeygard Odenbach zeigt an, daß er des Philipp Sastels Mauerergesell Michael Waldenmeyer letzteren 5. May nachts um 11 Uhr bey der Rosina Ohlhafelens Tochter im Hausen angetroffen habe und als er in das Haus gehe und sehen wollte, wer sich so spät in solchem sich aufhalte, so seye der Denunziant die Stiege hinaufgesprungen und oben herausgestiegen".* Der Ertappte gab wohl zu, bei dem Mädchen gewesen zu sein, gab die Uhrzeit allerdings mit 10 Uhr an, was ihm nicht geglaubt wurde. Die Strafe belief sich auf einen Gulden.

Außer Geldstrafen und Turmstrafen konnten die Gerichte auch noch die Ehrenstrafe und Zwangsarbeit verhängen. Dieses oblag aber dem Oberamt. Zwangsarbeit oder "Schubkarrenstrafe" mußte in aller Regel im herrschaftlichen Garten in Bergzabern angetreten werden. Über Ehrenstrafen ist wenig bekannt: Einzig in Annweiler ist ein Halseisen oder Pranger nachweisbar. Dieser befand sich jedoch nicht am Prangertshof, wo heute die Nachbildung eines solchen Strafgeräts steht, sondern am Rathaus. Diese "Schnapp" war über Stufen (Staffeln) zu erreichen, stand also erhöht.

Im Annweilerer Stadtarchiv ist nur eine Prangerstrafe in den Akten faßbar. Der Eintrag lautet wie folgt: *"Nachdem Konrad Kuhn und Jakob Hexemer, beyde Unterthanen in der Gemeinschaft Falckenburg eines in der sogenannten Gaiskopffer Wood begangenen nächtlichen Diebstahls überführet worden; also wird von seithen hießiger hohen Herrschaft zu Recht erkannt, eine Stunde lang am Pranger zu stellen... und aus der Gemeinschaft Falckenburg und sämbtlichen Hertzöglich Zweybrückischen und hießigen Landen zu verweißen."* (1746)

Frevelstrafen fanden sich natürlich auch in den Gerichtsbüchern von Annweiler. Hier ging es häufig um die Aufrechterhaltung der öffentlichen Ordnung, vor allem um die Durchsetzung der Schankzeiten. So wurde am 17. November 1754 *„Hans Adam Gaudechen, Huthmachergesell, Peter Meyer, Metzgergesell und Stadtförster Zeickel wegen Schlägerey ersterer zu 1 fl. und letzter zu 2 fl 4 d freffel notiert."* Fünf Gulden Strafe trafen Johannes Meddert, weil er zwei Fremde aus dem Oberamt Zweibrücken *„dahier im*

Wirtshaus bei der Nacht gar blutrünstig geschlag". „Säufer, Schläger, Spieler und Verschwender sowie Müßiggänger" sollten vom Wirtshausbesuch generell abgehalten werden.

Auch grober Unfug wurde aktenkundig: Drei Burschen aus Leinsweiler erhielten je einen Reichsthaler Strafe, weil sie *„die Lehn an der layerschen Mühle in der Nacht abgebrochen und solche auf die Stiege gelegt, daß wenn in der Nacht jemand darüber gegangen wäre, ein großes Unglück entstehen, und jemand ins Wasser fallen würde."*

Wie schon in Bergzabern bemerkt, verfolgten auch die zweibrückischen Behörden in Annweiler Verstöße gegen die Sittlichkeit. *„Adam Will, ein Schreinergesell, so des Andreas Mechtarts Tochter geschwängert, worauf geheurathet, zahlt vor sich und seine Frau an Frevel 20 fl als die Straf der Ordnung".* Vierzig Gulden Strafe kostete es Friedrich Eultrat, *„so Friedrichs Schäfers wittib geheurathet und welche zu früh ins Kindbett kommen".* Auch Elisabeth Nagel traf die Härte des Gesetzes, da sie *„zum zweyten Mahle zu frühe ins Kindbett gekommen".* Sie gab zu ihrer Entschuldigung an, *„daß man mit dem Kopulationsschein allzu lange aufgehalten",* was sie aber nicht vor einer 10tägigen Turmstrafe bewahrte.

Ähnliches läßt sich auch für andere südpfälzische Herrschaftsgebiete konstatieren. Auch im löwensteinisch-wertheimischen St. Johann wurde auf Sitte und Moral peinlichst geachtet. Hierbei kam es mitunter zu recht kuriosen Begründungen für Fehltritte.

So begründete Johann Michael Trautwein die Schwängerung einer Magd damit: *„... sowohl aus Unvorsichtigkeit des Hofmannes, der mich und die Magd in eine Kammer geleget, als auch aus Schwachheit Fleisches und Blutes verführt worden bin, derselben unehelich beizuwohnen und das sechste Gebott zu übertreten."*

Aber auch Streitigkeiten zwischen Familien kamen vor das Stadtgericht, wenn sich die Zeugenaussagen, wie hier aus dem Jahre 1557 in Annweiler, wie aus einem derben Bauernschwank stammen lesen. Es ging um eine Auseinandersetzung zwischen Jakob Selbinger und der Frau des Anstatt Schmitt. Zeugenverhöre sollten den genauen Sachverhalt klären: So sagte Kathrin Rapp aus, daß *„das Jakob selbing zwey mall mit steynen nach der schmidin geworfen, wis das der wurff durchs fenster gangen sey",* zudem habe er sie *„mit bösen wortten gescholten".* Jakob Selbinger warf der Schmittin Hurerei vor, gegen diesen Vorwurf sie sich aber vehement zur Wehr setzte. Zudem bezichtigte sie den Schmitt, ein Dieb zu sein. Dies muß sehr lautstark und handgreiflich gewesen sein.

Trotz umfangreicher Zeugenverhöre fehlt ein Urteilsspruch. Scheinbar hatte man die Sache dann doch auf sich beruhen lassen, nach einem längeren juristischen Verfahren allerdings.

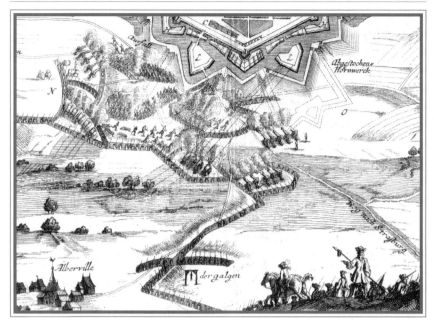

Der Galgen der Stadt Landau, südlich der Stadt gelegen, auf einem Belagerungsbild des Jahres 1704.

Die Gerichtsbücher der Stadt Annweiler, die über längere Zeiträume des 16. und 17. Jahrhunderts erhalten geblieben sind, beinhalten viele solcher „Banalitäten". Sie sollen uns aber nicht vergessen lassen, daß in jenen Zeiten auch wesentlich härtere Strafen verhängt wurden und das Schwert oder das Seil des Henkers für ungleich mehr Verbrechen bereitstand oder -lag.

Mit Strang und Schwert - Fälle der Hochgerichtsbarkeit

Die Pranger- oder Frevelstrafen mochten unangenehm gewesen sein, ebenso dem Ansehen der Betroffenen sicherlich nicht genutzt haben, aber wie auch bei Turm- und Geldstrafen blieben sie an Leib und Seele verschont. Die Strafen, die die Hochgerichtsbarkeit verhängte, die "peinlichen Strafen", bereiteten Schmerzen (Pein) und brachten nicht selten den Tod.

Die Hochgerichtsbarkeit lag, wie schon erwähnt, einzig bei den Landesherren. Die Prozeßführung war fast immer an die Ämter oder Oberämter delegiert, die Urteile mußten aber von den Kanzleien oder ähnlichen Institutionen bestätigt werden. Da die abschreckende Wirkung von Hinrichtungen in der frühen Neuzeit unumstritten war, fehlte bei kaum einer größeren Stadt oder Amtssitz eine Richtstätte. Sie lag etwas abseits der Behausungen, häufig an Straßen oder gar an Straßengabeln, damit möglichst viele Menschen den Gehenkten sehen konnten.

Auch heute erinnern viele Gemarkungsnamen an Richtstätten: Galgenberg bei Ramberg, Annweiler oder Queichhambach oder die ehemalige Gewanne Galgenschanze in Landau. Bei dem Galgen der Herrschaft Scharfeneck sind sogar alle Plätze bekannt. Zuerst stand er in Dernbach auf der Gewanne Galgenberg, später auf dem Steiger über Frankweiler. Am 16. Mai 1765 ordnete der Fürst von Löwenstein-Wertheim an, daß ein neues Hochgericht auf der Lehr oberhalb von Albersweiler errichtet werden sollte, *„welches dem neuen herrschaftl. Haus nicht so gar nah, noch im Gesicht lieget, gleichwohl im Tal von Albersweiler gesehen werden kann."*

Mitunter aber auch konnte der Standort eines Galgens *„internationale Verwicklungen"*, sprich Streit zwischen zwei benachbarten Landesherren verursachen: So geschehen 1506 in Ramberg, quasi auf der Grenze zwischen dem Gebiet der Ritter von Ramberg und denen von Löwenstein-Scharfeneck, denen das Dorf Dernbach gehörte.

Der Galgen stand *„zwischen dem schlos Ramberg undt Dernbach dem dorff uff die recht handt, wann man von Ramberg gehn Dernbach gehet, neben der von Ramberg wog oder see, dann eins kleins den berg hinuff, da dann ein newer galgen gebawen undt uffgericht worden."* Allerdings hatten die Ramberger den Galgen mehrmals aufgebaut, damit er just von den Scharfeneck- Löwensteinern wieder abgerissen wurde, weil jene glaubten, er stände auf ihrem Gebiet, in dem ein Ramberger Galgen nichts zu suchen hatte.

Im Oktober 1506, *„da man Hansen von Zabern der von Ramberg kuehirt als ein verurteilten daran vom leben zum todt richten und henken wollt"*, kam es zu einem persönlichen Zusammentreffen zwischen Ludwig von Löwenstein-Scharfeneck und den Junkern Hans und Jörg von Ramberg bezüglich des Hochgerichts. Hans von Zabern nutzte dies nichts, er wurde trotzdem gehenkt, aber die Herren wollten die Sache mit dem Galgen ein für allemal regeln. Man beschloß, daß der Galgen, obwohl er auf löwensteiner Gebiet stand, auch von den Rambergern mit genutzt werden sollte, und daß die Ramberger Bürger bei seinem Aufbau zu helfen hatten. Da von einer „Galgenseul" die Rede war, muß es sich um einen gemauerten Galgen gehandelt haben.

Der so gebaute Galgen wurde 1728 das letzte Mal erwähnt: *„Obig dem Weg, wo das Hochgericht gestanden"*. Nur der Name Galgenberg hat sich auf Dernbacher Gemarkung noch erhalten.

Todeswürdige Verbrechen, die auf solchen Plätzen gesühnt wurden, kannten die vergangenen Jahrhunderte eine ganze Reihe, weit über 100 Vergehen zogen im Hochmittelalter Todes- oder Leibesstrafen nach sich. Diese Zahl hatte sich bis zum 18. Jahrhundert auf ein Drittel verringert, aber immer noch wurden sehr viele Menschen hingerichtet.

Trotzdem waren die Straßen keineswegs sicher. Viele herzögliche Verordnungen beschäftigten sich mit „Herumziehendem Gesindel, Zigeunern oder Jaunern", gegen die häufig auch mit Waffengewalt vorgegangen werden sollte, um sie außer Landes zu schaffen oder ihnen die Einreise erst gar nicht zu ermöglichen. So wurde der Straßenraub besonders hart bestraft. „Poenal Verordnung. *Als sezen, ordnen und wollen hiermit, daß hinfür alle und jede boßhaften und übelwollenden Räuber, es mögen sich solche des Raubes zum ersten oder bereits mehrmalen schuldig gemacht haben, das Geraubte in vielem oder wenigem zu bestehen, ohne alle Nachsicht mit der Todesstrafe und zwar dergestalten belegt werden sollen, daß diejenige welche des Raubes ohne Gewehr oder Waffen verübt mit dem Schwert vom Leben zum Tode gebracht und sonach deren Körper auf das Rad öffentlich gelegt und mit bey sich gehabtem Gewehre oder Waffen begangen, ohne Unterschied, ob dieselben danach jemanden würcklich verletzet... lebendig geradbrecht werden sollen."*

Mord, Totschlag, Brandstiftung, Raub, aber auch Urkundenfälschung, Geldfälschung, Homosexualität, Diebstahl, Betrug oder Unterschlagung konnten mit dem Tode bestraft werden.

Auch Hinrichtungsarten kannte das 17. und 18. Jahrhundert eine Menge: Rädern als grausamste, Henken als schimpflichste der Strafen bildeten nur zwei Facetten zwischen Ertränken, Enthaupten, lebendig Begraben und anderem mehr.

Allerdings hatte sich diese brutale Exekutionspraxis im Laufe der Zeit etwas zugunsten der Verurteilten verbessert. Im 18. Jahrhundert wurden die grausamen Urteile noch gefällt, die Vollstreckung aber als Gnadenakt durch den Strang oder durch das Schwert bzw. Beil ausgeführt.

Hinrichtungen waren bis in das letzte Jahrhundert öffentlich, und in einigen Ländern der Erde sind sie es auch heute noch. So lesen wir in den alten Berichten nicht selten von Hinrichtungen, die eine unübersehbare Menschenmenge anlockten, welche sich an dem Anblick delektierte; ja von Hinrichtungen mit einigen zehntausend Teilnehmern, man denke nur an die Exekution des Johannes Bückler, wesentlich besser bekannt als Schinderhannes, in Mainz im Jahre 1803. Auch die letzte öffentliche Hinrichtung in Landau fand 1828 wegen der Masse der zu erwartenden Menschen auf den Horstwiesen außerhalb der Stadt statt.

Der Fall der „decollierten Mohrin"

Auch für Bergzabern sind im 18. Jahrhundert Hinrichtungen bezeugt: Sie finden sich vor allem in den Kirchenbüchern. So auch der Fall der „decollierten Mohrin", der hier kurz geschildert werden soll, da er mit den schon angeführten Verordnungen zur Erhaltung von Sitte und Moral korrespondiert.

Kindsmord war im Mittelalter und in der frühen Neuzeit ein Verbrechen, das unter den Kapitalverbrechen, die Frauen begingen, mit Abstand die größte Bedeutung hatte - zieht man die Zehntausende, die unschuldig als Hexen verbrannt wurden, hier einmal nicht heran. Mord an Kindern ist im Mittelalter fast immer auch Bestandteil von Hexenklagen (*„het ein ungetauft Kindlein getödt, ein Beinlein erlösert und daraus ein Trank gebraut"*). In diesen Fällen ist aber von der Tötung des eigenen Kindes recht selten die Rede.

In unserem Falle soll es um Kindsmord im eigentlichen Sinne gehen. Die Strafen waren hart. Die „Peinliche Halsgerichtsordnung Karls V." sah vor: *„Straff der Weiber so ire Kinder tödten. item welches Weib jre Kind, das leben und glidmaß empfangen hett, heymlicher boßhaftigerwilliger weiß ertödtet, die werden gewöhnlich lebendig begraben und gepfelt"*. Das hieß, man begrub die Frau bei lebendigem Leibe und trieb ihr dann einen Pfahl durch den Leib.

Diese „Poenformel" (Strafandrohung) wurde von anderen Landrechten übernommen - so im hessischen Landrecht des 16. Jahrhunderts: *„Die soll man lebendig in eyn grab, Eyn dornenheck uff iren leib legen, sie mit erde beschutten, und ir eyn eychen pfol durch ir hertz schlagen, zur straff..."*

Wurde die Grausamkeit des Vollzugs der Strafen in den folgenden Jahrhunderten gemildert, blieb bei Kindsmord bis in das 19. Jahrhundert die Todesstrafe als einzig mögliche Strafe bestehen.

So muß nicht verwundern, daß der einzige in Bergzabern in den Akten faßbare Kindsmordfall im 18. Jahrhundert auch mit der Todesstrafe endete - der Fall der „Mohrin". Doch lassen wir zuerst die Akten erzählen:

„Actum Bergzabern, den 16. 8bris (Oktober) 1751.
Hat man in gefolg Hochfürstlichen Gerichts Rescripts vom 12. curr. der Inquisitin Maria Catharina Mohr von Rittershofen im Elsaß gebürtig nachfolgend das Urtheil in Gegenwart deren beeden Gerichtschöffen Dubois und Fleckstein vorgelesen.
In peinlich sach des Fürstlichen Rathes und advocati als ex officio peinlich Amtsanklägers entgeg und wieder Catharina Mohrin von Rittershofen aus dem Elsaß gebürtig, peinlich beklagtin, wurde auf angestellte Inquisition

überreichte peinliche Amtsanklage verstattete Defension (Verteidigung) und beschehene beiderseitige Submission (Unterredung) nach reiflicher Überlegung derro verhandelnden Actorum (Beteiligten) und nach erfolgter gnädigster Ratification (Unterzeichnung) Hochfürstlicher Durchlaucht ... zu Recht anerkannt: Das peinlich beklagte Mohrin, weilen sie nicht nur sich hat schwängern lassen und heimlich niedergekommen, sondern auch ihr zur Welt gebrachtes sofort bößlich umbs Leben gebracht, wegen dieser begangenen Mißhandlung ihr zu wohl verdienter Straf, andern aber zum Abschrecken und Exempel mit den Schwerdt vom Leben zum todt gericht werden soll... Durch des herzöglich Pfaltzgräflichen RegierungsCantzley Insiegels und gewöhnliche Unterschriften.
Zweibrücken 12.10.1751

Facta publicatione (Während des Verlesens) hat Inquisitin (die Angeklagte) sich ganz still bezeiget, weder Tränen vergossen noch sonsten ein einziges Wort geredet, sich ihrer Bezeigen nach so willig und gelassen dargestellet.

Man hat sie nachher von der Amtsstube auf das Rathaus bringen lassen und die Vorsorge wegen der nöthigen Bewachung dahier gehabt, daß auch alles ohnnöthige Geläuf gehindert werden sollen.

Zugleich hat man die Herren lutherischen Geistlichen benachrichtigt um ihr Amt bei ihr zu bewahren und zu vollziehen. Der Exekution nächsten künftigen Dienstag vormittag festgesetzet."

Der Stadtwachtmeister hatte für die Bewachung und die Versorgung der Delinquentin zu sorgen, was sich mit drei Gulden in der Amtsrechnung niederschlug.

Der Tag der Urteilsverkündung war ein Sonnabend; drei Tage später, am Dienstag den 19. Oktober 1751, fand die Hinrichtung durch das Schwert durch den Scharfrichter Michael Rein auf dem Zimmerplatz vor dem Obertor statt. Noch am selben Tag wurde Katharina Mohr begraben.

Der lutherische Pfarrer hielt in seinem Kirchenbuch fest:

„Casus Trag. (Tragischer Vorfall) am 19. Oct. wurde Katharina Mohr, des Andreas Mohren von Rittershofen eheliche Tochter, wegen begangenem Kindsmord mit dem Schwerdt hingerichtet, ihres Alters 22 Jahr."

Maria Katharina Mohrs Leben liegt weitgehend im Dunkeln; eigentlich sind es nur ihre Geburt, ihre Hinrichtung und ihre Beerdigung, die sie dreimal kurz dem Vergessen entreißen. Die eigentlichen Prozeßakten sind verloren, so daß ihr Leben nicht rekonstruiert werden kann. Alles was wir über sie wissen, bündelt sich in der Tat vom Jahr 1751 und den Folgen.

Aber nicht nur der Kindsmord wurde mit dem Tode bestraft. Die Verordnungen richteten sich schon gegen das Verheimlichen der Schwangerschaft und setzten diese unter Strafe.

„Fügen hiermit zu wissen: Demnach sich zuweilen zuträgt, daß eine außerhalb der Ehe geschwängerte Weibs-Persohn ihrer Geburt heimlich niederkommt und dieselbige hernach tod gefunden wird, auch zweiffel fürfällt, ob nicht etwan eine solche Geburt von der Mutter selbsten, weil sie keine Weiber dazu berufen und auch zuvor keiner Schwängerungs geständig seyn wollen, umgebracht worden. Also ordnen wir hiermit an, das in Zukunfft gegen dergleichen Personen, so ihre Schwängerung sowohl als Niederkunft verheimlichen, und die Geburth todt gefunden wird, mit der Todesstrafe ohnnachlässig verfahren werde."

Selbst wenn Katharina ihr Kind nicht getötet, sondern es sich um eine Todgeburt gehandelt hätte, so wäre sie doch dem Henker überantwortet worden. Auch die Hausleute wurden angehalten, auf Schwangerschaften ihrer Mitbewohnerinnen zu achten, wobei ein Nichtmelden unter Strafe gestellt wurde.

Mit dem Tod endete die Aktenkundigkeit der Maria Katharina Mohr keineswegs. Zweibrückische Gesetze verlangten, daß „justifizierte Personen" binnen 24 Stunden zu begraben seien, aber nicht auf dem Friedhof, sondern wie die Selbstmörder bei dem Friedhof in ungeweihter Erde. Der im Mittelalter und in der frühen Neuzeit häufig festzustellende Brauch, Hingerichtete direkt auf der Richtstätte zu begraben, kam in Bergzabern nicht zur Anwendung, wohl auch deshalb nicht, weil die Richtstätte, der Zimmerplatz, normalerweise eine andere Funktion hatte.

Katharina Mohr („die decollierte Mohrin") wurde auf dem Armesünderfriedhof *„außerhalb der dahiesigen Kirchhofsmauer"* begraben, ein Stück Land, das noch der reformierte Glöckner besaß, auf das aber der Scharfrichter Michael Rein Anspruch erhob, da es als Armesünderfriedhof und Pestfriedhof gedient hatte und solche nach altem Brauch der Nutznießung durch den Scharfrichter unterstanden.

In einem Entgegnungsschreiben führt die reformierte Kirchenverwaltung ins Feld *„das die decollierte Inquisitin Mohrin, welche dahier, weis aber nicht wie und auf wessen Befehl begraben worden"* eigentlich hätte an *„ordntl. hiesigem Gerichtsplatz"* begraben werden müssen.

Daß sie aber an der Friedhofsmauer beerdigt wurde, sei ein *„Beneficum (eine bevorzugte Behandlung) der gn. Herrschaft"* gewesen. Diese Beneficum würde die hundert Jahre alten Rechte der Glöcknerfamilie nicht ablösen. Am 14. April 1752, sechs Monate nach der Hinrichtung, beschließt das Oberamt, daß fürderhin keine „Armen Sünder" mehr auf dem Grundstück bei der Friedhofsmauer zu beerdigen seien und der Scharfrichter auf dieses Grundstück keinen Anspruch habe.

Scheinbar hatte Michael Rein versucht, mit der Beerdigung der Katharina Mohr vollendete Tatsachen zu seinen Gunsten zu schaffen.

Die Hinrichtung des Daniel Schuhmachers in Bergzabern

Wie schon erwähnt, trug der Pfarrer die Hinrichtung der Katharina Mohr in das Sterberegister ein. Hierbei war ihm die Sache nur einen kurzen Hinweis wert. Es ging aber auch anders. Mitunter nutzten die Pfarrer die Kirchenbücher auch, um Geschichten und Anekdoten der Nachwelt zu überliefern. Zumeist allerdings waren die Eintragungen kurz, nicht vergleichbar mit den ab dem ausgehenden 18. Jahrhundert verwendeten Formblättern, dennoch waren ihre Formulierungen recht knapp gehalten. Aber nicht immer, wie der nun folgende Eintrag in dem reformierten Kirchenbuch zeigen soll. Nirgends anders hat sich die Geschichte um die Hinrichtung des Daniel Schuhmacher tradiert. Die Gerichtsprotokolle vor 1773 sind verloren, und auch im Stadtarchiv Bad Bergzabern fand sich kein Hinweis. So stammt die einzige Beschreibung einer öffentlichen Hinrichtung in Bergzabern aus einem Kirchenbuch.

„22. 1761
Daniel Schuhmacher, eines Bauern Sohn aus Kleeburg, Oberamt Bergzabern, kam vor etwa vier Wochen mit zween seiner nächsten Anverwandten aus der Wingertarbeit gegen abend halb berauscht nach hause. Sie geriethen erst mit Worten hintereinander, worauf der Schumacher den einen mit einer 4 pfündigen Wingertshacke so auf den Kopf schlug, daß er gleich den Tag darauf storben. Da der andere zusprang und ihm im Zorn deswegen zur Rede stellen wollte, schlug er auch noch diesen, verfehlte den Kopf und traf ihn so auf die Schulter, daß er seinen Arm nachher lange in der Schling tragen mußte. Sobald der Geschlagene den anderen Tag gestorben war, lief der Mörder in der Angst geradewegs von Kleeburg hierher, selbst seinen Richtern in die Arme, in der Meinung, wenn er sich zu einem Soldaten unseres Herzogs ausgebe: so würde er ohne Strafe davonkommen. Er wurde auch gleich handfest gemacht und am 30. Mai hier auf dem Zimmerplatz enthauptet.
Seine Reue und Bekehrung war ganz ausnehmend. Er gab sich ganz gelassen in den Willen Gottes, betete gleich vom ersten Tag seiner Gefangenschaft bis auf sein Ende zu Gott, nachher, insbesondere nach Vernehmung seines Todesurteils, nach dessen Abhörung in der Oberamtsstube plötzlich auf seinen Gott ein Rettung und Vergebung seiner Sünden und Standhaftigkeit inbrünstig angebethen haben. Die letzten drei Tage vor seinem Ende zeigte er eine ganz angemessene und fast unglaubliche Standhaftigkeit, bereitete sich zu aller Verwunderung also bußfertig zum Tode, sang bei seiner Ausführung zum Gerichtsplatz das Lied: Erlöse du meine Seele mit lauter

Stimme, daß die Schüler (!) in dem Kreis singen herzhaft mit und betete darauf von Herzen, bis ihm der Kopf einmal vor die Füße fiel. Er hatte das Jahr zuvor schon einmal einen Nachtwächter bis auf den Tod geschlagen, welches ihn 50 Fl. (Gulden) kostete. Sein Leben endigte im Alter von 23 Jahren. Seine Begleiter zum Tode waren, außer den hiesigen beyden Pfarrern, der Herr Pfarrer von Kleeburg, der Pfarrer von Leinsweiler, der hiesige lutherische Pfarrer und der Herr Präceptor (Lehrer) Bonnet. Weil die Standrede gleich nach der Enthauptung wegen des Getümmels vom Volke nicht konnte verstanden und daran nur der 10 Teil im Kreise von Herrn Pfarrer vorgestellt werden, so wurde sie folgenden Sonntags darauf nach gehaltener Predigt über das VI. Gebot unserer Gemeinde abgelesen".

In den Berichten des Oberamtes Bergzabern nach Zweibrücken findet sich der Vorgang dann genauer beschrieben, wenngleich einige Unterschiede in der Beschreibung des Tathergangs auffallen.

„Nachdem heute früh Daniel Schuhmacher, das Josephs Schuhmachers lediger Sohn von Cleeburg, sich dahier und zwar bei den Milizsergeanten Daniel Schopp eingefunden, demselben erklärt von weßen er vorhabe, sich unter des Regiments Royal Deuxponts als Soldat engagieren zu lassen, mit demselben richtig gemacht und darauf in dem Wirtshause zum Weißen Roß in der oberen Vorstadt einige Schoppen Wein getrunken, während der Zeit aber der reformierte Schulmeister von Cleeburg in das vermeldte Wirtshaus gekommen und erzählet, daß dieser der Mensch sey, welcher einem Bürger zu Cleeburg nahmens Valentin Heußauer tödlich mit einer Wingerts Hack lädiert und dem Sergeanten Schopp den jüngeren Schuhmacher hierüber zur Rede gesetzt, wobey derselbe ihm eröffnet, daß er gestern dem Heußauer mit einer Wingertshack geschlagen und darauf die Vogtei Cleeburg verlassen habe."

In seiner späteren Vernehmung gab Schuhmacher an, daß er *„ohngefähr 21 Jahre alt sei"*, keinem Gewerbe nachginge und bisher bei seinem Vater auf dem Felde gearbeitet habe.

Zum genauen Tathergang sagte Schuhmacher aus, daß die Brüder des Erschlagenen und dieser selbst den Streit begonnen hatten. Sie riefen auf dem Nachhauseweg, nachdem sie des Schuhmachers ansichtig geworden waren, *„da kommt auch ein Hundsfott herunter"*. Letztlich gab denn ein Wort das andere, schließlich sei Schuhmacher auf den Bruder Heußauers zugesprungen und habe ihm mit der Hacke auf die Schulter geschlagen, kurz darauf erhielt der zu Hilfe eilende Valentin Heußauer den tödlichen Streich. In dem Bericht wird weiter ausgeführt, daß der Vogtei Cleeburg bezüglich des Verhörs in Bergzabern Mitteilung zu machen sei. Der Prozeß selbst sollte in Cleeburg stattfinden. Wahrscheinlich fand die Hinrichtung nur deshalb in

Drei Scharfrichter in ihrer zeitgenössischen Tracht des 16. Jahrhunderts.

Bergzabern statt, weil die Stadt Sitz des Oberamts war und einen Scharfrichter angestellt hatte.

Einige kleinere Hinweise auf das Ereignis ließen sich dann doch noch finden. So entstanden Kosten für Unterbringung und Verpflegung des Gefangenen, die in der Kasse des Oberamtes mit 30 fl. und 8 Batzen zu Buche schlugen. Die Bewachung des Delinquenten hatte die Stadt Bergzabern zu leisten. Die Kosten hierfür fanden denn auch ihren Niederschlag in der Stadtrechnung von 1761. *„Als der dahier inhafftiert gewesene Daniel Schuhmacher vom Leben zum Tod durch das Schwert hingerichtet worden so hat man die zwey milicestambours dazu gebraucht, weniger nicht den milicesergeant Schopp, für deren Bemühung jeder 7b 8d aus denen hiesigen Stadtgefällen durch Belegung dieses ausbezahlet worden konnen. Bergzabern 30. xbris 1761. Lorch"* und weiter: *„dem Sergeant Schopp wegen dem decollierten (enthaupteten) Schuhmacher von Kleeburg die Trommel zu führen und seinen Konsorten 1 Fl 7b 8d."*

Beruf: Henker

Die Todesstrafe war bis weit in unser Jahrhundert hinein keineswegs umstritten, und auch heute wird sie noch häufig angewandt, auch in Ländern wie den USA, die sie schon abgeschafft hatten. Abschreckung und sogenannte spiegelnde Strafen hatten ihre Wurzeln tief in den Gedanken und Wertvorstellungen der Zeitgenossen verankert. Hatte sich auch durch die Aufklärung des 18. Jahrhunderts die Folter in Europa weitgehendst überlebt, so rüttelte jedoch kaum ein Aufklärer an der Institution Todesstrafe. Einzig die Zahl der todeswürdigen Vergehen nahm kontinuierlich ab.

Nach den Vorstellungen der Menschen bis in unser Jahrhundert hinein hatte die Todesstrafe wohl ihre morbide Attraktivität, kaum aber etwas Anrüchiges - ganz im Gegenteil zu denen, die sie vollstreckten. Legt man heute auf die Anonymität der Henker größten Wert, ja konstruiert man gar Hinrichtungsmaschinen, die im Unklaren lassen, wer die tödliche Kugel abgibt oder aus wessen Spritze das Gift in die Adern des Delinquenten fließt, so waren die Henker vergangener Jahrhunderte jedem bekannt.

Die Hinrichtungen und alle anderen Verrichtungen, die die Strafbestimmungen vorsahen, wurden von diesen Henkern ausgeführt. Nachrichter, Scharfrichter, Klee- oder Wasenmeister wurden diese Männer noch genannt, die am untersten Ende der sozialen Pyramide lebten. Scharfrichter sein bedeutete ausgestoßen sein aus der Gemeinschaft der Bürger, deren Urteile er vollstreckte. Der Umgang mit ihm machte unrein, seine Berührung wurde gemieden. Er und seine Familie mußten sich durch besondere Kleidung von ihren Mitbürgern abheben und sein Haus abseits und gut sichtbar stehen, damit niemand sich zufälligerweise darin verirrte. Auch die Familien blieben unter sich, heirateten untereinander und lehrten das Handwerk an die Söhne. Für Bergzabern sind zwei Henker namentlich faßbar: Michael Rein und Georg Frank sowie der Henkersgeselle Adam Ritter. Henrich nennt auch noch den Johann Peter Frank, der, obwohl für Landau zuständig, auch in Bergzabern arbeitete. Die Aktenlage läßt ein namentliches Erfassen früherer Henker in Bergzabern nicht zu, aber das älteste Dokument der Stadt, die Stadtrechnung von 1644 weist einen Betrag von 10 Fl für den *"Scharpfrichter und den Scharpfrichterknecht"* aus. Der Scharfrichter erhielt außer den Entschädigungen für einzelne Aufwendungen noch 12 Fl jährlich.

Trotz der sozial deklassierenden, blutigen Arbeit erhielten die Henker nur geringen Lohn. Die Gebührenordnung für die Henker wurde 1762 im Oberamt Bergzabern verlesen: *„Dieweilen und bei einigen bishero vorgefallenen Exekutionen war genommen worden, daß die Scharfrichter bei dergleichen Exekutionen einen allzu excesiven Lohn prätendieren, so zu merklicher graviationtheils gedachter Herrschaft, theils der unglücklichen Malefikanten gerichtet, solche Sachen wegen... ein Befehl und eine Verordnung an alle Ämter ergangen, daß ein Scharfrichter vom Ruthen-Aushauen, Ohren- Abschneiden, Hand und Fingerabhauen, Foltern und Prangerstellen höchstens einen Gulden, wenn er aber jemanden mit dem Strang, Schwerdt oder Wasser hinrichtet drey Gulden, mit Feuer und Rad vier Gulden zum Lohn haben soll"*. Obwohl eine Handvoll Hinrichtungen für das ausgehende 18. Jahrhundert in Bergzabern festzustellen sind, muß diese Zahl als gering erachtet werden. Von den Exekutionen allein konnte der Scharfrichter seine Familie nicht durchbringen - und andere Berufe waren ihm verwehrt. Zudem mußten die Scharfrichter für den „Erbbestandsbrief", der ihnen die Ausübung ihrer Tätigkeit gestattete, auch noch bezahlen. Der des Georg Frank hat sich erhalten: *„Georg Frank, der junge Nachrichter von Straßburg unterthänigst angezeigt, daß sein StieffSchwiegervater, gewesener Nachrichter zu Bergzabern, ohne Hinterlassung ehelicher Leibeserben verstorben, nützlich diese Stelle in Verfolgung Decreti Clementisimi de dato 15. September 1754 ihm zugefallen seye, mit der angelegten unterthänigsten Bitte, ihn darinnen nicht nur zu confermieren, sondern ihm zur Sicherheit einen Erbestandsbrief ausfertigen zu lassen... Erstlicher wird dem Georg Franck der Nachrichterdienst und Wassen in der Stadt Bergzabern, dem Amt Barbelroth wie auch in den Dörfern des Amtes Neukastel diesseits der Queich als zu Ilbesheim und zu Leinsweiler (zugesprochen)"*. Er soll bei Hinrichtungen in diesen Dörfern „allzeit gewärtig sein". Auf Martini eines jeden Jahres hat er drei Reichstaler Beständergebühr zu entrichten. Auch der Erbbestandsbrief

des schon erwähnten Johann Peter Franck aus dem Jahre 1783 übergibt diesem denselben Amtsbezirk wie seinem Vorgänger.
Trotzdem erwuchs den Scharfrichtern eine Konkurrenz durch die Amtsbüttel, die nach 1764 die schimpflichen Strafen wie Prangerstellen oder das Anlegen der Halsgeige selbst durchführten, auch das „Ruthenaushauen" selbst vornahmen.
Auch die Absperrung bei Hinrichtungen, vorher immer ein Nebenverdienst für die Henkersknechte der Umgegend, übernahmen die Büttel.
So finden wir die Henker in der Regel auch noch als Wasenmeister, das sind die Abdecker und Latrinenreiniger. Auch die Totengräberdienste für die Hingerichteten tätigten die Scharfrichter. Hatte man bis zur Mitte des 18. Jahrhunderts die Gerichteten hängen oder liegen lassen bis sie verfaulten, so fanden sie nach 1763 ihre letzte Ruhestätte auf dem „Armesünderkirchhof".
Nur der Kopf der Geräderten sollte auf einem Pfahl aufgerichtet werden, *„in zukunfft aber alle durch das Schwert oder den Strang hingerichteten Missetäter sogleich von 24 Stunden begraben werden sollen"*. Der Bergzaberner Armesünderfriedhof lag 1752 außerhalb der Kirchenmauer, *„ein Stücks Land ohngefähr ein klein Viertelstarck, so gegen den Herrschaftl. und Kellerygarten ziehet"*. Allerdings war die Nutzung dieses Friedhofsteils nicht unumstritten, wie uns der Streit um die „decollierte Mohrin" zeigte.
Das Beseitigen des „gefallenen Viehs" bildete eine weitere Einnahmequelle der Scharfrichter. Die Stadtkasse zahlte 1782 einen Gulden drei Kreuzer für das Wegschaffen tollwütiger Hunde, 30 Kreuzer für das Beseitigen des Kadavers eines Kalbes. Auch die Reinigung der Winkel und der Latrinen am Rathaus und Oberamtshaus gehörte zu seinen Obliegenheiten.
Für Annweiler ist eine Wasen- und Kleemeisterordnung bekannt. Es handelt sich hierbei aber einzig um eine Ordnung, die die Gebühren und Tätigkeiten des Wasenmeisters bei der Abdeckerei regeln sollte. So unterschieden sich die Gebühren für das Abhäuten von Tieren, die der Scharfrichter erhielt, je nach dem, ob die „gefallenen Tiere" auf den Schinderwasen gebracht werden mußten oder ob er sie selbst abholte. Die Häute blieben allerdings im Besitz der Anlieferer. So lesen wir, unserem heutigen Sprachgebrauch angepaßt, in der aus dem späten 15. Jahrhundert stammenden Clee- und Wasenmeisterordnung der Stadt Annweiler:
Ein jeder Clee- und Wasenmeister soll dem Bürgermeister der Stadt, dem Rat und dem Herzog einen Eid schwören, daß er der Stadt Annweiler treu dienen will, den Geboten und Verboten des Schultheißen und des Bürgermeisters gehorsam sein soll, sich mit den anderen Bürgern *„fried und nachbarlich"* verhalten, wenn den Bürgern ein Pferd oder ein Stück Rindvieh stirbt, dann soll er das gefallenen Vieh aufladen, abdecken, die Haut in das Haus des Be-

sitzers oder des Gerbers Haus liefern. Als Lohn erhält er für ein Pferd, wie „*auch ein groben oder alten stückh rindvieh*" einen halben Gulden. Für kleinere Tiere war auch sein Lohn geringer. Sein Bestallungsvertrag galt auch für das Gossersweilerer Tal und das Amt Falkenburg. Für die Einkünfte aus dieser Tätigkeit sollte ihm keine Steuern anfallen. Gleichzeitig legte der Vertrag auch fest, daß er bei einem Angriff auf die Stadt zum städtischen Aufgebot gehören sollte.

Von den vierzehn bekannten Klee- und Wasenmeistern Annweilers bis zur Französischen Revolution waren fünf eigens als Henker bezeichnet, wenngleich diese Tätigkeit auch bei den anderen angenommen werden kann. Von einem, Jakob Schmid, ist näheres bekannt. Er war 1766 Scharfrichter und Wasenmeister für die Stadt Annweiler, die Gemeinschaft Falkenburg, Queichhambach, Albersweiler (die zweibrückische Hälfte) und Frankweiler. Die Queich bildete also die Grenze der Bezirke des Scharfrichters von Annweiler und seines Bergzaberner Kollegen, hier natürlich nur für die zweibrückischen Gebiete.

Die Aufgaben des Annweilerer Scharfrichters lesen sich wie folgt:

„*Wann es sich zutragen sollte, daß einige mißtätige Personen in Verhaft gezogen hernacher torquiert oder gefoltert, endlich peinlich exequiert und mit dem Schwert, Strang, Radt, Wasser oder Feuer hingerichtet oder an den Pranger gestellt, mit Ruten ausgehauen, Ohren abgeschnitten, Hände oder Finger abgehauen würden, soll er, daforn er das Scharfrichten und was dazu gehört, der Gebühr verstehet, solche Execution anbefohlenermaßen jederzeit, was das Urteil mit sich bringt, fleißig und treulich verrichten.*"

An Gebühren standen ihm zu:

Für Foltern, an den Pranger stellen, mit Ruten streichen,
Ohren abschneiden, Hand und Finger abhauen 1fl
Zum Tode executieren mit Schwert, Strang oder Wasser 3fl
Zum Tode exekutieren mit Feuer und Rad 4fl
Tagesreisekosten für sich, sein Knecht und sein Pferd 15b

Der Bergzaberner Scharfrichter baute sich ein eigenes Haus, weit außerhalb des Berings und wahrscheinlich alleine stehend. 1735 kam er bei dem Buschmeister um 100 Stämme Bauholz ein, die ihm, „*in Betrachtung derselbe keine Behausung mehr besitzt*" für 36 Gulden überlassen werden. Das „Haus mit Garthen" stand in der Horbacher Straße ungefähr 200 Meter von dem Untertor entfernt. Zum Besitz des Henkers gehörte auch der Wasen im „unteren Brühl". Ordnungen regelten auch, wie sich der Henker zuhause verhalten hatte: Er sollte „*kein Gesöff, Tänz oder andere Kurzweil anfangen*". Über die Henker der Reichsstadt Landau ist einiges mehr bekannt.

Der erste Landauer Henker, Hans von Landauwe, wurde im frühen 15. Jahrhundert genannt, die erste nachweisliche Hinrichtung fand 1437 statt, als man einen Engelmannus von Plisweiler wegen Diebstahls henkte.

Auch im ersten Steuerbuch der Stadt, dem „Pfennigbüchlein" von 1495, wird der Henker, *„der meister uff dem clee"*, seine Frau, ein Knecht und eine Magd genannt. 1512 unterschrieb der erste namentlich bekannte Scharfrichter, Nikolaus Nachtigal, seinen Bestallungsvertrag. Daß die bürgerlichen Rechte dem Henker nicht zustanden, wurde schon erwähnt. So war ihm in Landau auch verboten, liegende Güter zu kaufen und die Hasenjagd auszuüben (1558). Im selben Jahr vermerkte das Ratsbuch von Landau noch einmal ausdrücklich, daß der Henker von dem Eintritt in eine Zunft ausgeschlossen sei. Ein treffendes Bild der sozialen Ächtung des Henkers zeichnet der Streit um das „Aufheben des Pferdebeines". Die Schmiede verlangten, daß der Scharfrichter das Bein des Pferdes, das beschlagen werden sollte, nicht selbst aufheben sollte, damit eine Berührung oder eine zu große körperliche Nähe mit dem Scharfrichter vermieden werden konnte.

Andererseits kann für Landau der Nachweis darüber erbracht werden, welche magische Bedeutung man Leichenteilen von Gehenkten oder Stücken des Stricks zumaß. Denn 1580 gestand ein Landauer Bürger namens Hans Bauerheintz, daß er sich eigentlich den Daumen eines Gehenkten als Talisman für das Würfelspiel besorgen wollte, in Ermangelung dessen aber mit einem Stück des Stricks vorlieb nehmen mußte. Dieses Vorgehen wurde allerdings bestraft.

Wie schon bei den Scharfrichtern von Bergzabern und Annweiler zu lesen war, hatte auch der Landauer Scharfrichter noch die Abdeckerdienste und die Reinigung der öffentlichen Latrinen zu besorgen, zudem war er für die Reinigung eines Teiles des Bachbetts der Queich zuständig. Über die Gebühren kam es allerdings häufig zu Streit.

Ein weiteres Kuriosum ist für Landau bekannt. 1595 fing der Nachrichter *„einen hund, der gleichwol zuvor... sein Hausfrau gebissen gehabt, durch Meister Niclas knecht gleich under den fleischbenken angesichts fangen und henken ließ, also sein eigener richter gewesen."*

Auch die Bestattung der Selbstmörder oblag dem Scharfrichter, da diesen ein christliches Begräbnis verwehrt wurde. So hatte Meister Philipp Carle am 6.11.1619 den Dietrich Jung aus Nußdorf in der Schindergrube des Ortes zu begraben, weil der sich *„in seinem Bett mit einem rohr selbst mutwillig erschossen... und befunden, daß er fast zeit seines lebens ein böser bub gewesen sei."*

Entzog sich ein zum Tode verurteilter Angeklagter der Justiz, so konnte das Urteil „in effigie" vollstreckt werden. Ein Bild oder eine Tafel mit dem Na-

men des Verurteilten wurde am Galgen aufgehängt, wie 1766 geschehen, als Josepf Copka, der einem Offizier der Garnison 18000 Livre gestohlen hatte, aber nach der Urteilsverkündung geflohen war, in Abwesenheit symbolisch durch das Aufhängen einer Namenstafel am Galgen „hingerichtet" wurde.
Mit der Französischen Revolution endete die Zeit der Henker in Landau. Bei später stattfindenden Hinrichtungen wurden die Henker aus anderen Städten „importiert".

Eine Hinrichtung eines Landauer Scharfrichters, von Geheimnissen umwittert, wurde so populär, daß sie in einigen literarischen Bearbeitungen, unter anderem von August Becker und Johann Peter Hebel vorliegt.

Hier soll die Version eines Historikers, Karl Henrich, wiedergegeben werden, der nicht nur die Geschichte nacherzählte, sondern auch noch versuchte, ihren historischen Kern herauszuschälen:

„Am 11. November 1776 klopfte es an der Türe der Wohnung des Scharfrichters Hieronymus Menges. Als dieser öffnete, stand da ein ihm unbekannter Bauersmann, der ihn aufforderte, sich zur Dammühle zu begeben, wo zwei Herren seien, die ihn zu sprechen wünschten. Der Scharfrichter glaubte, es handle sich um die Kurierung eines kranken Pferdes und begab sich an die bezeichnete Stelle. Dasselbst traf er zwei ihm unbekannte Herren, welche Perücken trugen und gegen 50 bis 60 Jahre alt sein mochten. Der eine hatte einen schwarzgrauen, der andere einen weißen leinenen Anzug. Die beiden Herren schlugen dem Nachrichter vor, mit ihnen zu gehen, um in Deutschland (Landau gehörte damals zu Frankreich) eine heimliche Hinrichtung vorzunehmen. Sie fuhren mit ihm in einem Wagen zunächst nach Neustadt, wo er sich bei seinem Kollegen ein Richtschwert auslieh. Bei der Rückkehr von dort verbanden sie ihm die Augen und fuhren ab. Unterwegs unterhielten sich seine Begleiter in einer ihm unbekannten Sprache, welche er für Latein hielt. Während der ganzen Reise durfte er den Wagen nicht verlassen, der nicht angehalten hatte. Die Fahrt habe zwei Tage gedauert. Dabei sei man seiner Meinung nach über den Rhein und durch ein Gebirge gefahren. Endlich habe er das Geräusch einer Zugbrücke gehört. Seine Begleiter hatten sich noch einmal vergewissert, daß er die Binde noch vor den Augen hatte. Dann sei ein Tor aufgetan worden und zwei Leute hätten ihn am Arm genommen und über neun Stufen in ein Schloß geführt. Er habe Waffengeklirr gehört und der Mann im grauen Anzug habe zu ihm gesagt: „Denke Du an dein Versprechen. Wir halten das unsrige." Dann habe man ihm, wie er aus dem Öffnen und Schließen der Türen habe entnehmen können, durch fünf schlecht beleuchtete Räume geführt; denn seine Führer seien öfters angestoßen. Endlich seien sie in einen großen Saal gekommen, wo man ihm die Binde von den Augen genommen habe. Das Zimmer sei

schwarz ausgeschlagen gewesen. Dort habe er mit seinen Begleitern zwei bis drei Stunden warten müssen. Dann habe man ihm wieder die Augen verbunden. Kaum war dies geschehen, so habe er ein Geräusch von vielen Schritten gehört... Plötzlich habe sich eine Türe geöffnet und eine Dame in Hemd und Beinkleidern sei erschienen. Ihr Kopf sei vom Scheitel bis zum Mund mit schwarzem Flor verhüllt gewesen. Zwei Mönche in schwarzer Ordenstracht, die gleichfalls Larven trugen, hätten sie in den Saal geleitet. Jetzt habe der, welcher die Sache leitete, erklärt: „Du wirst das Urteil gegen diese Person vollziehen. Man hat dich aus Landau geholt, damit diese Sühne niemand bekannt werde, so wenig wie das Verbrechen, daß sie nötig gemacht hat. Du wirst deine Aufgabe erfüllen und diese Person enthaupten, die der entsetzlichsten Verbrechen schuldig ist." Hieronymus Menges weigerte sich zuerst, die Hinrichtung vorzunehmen, weil er an einen Racheakt glaubte und ihm kein Urteil vorgezeigt wurde. Darauf habe der graugekleidete Mann zu ihm gesagt: „Du hast versprochen, zu gehorchen. Wenn du dein Wort brichst, verläßt du diesen Ort nicht lebend!" Er habe nun die Frage gestellt, welcher Tat diese Person schuldig sei. Darauf habe ihn der Präsident zu sich gerufen und er habe schwören müssen, niemals das Geheimnis zu verraten, das ihm nun eröffnet werde. Trotz des Widerspruchs der Frau habe ihm der Präsident ein fürchterliches Geheimnis mitgeteilt, das auch die Angeklagte nicht leugnen konnte. Diese sei bereit gewesen, zu sterben. Darauf habe er sich bereit erklärt, das Urteil zu vollstrecken und verlangt, daß die Verurteilte zuerst gefesselt werde. Diener brachten einen Klotz, auf den der Kopf der Verurteilten gelegt wurde. Als sich dabei der Schleier derselben verschob, glaubte der Scharfrichter zu erkennen, daß die Frau etwa 40-45 Jahre alt sein könnte. Dann trennte er ihr mit einem Hieb den Kopf vom Rumpfe. Kaum hatte sich die Aufregung gelegt, als man ihm wieder die Augen verband und ihn in den Wagen schob, der sofort rasch davonfuhr."

Sechs Tage nach seiner Abfahrt war der Henker wieder in Landau zurück. Die Sache ließ sich aber nicht geheimhalten! Ein halbes Jahr später wurde der Henker zu einer Gefängnisstrafe von 14 Tagen verurteilt, und es wurde ihm untersagt, noch einmal auswärts eine Hinrichtung ohne Zustimmung des Stadtrates durchzuführen.

Die auswärtige Hinrichtung ist keine Schauergeschichte, sondern historisch belegbar. Wer war nun aber diese Frau, deren Kopf unter dem Schwert des Landauer Henkers fiel? Die Literatur des 19. Jahrhunderts, die sich dieses Falles annahm, glaubte in der Frau Auguste Elisabeth Marie Luise von Thurn und Taxis, geb. von Württemberg, zu erkennen. Die Frau wurde 1734 geboren, 1775 des Mordversuchs an ihrem Schwiegervater, ihrem Mann und ih-

Die heimliche Hinrichtung.

rem Bruder angeklagt und verschwand Ende 1776. Es verbreitete sich das Gerücht, sie sei wegen ihres Geisteszustandes auf Schloß Göppingen verbracht worden und dort gestorben. Schloß Göppingen liegt zwei Tagesreisen von Neustadt entfernt.

Nach offizieller Lesart starb die Fürstin von Thurn und Taxis, die man dieser Verbrechen überführte, 1787 auf Schloß Hornberg. Allerdings gibt es darüber keine Hinweise in den Kirchenbüchern.

Karl Henrich vermutete, daß es sich bei der hingerichteten Frau nicht um die Fürstin selbst, sondern um eine weibliche Komplizin handelte. Den letztendlichen Beweis darüber, wen der Landauer Henker in jener Nacht zu Tode brachte, wird sich wohl nicht mehr erbringen lassen.

Obwohl er sozialer Außenseiter war, gab es Zeiten, in denen selbst die angesehenen Bürger den Henker aufsuchten. Sein Berufsstand galt als kundig in der Medizin. Weniger in der Kräuterkunde oder der Schulmedizin, wie sie die Universitäten lehrten, vielmehr im Bereich der Behandlung von unfallbedingten Schäden.

Henker hatten die Aufgabe, die von ihnen Gefolterten auch wieder gesund zu pflegen. Sie verfügten über einige Kenntnisse und Erfahrung bei Brüchen, Verrenkungen und anderen Wunden. So suchten die ehrbaren Bürger den Henker auf, wenn sie seiner bedurften, heimlich zumeist. Aber auch hier hatten die Scharfrichterfamilien eine Einnahmequelle, und eine nicht zu unterschätzende soziale Funktion innerhalb der Gemeinwesen, wenn auch keine offizielle.

Henker gehören in Deutschland der Vergangenheit an; die Todesstrafe wurde durch das Grundgesetz 1949 abgeschafft. Allerdings schwirrt die Todesstrafe immer noch in den Köpfen vieler und findet in so mancher Stammtischdiskussion ihren beredten Ausdruck. Man braucht nicht nach Amerika in unseren Jahren schauen, um festzustellen, welche Präventivwirkung die Todesstrafe eben nicht hat.

Auch unsere eigene Vergangenheit zeigt, daß selbst grausame Strafen - die oft verhängt wurden - kaum dazu geführt haben, daß Verbrechen abnahmen. Räuberbanden verunsicherten auch dann die Straßen, als jeder von ihnen mit dem Galgen rechnen mußte.

Und wer die Todesstrafe nicht in das Strafgesetzbuch aufnimmt, verhindert auch ihren Mißbrauch, daran sollte 50 Jahre nach dem Ende des Unrechtregimes des Nationalsozialismus mit Rechtsbeugung und willkürlicher Todesstrafe gedacht werden.

Aus den Akten des Germersheimer Blutgerichts
von Ludwig Hans

Das kurpfälzische Blut- oder *„Peinlich Hals Gericht"* in der Oberamtsstadt Germersheim beschäftigt sich in der ersten Hälfte des 18. Jahrhunderts mit einer Reihe von Fällen, die vom einfachen Diebstahl bis hin zu Tötungsdelikten reichten. Die Quellen des Stadtarchivs, insbesondere die Ratsprotokolle aus den ersten Jahrzehnten des 18. Jahrhunderts, ein Band mit Akten des Blutgerichts (1697 - 1733), die Stadtrechnungen jener Jahre und die aus dem 17. Jahrhundert datierenden Privilegien bilden eine sehr breitgefächerte Quellengrundlage, die es trotz gewisser Lücken dennoch erlaubt, einen Einblick in die Kriminalfälle und die Tätigkeit des Gerichts für die erste Hälfte des 18. Jahrhunderts zu gewinnen.

Die rechtliche Grundlage für das Wirken des Blutgerichts in der kurpfälzischen Oberamtsstadt Germersheim waren die Privilegien, welche der Stadt im 17. Jahrhundert erteilt worden waren und eine Erneuerung *„der Statt hiebevor und biß vor den letzten Krieg genoßenen und ruhig beseßenen privilegia"* darstellten. Die in der im Stadtarchiv Germersheim vorliegenden Privilegienabschrift von 1699 ausgesprochene zeitliche Einordnung „bis vor den letzten Krieg" bezieht sich auf die Zeit des Dreißigjährigen Krieges (1618 - 1648), wie Albert Schwarz nachgewiesen hat. Er hat die Erteilung der Privilegien auf die Zeit um 1655 datiert.

Seiner Wichtigkeit entsprechend, führt das Privilegienbuch als ersten Punkt die Regelungen über das „Peinlich Hals Gericht" auf und beschreibt zunächst den Zuständigkeitsbereich desselben. Dieser erstreckte sich auf die Stadt Germersheim, das Gebiet der Fauthei Germersheim, das Amt Billigheim, das Siebeldinger Tal, die Pflege Eußerthal, das Stift Klingenmünster, das Kloster Hördt, die Johanniterdörfer (Zeiskam, Nieder- und Oberlustadt), die Schaffnereien Mechtersheim, Mörlheim und Geilweiler sowie die auf „angränzenden Adelichen" Dörfer.

Auch das Verfahren des Gerichts war durch die Privilegien vorgegeben: Eine „mißthätige Persohn" aus dem bezeichneten Gebiet sollte in Germersheim zur Haft gebracht werden und vom kurpfälzischen Aus- und Hörfauth oder dessen Stellvertreter als „malefiz procuratore" angeklagt werden. Bürgermeister und Rat der Stadt Germersheim übernahmen bei Gericht die Rolle von Richtern und Schöffen, der Schultheiß, als kurpfälzischer Beamter, leitete die Verhandlung. Das gefundene Urteil - *„was Burgermeister und Rath zu recht erkennen und Sprechen"* - mußte zunächst von der kurpfälzischen Regierung bestätigt werden, um dann unter der Aufsicht des Schultheißen, der bei der Urteilsfindung selbst nicht anwesend sein durfte (*„und hat ein Schultheiß gar nicht in abfindung eines solchen Urtheils bey Rath zu sitzen"*), vollzogen zu werden.

Grundlagen für die Verurteilung und Bestrafung von Missetätern durch das Gericht waren die Peinliche Gerichtsordnung Karls V. aus dem Jahre 1532 - Constitutio Criminalis Carolina - sowie die kurpfälzische Malefizordnung, als Teil V des in Kurpfalz 1582 erlassenen und nach einer Revision von 1610 erneut verkündeten Landrechts.

Das Verfahren

Das kurpfälzische Blutgericht in Germersheim wurde im Rahmen seiner räumlichen und sachlichen Zuständigkeit von dem jeweiligen Stadtschultheißen „nahmens Ihro Churfürstlichen Durchlaucht zu Pfalz" einberufen und besetzt. Ort der Verhandlung war der Rathausplatz, denn, wie es in den Ratsprotokollen des Jahres 1713 heißt, hatte Schultheiß Balthasar Korn *„das Bluth Gericht auf allhiesigem Rathauß Platz unter dem bloßen Himmel... besetzt"*. Hierzu ist anzumerken, daß der „Rathausplatz" nicht der Platz vor dem Rathaus war, sondern der Platz, auf dem sich ehemals das mittelalterliche Rathaus, das bei der völligen Zerstörung der Stadt im Jahre 1674 eingeäschert worden war, befunden hatte. Der Platz lag an der östlichen Seite der ehemaligen „Speyerer Straße", nahezu in der Mitte zwischen den ebenfalls an dieser Straße (heute: Hauptstraße) gelegenen Stadttoren und wurde bis in die Mitte des 18. Jahrhunderts hinein freigehalten, da man hoffte, auf diesem

Die Kurpfälzische Oberamtsstadt Germersheim im 17. Jahrhundert.

Grundstück wieder ein neues Rathaus errichten zu können. Der Platz war wiederum mit einem hölzernen Geländer versehen, das Schöffen und Richter von den übrigen Anwesenden trennte. Nach Eröffnung der Gerichtsverhandlung, die unter der Leitung des Schultheißen stand, erhob der „Chur Pfaltz Aus- und Hoerfauth" oder dessen Vertreter, als „Malefizprokurator", die Anklage.

Die Angeklagten wurden daraufhin von einer Wachmannschaft, die ein kurpfälzischer Beamter befehligte, aus dem Gewahrsam geholt und vor die Schranken des Gerichts gebracht. Anläßlich einer Verhandlung wegen Totschlags im Jahre 1713 zählte die Wache 24 Personen, die mit dem *„Gewehr auffgewartet"* hatten und für ihre Dienste im Anschluß auf Kosten der Stadt für 4 fl. 54 xr (Kreuzer) beköstigt wurden. Die Angeklagten traten, wie schon erwähnt, vor das Gericht und wurden dort „von den Banden aufgeschlossen".

Die Besetzung des Gerichts regelten die eingangs schon erwähnten Stadtprivilegien, wonach die Bürgermeister und die Mitglieder des Stadtrates als „schöpffen und richter" das Urteil fällten. Die Ratsverfassung im Germersheim des frühen 18. Jahrhunderts kannte zwei regierende und zwei nichtregierende Bürgermeister (die sich im jährlichen Turnus ablösten), so daß sich der Wortlaut der Privilegien - *„was Burgermeister und Rath zu recht erkennen und sprechen"* - hinsichtlich des Begriffes „Burgermeister" auf vier Personen bezieht, die an den Gerichtssitzungen teilnahmen, wie eine protokollarisch festgehaltene Besetzung des Gerichts aus dem Jahre 1713 ausweist. Die Zahl der beteiligten Ratspersonen betrug sechs, so daß Schöffen und Richter eine Zahl von mindestens zehn Personen darstellten. Darüber hinaus konnte der Stadtschultheiß das Gericht auch erweitern: 1713 wurden zusätzlich zwei ausgeschiedene Ratsmitglieder zur Verhandlung herangezogen.

Die weiteren Züge des Verfahrens, *„Klag, antwordt, red und wieder red auch alle Gerichtliche fürbringen"*, beteiligten den Aus- und Hoerfauth als Staatsanwalt und den Verteidiger der Angeklagten an der Verhandlung. Diese wurden im Anschluß an die gestellten Anträge durch den Stadtschultheißen gefragt, ob sie geständig seien. Danach schloß man die Delinquenten wieder in Eisen und brachte sie zum Ort ihrer Verwahrung zurück, da sich das „Gericht", nämlich Bürgermeister und Rat, zur Beratung und Urteilsfindung in das Rathaus zurückzog. Der Stadtschultheiß durfte dabei nicht anwesend sein (*„und hat ein Schultheiß gar nicht in abfaßung solches Urthels bei Rath zu sitzen"*), gleichwohl oblag es ihm aber, Schöffen und Richter vorher zu verpflichten. Das so gefundene Urteil wurde daraufhin zur kurpfälzischen Regierung geschickt, die sich dessen Bestätigung vorbehielt. War das gefällte Urteil sanktioniert worden, so wurde es dem Angeklagten eröffnet und vollstreckt. Über die Vollstreckung selbst hatte das Blutgericht wieder „gehorsambst" zu berichten.

Die „Ultima Ratio" zur Wahrheitsfindung: Die „Tortur"

Unter der Folter oder „Tortur" verstand man eine *„gerichtliche Handlung, um einen inhaftierten, aber verstockten Straftäter durch an seinen Körper angelegte Instrumente zu einem Geständnis zu veranlassen"* (F. Merzbacher). Sofern es dem Gericht nicht gelungen war, einen Beschuldigten zu überführen und der Angeklagte nicht geständig war, sondern trotz starker Indizien und Verdachtsmomente die ihm vorgeworfene Straftat leugnete, der Verdacht aber nicht auf andere Weise entkräftet werden konnte, schritt man zur Folter. Dabei wurde keineswegs die Gefährlichkeit der Folteranwendung verkannt, da durch diese Prozedur auch ein Unschuldiger verurteilt und letzlich hingerichtet werden konnte, sofern er die durch die Anwendung der Tortur ausgelösten körperlichen Schmerzen nicht ertragen konnte. Noch 1745 betonte Johann Heinrich Zedler in seinem Universallexikon, daß die Tortur eine dem gemeinen Besten sehr nützliche, ja notwendige Sache sei: *„Denn wenn die Bösewichter wissen sollten, daß sie im Fall nicht zu erlangender Überweisung, welche vielmahl gar schwerlich zu erhalten, anderer Gestalt zur Erhaltung der Wahrheit nicht gepeinigt werden könnten, sondern als unschuldig entlassen werden müßten, würde die Welt mit unzählba-*

ren Bösewichtern und Übeltätern, dem gemeinen Wesen zum höchsten Nachteil angefüllet werden".

Beschwichtigend räumte die zeitgenössische Lehre jedoch noch im 18. Jahrhundert ein, daß ein ganz Unschuldiger nie mit der Folter gepeinigt werden könne, da sämtliche Voraussetzungen zur Anwendung der Tortur von Rechts wegen erwogen und genau geprüft werden müßten. Die gelehrte Meinung erachtete es für zulässig, als „ultima ratio" den Leib eines mutmaßlichen Verbrechers zu foltern, um die Wahrheit herauszufinden.

In der Praxis des Germersheimer Blutgerichts wurde die Tortur in der ersten Hälfte des 18. Jahrhunderts nicht mehr angewandt. In Fällen, in denen Angeklagte trotz belastender Indizien nicht geständig waren, beschränkte man sich darauf, die Folter anzudrohen. Die damalige herrschende Meinung unterschied fünf Grade der Tortur. Die bloße Androhung der Folter stellte hierbei bereits den ersten Grad dar.

In zwei Fällen läßt sich eine derartige Androhung durch das Gericht in Germersheim nachweisen: Im September 1724, im Rahmen der Ermittlungen wegen eines verübten Diebstahls und im Januar 1727, als man einen Germersheimer Bürger der Unterschlagung beschuldigte. Im ersten Fall versuchte man, einem bereits geständigen Dieb einen weiteren Diebstahl nachzuweisen. Zu diesem Zweck wurde der *„Inquisit nochmahl auffs genaueste ausgefragt, und auffs harteste mit der tortur durch den Scharffrichter betroht"*. Der Beschuldigte ließ sich aber nicht beirren, sondern sagte, *„man könnte mit Ihme nun thun was man wollte, Er müsse es geschechen laßen und wann man ihn auch gleich henckte, so wüst Er nichts davon zu sagen"*.

Im Januar des Jahres 1727 wurde Michael Kayser, der beim Transport eines Nachlasses von Speyer nach Germersheim einen kleineren Geldbetrag (1 fl. und 44 xr.) sowie einige Kleidungsstücke einbehalten hatte, im Rahmen der gegen ihn eingeleiteten Untersuchungen *„auff das allerschärffste, Ja unter Betrohung der größten Torturen examiniert"*. Das kurpfälzische Blutgericht in Germersheim beschränkte sich im frühen 18. Jahrhundert offensichtlich darauf, die „peinliche Befragung" nur noch anzudrohen, als Druckmittel gegenüber den Delinquenten. Im 18. Jahrhundert hob man in den einzelnen Territorien die Folter schließlich schrittweise auf.

Delikte und Strafen
Diebstahl

Am 12. Januar des Jahres 1722 stand Hans-Ulrich Roth in Germersheim vor Gericht. Der gebürtige Ottersheimer, der in Mörlheim in Diensten stand, war angeklagt, seinem Dienstherrn die beachtliche Summe von 125 fl. gestohlen zu haben. Der Vertreter des Aus- und Hoefauths Braun, Johann Balthasar Weingart, beantragte den geständigen Dieb *„zum exempel und abscheu ... wenigstens mit der Fustigation (Prügelstrafe) und Lands Verweisung zu strafen".*

Der Verteidiger des noch minderjährigen Roth, Oberamtsprokurator Pistorius, gab dem Gericht zu bedenken, daß die „Simplicitaet" des Angeklagten erwiesen sei und beantragte, diesen vor einer öffentlichen Leibesstrafe zu verschonen und stattdessen nur (gemäß Artikel 49 der kurpfälzischen Malefizordnung) *„heimblich durch den Thurnhütter mit Stockschlägen oder Ruthen Zu Züchtigen".* Das Gericht entschied daraufhin, den Angeklagten unter Berücksichtigung seiner „Simplicitaet" und Minderjährigkeit lediglich zu einjähriger „Schanzarbeit" bei Wasser und Brot zu verurteilen. Wie dem Urteil zu entnehmen ist, wollte man Roth damit die „infame Bestraffung" einer öffentlichen Fustigation ersparen, zudem er bereits drei Monate lang in der Oberamtsstadt im Gefängnis gesessen hatte.

Das Urteil wurde erst über einen Monat später, am 16. Februar 1722, von der kurpfälzischen Regierung bestätigt und dem Delinquenten mitgeteilt. Dieser Fall stellt aufgrund der besonderen Konstellation eine Ausnahme dar. In der Regel verfuhr man jedoch so, daß man Diebe, je nach der Schwere der Tat, öffentlich auspeitschte, brandmarkte und des Landes verwies, zumindest aber Block und Pranger als Strafmittel anwendete.

Einen Fall leichteren Diebstahls stellte das Vergehen der Magd Katharina Maria Jährling dar, die 1727 im Alter von 16 Jahren ein Stück Tuch aus der Kutsche ihres Dienstherrn Claudi Simon stahl. Man verurteilte sie nicht allein dazu, das Fahrzeug des Ratsherrn auf eigene Kosten reparieren zu lassen, sondern auch dazu, *„mit der geyg auff dem Rathauß Platz zu stehen".*

Gegenüber einem auf der Durchreise befindlichen Paar, das beim Hühnerdiebstahl ertappt worden war, verfuhr man wesentlich härter. Beide Diebe mußten bei der Vollstreckung des gegen sie ergangenen Urteils zunächst in aller Öffentlichkeit „Urfehde" schwören, das heißt zu geloben, sich nicht für die Bestrafung zu rächen. Im Anschluß stellte man beide Personen für die Dauer einer Viertelstunde an den Pranger und ließ dann die Frau durch den bestellten Scharfrichter durch die Straßen der Stadt führen, wo die Bevölkerung bereits Spalier stand, und bei diesem Gang „scharff ausbeitschen". Einer Beschreibung der dabei zurückgelegten Wegstrecke folgend, verlief diese zunächst vom Rathausplatz zum Haus des „Gefällverwesers", von dort wieder zum „Speyerer Tor" (am nördlichen Ende der heutigen Hauptstraße) und von da an das entgegengesetzte „Rhein-Tor".

Man brandmarkte beide Diebe im Anschluß und verwies sie des Landes, was dadurch geschah, daß man die Frau mittels der Fähre über den Rhein nach Knaudenheim brachte, ihren Mann aber durch Germersheimer Fischer nach Rheinsheim übersetzen ließ.

Bemerkenswert ist in diesem Fall, daß man vor der Urteilsverkündung das Ehepaar einer ausführlichen „descriptio" unterzog, die schriftlich festgehalten und, da beide Personen kurmainzische Untertanen waren, vermutlich zum Zwecke einer späteren Identifikation angelegt wurde.

Die Personenbeschreibung umfaßte alle körperlichen Merkmale, wie die Augenfarbe, Haarfarbe, Statur, unveränderliche Kennzeichen etc. sowie eine detaillierte Auflistung der bei der Tat getragenen Kleidungsstücke.

Danach handelte es sich bei dem Ehepaar um Anna Sybilla und Johannes Götz, beide kurmainzische Untertanen. Anna Sybilla war 40 Jahre alt und bereits in zweiter Ehe mit dem um 14 Jahre jüngeren Johannes Götz verheiratet. Geboren war sie, so die „descriptio", in „Fritzlar im Hessenland". Nach der Personenbeschreibung hatte sie schwarze Haare und schwarzbraune Augen, eine gebogene Nase, eine schwache, heisere Stimme und selbst für die damalige Zeit auffallende Zahnlücken. Auch war sie von „mittelmäßig dickhaffter Statur", wie das Protokoll weiterhin vermerkt. Die Kleidung erschien ärmlich: Neben einer Zughaube mit einem „Thüchlein ohne Spitzen" wird insbesondere ein braunes wollenes „Leibchen" genannt, das *„mit bettziechen zeug vor neu eingefaßt"* worden war. Ein alter wollener Rock mit einer Kattunschürze, abgetragene blaue Strümpfe und *„schon zerrissene Schuh mit schnallen"* vervollständigten das Bild.

Ihr Mann, der in Frankfurt geborene Johannes Götz, war mittelgroß und *„länglichten glatten angesichts"*, hatte *„hellblaue augen, ein wohl figurirte nasen, einen starcken rothen bahrt"* und ebenfalls eine Zahnlücke in der oberen Zahnreihe. Wenngleich er im Gegensatz zu seiner Frau eine *„natürliche stimm"* besaß und *„in graden gliedern wohl faconiert"* war, so war seine Kleidung ebenfalls nur ärmlich, denn er trug einen alten schwarzen Hut, ein langes, weißes Halstuch (*„schon verschmutzt"*), einen weißen Rock, darunter einen „Brustlappen", eine alte weiße Leinenhose, dazu *„gestrickte strimpf"* und abgetragene Schuhe mit Messingschnallen.

Während der Delinquent Johannes Keel am 14. September 1733 noch öffentlich durch den „Meister" ausgepeitscht und gebrandmarkt wurde - mit anschließender Landesverweisung - begnügte man sich im Dezember des gleichen Jahres damit, die des Diebstahls überführten Knechte Thomas Webler und Johannes Martin durch den „Thurnwartter" (den Turmwächter) in den Block schließen zu lassen und danach der Stadt zu verweisen.

Bei kleineren Diebstählen wandte man offensichtlich zunehmend den Block als Strafmittel an. Hans Görg Wenner, der 1724 die „Spitzen Mancheten" des Landschreibers entwendet hatte, wurde lediglich dazu verurteilt, einen Tag lang in den Block geschlossen auf dem Rathausplatz zu verbringen. Der an dem Diebstahl beteiligten Magd Susanna Meder ließ man durch den „Straff Diener" hingegen die Halsgeige anlegen. Darüber hinaus mußten beide, da ihnen bei dieser Gelegenheit auch nachgewiesen wurde „in Unzucht" miteinander gelebt zu haben, *„Kirchen Buhß thun, mit der Ruthen in der Hand haltend"*. Im Anschluß verwies man das Paar der Stadt.

Unterschlagung

Von besonderem Interesse ist eine Unterschlagung, die im Jahr 1727 verübt wurde. Es ging dabei lediglich um einen recht geringen Betrag von 1 fl. 44 xr. und um einige Kleidungsstücke, die bei der Überführung einer Erbschaft von Speyer nach Germersheim einbehalten worden waren. Der Täter wurde dazu verurteilt, einen Tag lang zusammen mit seiner Frau (die von der Tat gewußt und diese gebilligt hatte) in der Halsgeige auf dem „Marck" zu stehen, flankiert von zwei Schildwachen. Danach wurde Michael Kayser samt seiner Familie des Landes verwiesen. Aus dem Schriftwechsel zwischen dem Blutgericht und dem kurpfälzischen Oberamt wird deutlich, daß man in Germersheim seitens des Gerichts bemüht war, die Einzelumstände des Falles zu berücksichtigen und den Täter wegen seiner vier Kinder nicht des Landes zu verweisen, sondern ihn weiterhin in Germersheim zu belassen. Kayser sollte jedoch nicht mehr als Bürger, sondern nur noch als „Hintersasse" im Falle einer Begnadigung angenommen werden. Man fürchtete offensichtlich, daß die drohende Herauslösung der Familie aus ihrem bisherigen sozialen Umfeld, diese in den wirtschaftlich/sozialen Untergang treiben könnte, da Kayser fortan *„ohne habende glaubwürdig attestat nirgends eingelaßen wird allso besonders bey dieser Winters Zeit ohnmöglich forth kommen kann, sondern biß zu seinem gäntzlichen Untergang in exilio herumb ziechen müste"*. Der Versuch, eine Strafmilderung zu erwirken, wie auch ein Gnadengesuch Kaysers an den Kurfürsten blieben erfolglos. In einem ersten Bericht an das Oberamt in dieser Sache hatte man seitens des Blutgerichts in Germersheim nämlich die Feststellung getroffen, daß es nötig sei, ein Exempel zu statuieren: *„ ... daß ob gleich diß von Uns gefällte Urtheyl Vor allzu hart und die Straff schwärer als das Delictum angesehen werden will, so ist doch wegen der Vilen in der Nachbarschafft herumb ausübenden Diebstäh-*

len, höchst nöthig daß zu abschröckung und abhaltung solchen übels ein exempel statuirt werde, und umbsomehr als die gelinde straffen nichts mehr Verfangen wollen, auch unter dem Pöbel die allgemeine Red ist, man thue keinem Dieb nichts".
Kaysers Bitte nicht aus der Stadt gewiesen zu werden, datiert auf den 16. Januar 1727, und wurde erst mit Schreiben vom 24. März 1727 abschlägig beschieden: *„Wird Statt-Schultheiß, Bürgermeister, und Rath Zugeschickt, umb den Michel Keyser sogleich mit weib, und Kinder aus dem orth Vorth zu schaffen".* Die öffentliche Bestrafung war bereits am 11. Januar 1727 erfolgt.

Wilderei

Die Akten des Blutgerichts enthalten drei Fälle von Wilderei, die in die Jahre von 1728 bis 1733 fallen. Mit Schreiben vom 2. Juni 1728 ordnete Pfalzgraf Karl Philipp an, daß der ehemalige „Jäger Bursch" Joseph Artzberger wegen Wilderei, „weilen Er gar nichts in Vermögen hat", mit 50 Stockschlägen zu bestrafen sei. Auch hier sollte nach dem Wortlaut des Schreibens ein Exempel gesetzt werden, da die Wilddiebstähle zunahmen. Die „Urfehde", welche Artzberger abzulegen hatte, beinhaltete unter anderem die Verpflichtung, daß er sich *„in unßerer Wildfuhr ... nimmer betretten laßen"* sollte. Auch hier erfolgte die Landesverweisung.

Mit einem weiteren Fall hatte sich das Gericht im gleichen Monat zu befassen. Aus den erhaltenen Quellen ist jedoch lediglich zu entnehmen, daß der „Wildpretschütz" Urfehde leistete (deren Text schriftlich festgehalten wurde) und dann zusammen mit einem ehemaligen Dieb, der sechs Jahre nach abgelegter Urfehde erneut im Oberamt Germersheim aufgegriffen worden war, nach öffentlicher Bestrafung (Block) zur Grenze des Oberamts gebracht wurde. Entgegen der sonst praktizierten Regelung, die Delinquenten über den Rhein bringen zu lassen, beschränkte man sich hier darauf, beide Täter auf einen Wagen (*„wohl zusamen gebundten"*) durch zwei Amtsknechte und die Zollgarde *„uff die Riltzheimer gräntzen"* fahren zu lassen.

Eine Milderung bei der Bestrafung von Wilddieben zeigte sich erst in dem am 10. Juni 1733 in Mannheim bestätigten Urteil gegen Johannes Weickert, der für die Dauer eines Jahres dazu verurteilt wurde, öffentliche Schanzarbeiten „in Fuß Schellen" zu verrichten, um im Anschluß Urfehde zu schwören und die kurpfälzischen Lande zu verlassen. Laut kurfürstlicher Anweisung vom 8. August 1733 sollte Weickert zu öffentlichen Schanzarbeiten sowie zur Ausbesserung „der Weeg und Steege" herangezogen werden: *„ist unser gnädigster Befehl hiemit, daß ihr den Inquisten daroben behaltet, und denselben zu der in dem Euch gdst anvertrauten Oberamt dan und wann* *vorfallenden offentlichen Arbeithen und Etwa ahn ausbeßerung der Weeg und Steege anhalten laßen sollet".* Wie die Beispiele zeigen, ging man bei der Bestrafung des Deliktes dazu über, die (1728 noch praktizierte) Strafe der Fustigation zugunsten der Verurteilung zu gemeinnütziger Arbeit zurückzudrängen. Eine Praxis, die sich in Württemberg schon seit 1627 nachweisen läßt. Noch im ausgehenden 17. Jahrhundert hatte J. Döpler in seinem *„Theatrum Poenarum, Suppliciorum et Executionum Criminalium Oder Schau-Platz/Derer Leibes und Lebens-Straffen"* zum Staupenschlag (Auspeitschung) bemerkt: *„Und ist diese Straffe heut zu Tage sehr gemein (gewöhnlich, im Sinne von weit verbreitet) aber doch sehr hart indem dieselbe nicht allein den Verbrecher infam und ehrlos machet, sondern auch große Schmertzen dem Leibe zufüget".*

Urfehde

Die Ablegung der Urfehde spielte bei der Bestrafung abgeurteilter Täter stets eine bedeutende Rolle. Der Vergleich verschiedener Texte zeigt, daß der Inhalt stets bestimmte gleichbleibende Formulierungen aufweist. Die Tatsache, daß die Texte einiger Urfehden in den Ratsprotokollen festgehalten wurden, weist darauf hin, welche Bedeutung man der Urfehde doch beimaß. Auch wollte man mit der schriftlichen, vom Delinquenten unterzeichneten Ausfertigung ein Beweismittel gegen diesen (für den Fall einer späteren Eidesverletzung) in der Hand haben. Die wesentlichen Aussagen der Urfehde lagen darin, daß der verurteilte und bereits bestrafte Täter schwor, sich nicht für seine Bestrafung zu rächen und das Land nicht mehr zu betreten. Zur besseren Verdeutlichung soll nachstehend der Text einer am 24. September 1733 geleisteten Urfehde wiedergegeben werden:

„Urphed

Ich Johannes Kehl urkunde und bekenne hiemit, daß ich mich mit unterschiedlich begangenem Diebstahl gegen das 7te Gebott hochst strafflicher weiß Versündiget mithin also billich in des durchleüchtigsten Fürsten und Herrn Caroli Philippi, Pfaltz Graffens bey Rhein des Heyl. R: R: (Heiligen Römischen Reiches) Ertz schatzmeisters und Churfürsten etc etc meines gdgstn Fürsten und Herrn Gewalth und Gefängnus nacher Germerßheim gebracht, und examinirt worden, da dan auff erfolgt und mir jetzt publicirten gdgsten Bescheid Sub Dato Mannheim den 15ten 7bris die wohlverdinte Bestraffung mir zuerkant worden, daß nachdeme ich das Urphed abgeschwohren, mit Ruthen gestrichen und diesem nechst mit dem Brandmärck bezeichnet seyn worden, höchstermelder Sr. Churfürstlichen Durchlaucht Landen, des Ober Rheinischen Crayßes und der gantzen Churpfaltz auff ewig Verwießen worden, und in denenselben bey Vermeydung Lebens straff

Schwören der „Urphed".

mich nicht mehr auffhalten, und betretten laßen solle. Wie ich nun wegen gethaner gdgster Bestraffung weder mehr höchstgndl. Sr. Churfürstl. Dchlt, deroselben Hohen Regierung, hiesigen wohllöblichen Oberambt, noch dem Stattrath und einigen underthanen, welche zu meiner Verhafft- und darauff erfolgter Bestraffung Rath, That, Hülff und Vorschub gethan, mich weder in einigerlich weiße nicht zu rächen, Vielmehr die wohlverdiente Straff Zeith lebens mir Zur wahrnung und Correction, auch anderen Zum Exempel dienen laßen, also will auch in dießen Churfürstli. Pfältzischen Landen zumahlen in dahiesigem Oberambt Germerßheim mich von Dato ahn bey Vermeydung der in Kayser Caroli V. Peynlichen Halßgerichtsordnung hochverpoenten straff, welcher sich Vermeßens Urpheds brechen durch Meyneid schuldig machen, nimer betretten laßen, und dem allem gehorsamsten fleißes nach-

komme, alles getreülich und ohne gefärde. Zu mehrer Uhrkund und wahrer Vesthaltung dieses meines Versprechens habe ich gegenwärthigen Urphed mit einem leiblichen Eyd beschwohren, und mit eigener Hand unterschrieben. So geschehen Germerßheim den 24sten 7bris 1733
Johannes + Kehlen
Handzeichen"

Sodomie und Brandstiftung

Im untersuchten Zeitraum hatte sich das Blutgericht zu Germersheim mit einem Fall von Sodomie und Brandstiftung zu befassen, als der 18jährige Georg Roth sich wegen dieser Vergehen zu verantworten hatte.

Dem Knecht konnten vier Fälle von Sodomie und zwei versuchte Brandstiftungen nachgewiesen werden, wofür der Aus- und Hoerfauth Weingarth die „poena ordinaria", das heißt, die Strafe des Verbrennens, forderte.

Der Verteidiger des Angeklagten wies jedoch auf die *„angebohrene dementiam et ignorantiam"* (Geistesschwäche und Unwissenheit) des Delinquenten hin und forderte den Freispruch statt der Anwendung der „poena ordinaria", denn Roth sei *„nicht sana mentis gewesen tempore patrati delicti":*

„... daß obschon der verklagte sich in hoc puncto verfallen, jedoch deswegen nicht vor schuldig, sondern Vielmehr Vor unschuldig Zu halten mithin der ordinaria criminal straff Zu eximiren seye".

Darauf hin wurden verschiedene Gutachten zur Klärung des Falles eingeholt, so daß dem Gericht bald ein „meynungs-schreiben" der Universität zu Gießen vorlag, wie auch ein Gutachten des *„H. Medici von Philippsburg ... über die böße Physiognomie des Verklagten"*. Außerdem hatte der Schultheiß von Ottersheim, dem Wohnort des Beklagten, ein Attest vorgelegt, worin er bestätigte, *„daß Er nach außag der Nachbaren von Jugend an nichts als Simplicitaet habe spühren laßen"*. Roth sei nicht zur Schule gegangen, sondern sei *„allezeit bey der Viehhuth erzogen worden"* und habe *„mithin nichts anders gesehen noch gehört als dergleichen Bestialitäten"*. Doch selbst nach Einbeziehung der verschiedenen Stellungnahmen war es dem Gericht noch immer nicht möglich, zur Urteilsfindung zu gelangen. Man besann sich daher auf das in den Stadtprivilegien eingeräumte Recht, bei unklarer Rechtslage die juristische Fakultät in Heidelberg zu konsultieren ‹*„... wo auch dem Rath das Urtheil abzufaßen Zu schwehr, wird der Raths tag uffgeschoben und Zu Heydelberg bey der Jursiten Facultaet deren Bedencken darüber eingeholt"*) und beschloß daher, daß man bei der *„hochlöbl. Universitaet sich Raths erhohlen"* wolle und erst danach *„den Rechtstag anstellen wolle"*.

Der Beschluß hierzu erfolgte „unanimiter" (einmütig), jedoch in Abwesenheit des Stadtschultheißen. Die Stadtratsprotokolle weisen unter dem Datum des 23. Oktober 1719 aus, daß Roth vom Kurfürsten begnadigt wurde mit der Maßgabe, daß derselbe *„in loco Ottersheim"* durch den Büttel *„wohl gestrichen"* und danach *„fleißig Zur Christlichen Lehr angehalten werde".*
Wie bereits erwähnt, hatte Aus- und Hoerfauth Weingarth bei Gericht die „poena ordinaria" für den Delinquenten gefordert. Er hatte dabei auf die einschlägigen Vorschriften der kurpfälzischen Malefizordnung (Teil V, Titel 33 sowie Titel 64) und der „Carolina" (Artikel 116) verwiesen. Die Anklage Weingarths enthält hinsichtlich des Tatmotivs die Formulierung, der Täter habe *„durch die einblahßung des leidigen Satans"* gehandelt, worin eine für das Mittelalter typische Sichtweise fortwirkte, welche davon ausging, daß eine Missetat auf Einfluß des Teufels geschah, da sich der Betroffene dem Einfluß des Satans geöffnet hatte. Dieser tradierten Auffassung, zu dieser Zeit wohl schon zur Formelhaftigkeit erstarrt, und der Forderung nach der Strafe des Verbrennens, die ganz im Sinne einer mitleidlosen Vergeltung, verbunden mit der Abschreckung für andere („ad exemplum aliorum") stand, traten hier neue Denkansätze gegenüber, welche die *„gesunde Vernunfft und Wissenschafft"* als bestimmende Merkmale der Deliktsfähigkeit klassifizierten. In diese Tendenz ist auch die Einbeziehung von Faktoren (nach heutiger Diktion der „anthropologischen Voraussetzungen"), welche die Persönlichkeit des Angeklagten mitbestimmt haben (hier z. B. das Fehlen jeglicher schulischer Bildung) in den Prozeß der Rechtsfindung einzuordnen. Widersprüchlich, aber dennoch sehr aufschlußreich ist die Anklage Weingarths, der einerseits den Einfluß des Teufels namhaft macht und andererseits, ebenfalls noch in mittelalterlicher Tradition, einen Verstoß gegen die Gebote Gottes feststellt, dem aber ein neuer Gedanke hinzugefügt wird: Die Tat stellt auch einen Verstoß gegen die Gesetze der Natur dar. Das aufgrund des juristischen Gutachtens aus Heidelberg ergangene Urteil (das gegenüber der ursprünglich geforderten Verbrennung ungleich mildere „Ausstreichen" durch den Büttel) trug bereits dem Zeitgeist Rechnung, der das Strafrecht nicht mehr biblisch-theologisch begründete, sondern Strafe aus dem Naturrecht und der Vernunft herleitete.

Tötungsdelikte

Das vorhandene Quellenmaterial weist in Bezug auf Tötungsdelikte drei Fälle auf, wobei der Schwerpunkt auf dem Prozeß gegen Peter Merck (1713) liegt, der sehr detailliert von Stadtschreiber Rothut in den Ratsprotokollen festgehalten worden war. Daneben finden sich noch Hinweise auf zwei weitere Tötungsdelikte, wobei jedoch weder den Ratsprotokollen noch den Ak-

ten des Blutgerichts Einzelheiten zu entnehmen sind. Es handelt sich dabei um einen Vermerk in den Aufzeichnungen des „Ruggerichts" vom 25. Mai 1707, das wegen Ordnungswidrigkeiten Geldbußen verhängte:
„*Ludwig Kreutzer, weilen Er über die erlaubte Zeit den Gästen wein geben, worüber hernach ein groß Unglück geschehen, d. Leonhard Zahnbeltzer ist todt geschossen worden, solle Zur straff erlegen 2 fl.*"
Ein Wirtshausstreit offenbar, der für einen Beteiligten tödlich endete. Der Verstoß gegen die festgesetzte Ausschankzeit wurde zur Anzeige gebracht, Hinweise auf ein Tätigwerden des Gerichts aufgrund des vorgefallenen Tötungsdelikts fehlen jedoch.

Als zweiter Fall, der sich etwas detaillierter belegen läßt, ist ein Überfall auf die Germersheimer Stadtwache im Mai des Jahres 1732 zu verzeichnen. Als Folge des bewaffneten Angriffs wurde Wachtmeister Printz zum Invaliden; ein ihm zugeteilter Wachmann erlag den Verletzungen. Wie die Akten ausweisen, wurde eine Kommission unter Leitung des Regierungsrates Pfefferkorn eingesetzt, um den Fall zu untersuchen. Über eine Verhandlung gegen die Täter, welche zwar namentlich festgestellt worden waren, sich aber unmittelbar nach der Tat außer Landes geflüchtet hatten, liegen jedoch keine Hinweise vor.

Unter dem Datum des 16. September 1701 wird in den Ratsprotokollen das summarische Urteil gegen Salome Rauner festgehalten, welche, des Kindsmordes überführt, zum Tod durch das Schwert verurteilt worden war: „*... würdt von Burgermeister undt Rath der Chur Pfaltz Statt Germerßheim nach reifferm nachsinnen und überlegen Zurecht erkant, d. die Delinquentin Zumahl wegen selbst gestandener ermorthung ihres Kindtß mit dem Schwerth vom leben Zum todt hinzurichten seye ...*".

Am besten belegt sind der Prozeß und die Tat des Lingenfelder Zimmermannes Peter Merck aus dem Jahre 1713. Zu diesem Verfahren wurde das Gericht durch Stadtschultheiß Christoph Balthasar Korn in erweiterter Form mit 14 Personen besetzt. Die Anklage, die von Prokurator Weingart in Gegenwart Mercks vorgebracht wurde, warf dem Zimmermann die Tötung einer Frau in Tateinheit mit versuchter Notzucht vor. Was war geschehen?

Wie die Quellen berichten, war ein Besuch Mercks in einem „*wirtshauß zu Schwechenheim*" vorausgegangen, wo er nicht nur die Bekanntschaft einer „reisenden weibsperson", sondern sich mit ihr auch „sehr familiar" gemacht hatte. Nach dem Wortlaut der Anklage, die von Fiskal Weingarth vorgetragen wurde, hatte ihr der Angeklagte „*in dem wirtshauß zu Schwechenheim mit dem trunck starck zugesetzt und als sie sich von Ihme heimlich absentirt und auf die Reyß begeben, (sei er) Ihr eylendt nachgeloffen und als Er zu Ihr kommen, Sie auf eine ohnerlaubte unkeusche arth zu seinem schändtlichen willen zu noth zwingen ersuchet"*. Wie die Anklage des Jahres 1713 weiter ausführt, kam es im Anschluß zu dramatischen Ereignissen in einem Feld abseits der Landstraße, die mit zwei für die Frau tödlichen Messerstichen endeten. Der flüchtige Peter Merck wurde bald nach der Tat ergriffen und nach Germersheim gebracht, wo man ihn den Behörden übergab. Er war geständig und leugnete auch vor Gericht seine Tat nicht ab.

Weingarth warf dem Angeklagten vor, gegen die natürlichen, göttlichen, kaiserlichen und aller Völker Rechte verstoßen zu haben und forderte dafür nach der „Carolina" sowie nach der kurpfälzischen Malefizordnung die Hinrichtung durch das Schwert. Weiterhin forderte er, da die Tat nicht „simpel sondern mit einem gesuchten Ehebruch" einhergegangen war, daß der Kopf des Täters nach vollzogener Enthauptung auf einen Pfahl gesteckt, der *„übrige Leib aber in loco Delicti oder Landstraßen auff das rath gelegt"* werden sollte.

Die Forderung der Anklage nach einer Kumulation von Todesstrafen, das heißt, der Täter sollte zunächst enthauptet und dann gerädert werden, zeigt, daß zwei todeswürdige Verbrechen begangen worden waren, wobei nun die für jedes Delikt vorgesehene Strafe vollzogen werden sollte. Im vorliegenden Fall verlangte der Prokurator für das Tötungsdelikt die Enthauptung, für die versuchte Notzucht (die hier als „gesuchter Ehebruch" und nicht als versuchte Vergewaltigung bestraft werden sollte!) die Todesstrafe des Räderns. Bedeutsam ist in diesem Zusammenhang, daß *„der jenige, so Bluth vergoßen hinwieder Bluth vergießen"* soll. Dieser Rechtsgrundsatz entspricht dem des spätmittelalterlichen Strafrechts eigenen „Prinzip der spiegelnden Strafe", das die Art des Vergehens in der verhängten Sanktion sichtbar machen will. Auch die Tatsache, daß zur Bestrafung des intendierten Ehebruchs die Todesstrafe des Räderns gefordert wurde, zeigt, daß dieses Delikt noch ganz in mittelalterlicher Rechtstradition als Verstoß gegen die gottgewollte Ordnung gesehen wurde, während man im Verlauf des 18. Jahrhunderts dazu überging, die Ehe nur noch als Vertrag zwischen Menschen verschiedenen Geschlechts anzusehen, was das Delikt des Ehebruchs entsprechend nur noch zu einem Vertragsbruch herabstufte, der nicht mehr die Todesstrafe zur Folge hatte. Der Verteidiger des Angeklagten, Advokat Dextor, brachte vor, daß Merck an jenem Tag im Wirtshaus in kurzer Zeit zwei Maß Wein getrunken hatte und zum Zeitpunkt der Tat stark betrunken gewesen sei. Außerdem habe es sich bei der Getöteten um eine Zigeunerin und *„leichtfertige Dirne"* gehandelt, die den Angeklagten durch ihre *„verführerische inductiones"* gereizt hatte. Nach Auffassung des Verteidigers stellte die Tötung nach der damaligen Rechtslage kein Verbrechen dar, da dieses *„lohße gesind schon vor vielen Jahren in die Kriegsacht erkläret und vogelfrey gemacht worden, das*

auch derjenige, so sich an ihnen vergreifft, an solchen leuthen nicht gefreffelt noch unrecht thut". Vielmehr, so Dextor, habe die Frau eine strafbare Handlung alleine schon deshalb begangen, weil sie sich als Zigeunerin entgegen der kurfürstlichen Anordnungen in dessen Landen aufgehalten hatte.
Weingarth hielt den Ausführungen des Verteidigers entgegen, daß dem Antrag auf Strafmilderung aufgrund der Trunkenheit Mercks nicht entsprochen werden könne und zitierte den Rechtsgrundsatz, daß *„derjenige, welcher in trunckenheit sündiget, nach dem gemeinen axiomate nüchtern büßen muß"*. Auch ließ er es dahingestellt, ob es sich bei der Frau wirklich um eine Zigeunerin und *„landläuffische Dirne"* gehandelt hatte und betrachtete es eher als taterschwerend, daß Merck stark betrunken gewesen war, da *„fraß, füllerey und trunckenheit"* zu den sieben Hauptsünden zählten und keineswegs als Entschuldigung gelten könnten. Außerdem sei die Bestrafung von Zigeunern, die sich entgegen des Verbots im kurpfälzischen Territorium aufhielten, keine Privatangelegenheit, sondern stehe alleine der *„hochen obrigkeit"* zu. In jedem Fall liege jedoch ein Verstoß gegen das 1. Gebot vor.
Der Verteidiger Dextor brachte dagegen noch einmal vor, daß es sich nur um einen versuchten Ehebruch gehandelt habe, so daß die geforderte Strafe unverhältnismäßig schwer sei, und sprach sich gegen die Verhängung der Todesstrafe aus, *„ein churfürtslich Bluthgericht ermahnend, wohl achtung zu geben, damit kein unschuldig Bluth vegoßen, und unser Statt mit Blutschulden beladen werde"*.
Nach Abschluß dieses Teils der Verhandlung wurde der angeklagte Merck von Stadtschultheiß Korn gefragt, ob er die ihm zur Last gelegten Straftaten eingestehe, was dieser bejahte. Im Anschluß begaben sich die Richter und Schöffen zum Rathaus, wo man das Urteil gegen Merck fällte.
Das Urteil lautete: *„Auff Klag, antwordt, red und wieder red, auch alles Gerichtliche fürbringen, so deshalb alles nach laut Chur Pfaltz Criminal Constitution geschechen, ist durch die Urtheyler und Schöpffen des Bluth Gerichts dahier zu Germerßheim endtlich zu recht erkant worden, das Peter Merck, so gegenwährtig vor Gericht gestanden, der übelthaten halben, so Er auff offentlicher Landstraß an einer frembd- und ohnbekannten weibsperson mit einem aus intentirten doch nicht vollzogenen Ehebruch und ermordung der selbigen mit einem Meßer geübet und Vollbracht hat, auff dem dar Zu gewidmeten Richtplatz dahier, mit dem schwehrdt vom Leben Zum todt gestrafft, und nach solchem Jeder männiglichen Zum schröcken und abscheü deßen haubt in loco Delicti auff einen Pfahl gesteckt, der leib aber mit vorheriger Zerstoßung der glieder auff das Rath gelegt werden solle, alles von Rechts wegen"*.

Das Urteil wurde vom Kurfürsten hinsichtlich der Enthauptung des Täters bestätigt. In dem Schreiben vom 15. März 1713 wird allerdings auf die vom Blutgericht verhängte weitere Strafe des Räderns verzichtet und lediglich angeordnet, das Urteil dem Delinquenten nunmehr zu eröffnen und diesen dem *„nachrichter Zu deßen Execution in loco delicti"* zu übergeben.

Das Gericht kam am 17. März 1713 morgens um acht Uhr in gleicher Besetzung erneut zusammen. Nach der Urteilsverkündung wurde die Strafe an der Stelle, an der die Tat begangen worden war (auch hier kommt das Prinzip der spiegelnden Strafe nochmals zur Geltung), vollzogen. Wie der Eintragung in den Ratsprotokollen zu entnehmen ist, begrub man jedoch im Anschluß Kopf und Körper an gleicher Stelle. Ein weiteres Tötungsdelikt kam im Mai des Jahres 1717 in Germersheim zur Verhandlung. Maria Eva Dohn aus Billigheim wurde die Ermordung ihres neugeborenen Kindes zur Last gelegt. Die Anklage warf ihr vor, das Kind durch begangenen Ehebruch gezeugt zu haben, was einen Verstoß gegen das 6. Gebot darstellte, und noch vor dem Empfang der Taufe ermordet zu haben.

Der Aus- und Hoerfauth Braun brachte vor, daß diese Taten dem göttlichen und natürlichen Recht zuwiderliefen und die Angeklagte aus „Einblasung des leidigen Satans" gehandelt habe. Braun forderte für die *„abominable u. criminale Kindtsmörderin"* den Tod durch das Schwert (nach den Regelungen der „Carolina" und der kurpfälzischen Malefizordnung), wobei der Körper im Anschluß auf das Rad geflochten und *„dero abgehauener Kopff"* auf einen Pfahl gesteckt werden sollte.

Braun betonte, daß die Angeklagte keiner milderen Strafe - wie von ihrem Verteidiger beantragt - würdig sei, da sie durch ihre Tat (insbesondere durch die Verhinderung der Taufe) die Seele des Kindes in den *„Unglückseeligsten standt"* gebracht habe.

Der Verteidiger sah den Sachverhalt anders, indem er darlegte, daß die Angeklagte durch den Vater des Kindes zum Kindesmord getrieben worden sei und bat das Gericht um ein mildes Urteil.

Unter dem Datum des 14. Mai 1717 vermerken die Germersheimer Ratsprotokolle das Todesurteil gegen Maria Eva Dohn. Bemerkenswert ist hier der Hinweis, wonach die Regierung zu Heidelberg, nachdem ihr der Fall berichtet worden war, bereits das Urteil fällte und die Sentenz anschließend nur noch nach Germersheim zur Ausführung übersandte.

In der Oberamtsstadt besann man sich jedoch auf die empfangenen Privilegien. Man beauftragte Bürgermeister Ungeheuer, sich „sogleich nachher Heydelberg" zu begeben, um sich gegen diese *„neüerung"* zu beschweren und um die *„gdgste manutenenz (Handhabung) der privilegien"* zu ersuchen.

In der Verhandlung vom 14. Mai trat das Blutgericht schließlich zusammen und fällte „endtlich" - so der Wortlaut des Protokolls - sein Urteil über Maria Eva Dohn, das der Vorwegnahme durch die Regierung entsprach.

Ein weiteres Todesurteil gegen eine Kindsmörderin ist aus dem Jahr 1768, allerdings ohne nähere Belege, bekannt.

Der Ort der Hinrichtung

Folgt man der „Geschichte der Stadt und Festung Germersheim" von Josef Probst, so wurden die Todesurteile auf dem örtlichen Richtplatz vollzogen. In den Quellen selbst sind zum Ort der Hinrichtung teilweise widersprüchliche Angaben zu finden. Im Urteil gegen Peter Merck wurde beispielsweise durch das Gericht angeordnet, daß dieser auf „*dem dar Zu gewidmeten Richtplatz dahier*" hinzurichten sei, während man in Heidelberg die Hinrichtung am Tatort („in loco commisi delicti") verfügte.

In Germersheim existierte nach Aussage der Quellen jedoch ein Richtplatz. Probst vermutete dessen Lage im Westen der Stadt, an der Queich. Heute noch existierende Flurnamen wie der „Blutweg" und der „Galgenweg", die nach Lage und Verlauf in diese Richtung weisen und auch bereits in den Feldlagerbüchern des 18. Jahrhunderts (z.B. 1720) genannt werden, was dies zu bestätigen scheint.

In der Praxis stand es aber offenbar im Ermessen des Gerichts oder der Regierung, zu entscheiden, ob die Vollstreckung der Urteile an dem außerhalb der damaligen Bebauung gelegenen Richtplatz oder am Tatort selbst (was, wie der Fall Merck zeigt, dem Prinzip der Abschreckung, dem „abscheülichen exempel", noch mehr entgegenkam, als die Wahl eines Platzes außerhalb des Ortes, am Waldrand) vorgenommen wurde. Einfachere Leibesstrafen wurden, wie dargestellt, auch in der Stadt auf dem Rathausplatz vollzogen.

Rauben und Plündern ist keine Schande
Es tun ja die Besten im Lande
von Pfälzischen Raubrittern
Rolf Übel

Das 19. Jahrhundert hat sie verklärt - die adeligen Wegelagerer des Mittelalters, die in den Zeiten, in denen die Staatsmacht schwach war, die Straßen verunsicherten, sich mit Landesherren und Städten anlegten und mitunter frech die weltlichen und geistlichen Obrigkeiten herausforderten.

Haben Götz von Berlichingen durch Goethes Drama oder Franz von Sickingen durch die Geschichtsschreibung mitunter eine fast mythische Größe erreicht und sind sie tatsächlich Gestalten von großer historischer Bedeutung, so gilt dies für die meisten der Raubritter nicht.

Was sind sie dann? Häufig verknüpft vor allem die Schullehre das Raubrittertum mit dem sogenannten „Interregnum", das als die „kaiserlose, schreckliche Zeit" in die Geschichte einging. Nach dem Tode des letzten Stauferthronanwärters Konradin 1268 war die Dynastie der Staufer erloschen, die seit über 100 Jahren regiert hatte und so bedeutende Herrscher wie Friedrich I. Barbarossa, Heinrich VI., Philipp von Schwaben und vor allem Friedrich II. hervorgebracht hatte.

Die Großen des Reiches, denen schon zu Lebzeiten der letzten Staufer an der Zersplitterung der Zentralgewalt zugunsten ihres eigenen Vorteils mehr gelegen war als an der Stärkung der zentralen Königsmacht, konnten und wollten sich nicht auf einen starken neuen Herrscher einigen. Die Wahl ausländischer Adeliger zu deutschen Königen tat das ihre - denn diese verfügten über keine Hausmacht und mußten sich ihren Einfluß in Deutschland durch die Veräußerung von Reichsgut und Reichsrechten erkaufen.

Signifikant ist daher eine Raubrittertat, die sich ein in der Pfalz angesessener Ritter gegenüber seinem gewählten König erlaubte.

Im Jahre 1255 entführte Ritter Hermann von Rietburg, der auf der gleichnamigen Burg über Rhodt saß, die Königin Elisabeth, die Gemahlin des deutschen Königs Wilhelm von Holland, bei Edesheim und verschleppte sie auf seine Burg. Dieses wohl dreisteste „Kidnapping" des Mittelalters in unserem Raum sollte nicht ungesühnt bleiben. Aber es wirft ein signifikantes Licht auf die Machtverhältnisse im Reich, daß nicht der König selbst sich der Befreiung annahm, vielmehr eine Koalition, bestehend aus dem Herzog Ludwig von Bayern und einigen Städten, die gefangene Königin befreite. Die Rietburger selbst tauchten nach der Besetzung ihrer Burg nicht wieder als Burgbesitzer auf - aber den Kopf hatte die Aktion „den frechen Wegelagerer, Frauenräuber und Landfriedensstörer" doch nicht gekostet, denn wenig später erschien er wieder in Urkunden, wenngleich er seiner Stammburg verlustig ging.

Natürlich wollten die adeligen Herren nicht als gemeine Räuber gelten, die man am nächsten Baum oder Galgen aufknüpfen konnte. So wurde Heinrich seine Tat als aus „großer Anhänglichkeit an das staufische Haus" willen geschehen ausgelegt, und vor allem galt das Fehderecht als eines der Grundrechte des mittelalterlichen Rittertums.

Die Fehde bedeutete schlichtweg, daß die Parteien ihre Händel in die eigene Hand nahmen und, wenn man so will, zu einer außergerichtlichen Schlichtung kommen wollten. Konkret lief dieses natürlich auf eine Zementierung der Macht des Stärkeren hinaus, denn der Fehdebrief war ein wohlfeiles Mittel adeliger Rivalität.

Zugrunde lag in aller Regel ein Rechtsstreit oder eine Ehrverletzung, für die ein Kontrahent nur durch die Fehde Satisfaktion zu erlangen können glaubte. Mit der Übersendung eines Fehdebriefs oder des berühmten Fehdehandschuhs begannen die Kampfhandlungen.

Die Zentralgewalt suchte dieses Fehdewesen, das vor allem im Spätmittelalter fröhliche Urständ feierte, durch die Maßnahme des „Allgemeinen Landfriedens" einzudämmen, der, einmal ausgesprochen, das Fehdewesen verbot. Durchsetzen ließen sich die Bestimmungen durch die in der Regel schwachen Könige und Kaiser nicht, da diese häufig auch noch selbst Fehden zur Stärkung ihrer Hausmacht führten. Auch das 1495 eingerichtete Reichskammergericht, als allgemeine Schlichtungsstelle gedacht, konnte die Rechtssicherheit nicht gewährleisten, da zudem die Adeligen gerade in der Beschneidung des Fehderechts einen nicht hinnehmbaren Eingriff in ihre verbrieften Rechte sahen.

Vor allem nutzte das Rittertum gegen Ende des Mittelalters die Fehde als Mittel gegen die stärker werdenden Städte. Unter häufig konstruierten juristischen Begründungen wurden Fehdebriefe verschickt, deren eigentliches Ziel es war, eine Handhabe zu erlangen, um die „Pfeffersäcke" auf den unsicheren Landstraßen abzufangen und auszuplündern. Aber es wurden auch Städte im Zuge des Fehdewesens direkt angegriffen, so Nürnberg von dem genannten Götz von Berlichingen und Trier von Franz von Sickingen.

Solche Fehden konnten sich aber auch durchaus zu großen Kriegen auswachsen: Der längste und blutigste Konflikt in der Pfalz in der zweiten Hälfte des 15. Jahrhunderts war die Fehde zwischen dem Kurfürsten Friedrich I. und seinem Verwandten Ludwig dem Schwarzen von Zweibrücken. Die Kämpfe richteten schwere Verwüstungen an, da man die Bauern des Feindes

Die Rietburg - heute Ausflugsziel, im 13. Jahrhundert Raubritternest.

erschlug und dessen Felder vernichtete. Aber dem Krieg vorausgegangen war ein Fehdebrief von Ludwig an Friedrich im Jahre 1455.

Mit dem Ende des Rittertums verlor sich auch das Fehdewesen, die Einführung rechtlicher Institutionen machte es obsolet.

Andererseits - sind unsere heutigen Kriegserklärungen, soweit man sie überhaupt noch zustellt, nicht eine neue Form des Fehdebriefs?

Nichts hätte den Ritter im Mittelalter schwerer verletzt als die Behauptung, er betriebe Wegelagerei. Hatten die Handlungen der Ritter in ihren Fehden gegen die Städte und die Raubzüge der Räuberbanden häufig denselben Effekt, so glaubte der Ritter, verbriefte Rechte zu schützen und anzuwenden, während er den Räuber streng verfolgte.

Als um 1345 „Diebe und Räuber" von der Kirchenburg in Dörrenbach aus das Umland verunsicherten, nahm der Pfalzgraf Ruprecht die Kirche ein und zerstörte sie, was den Kirchenbann nach sich zog. Aus diesem konnte er sich durch den Wiederaufbau des Gotteshauses lösen. Aber sein Vorgehen zeigt, daß der Adel gegen den gemeinen Straßenraub, unter den die Fehde seiner Meinung nach natürlich nicht fiel, mit Macht kämpfte.

Dieselbe Kirchenburg in Dörrenbach zeigt aber auch, wie sich die Bauern durch das Anlegen von Dorfbefestigungen gegen das Fehdewesen schützen wollten; und in der schon erwähnten pfälzischen Fehde nach 1455 konnten sich die Dörrenbacher auch eine Zeitlang gegen die Truppen, die ihren Ort einnehmen und plündern wollten, behaupten.

Nun soll aber die Rede sein von der Person des Mittelalters, die stärker als alle anderen, die sich der Fehde bedienten, zur Inkarnation des Raubritters schlechthin werden sollte - Hans Trapp.

Hans Trapp lebte auf dem Berwartstein und liegt in der Annakapelle bei Niederschlettenbach begraben, wo sein Grabstein noch erhalten ist. Auch alle seine Kriegszüge in unserer Gegend sind mit dem Berwartstein verbunden, den er widerrechtlich besaß und dessen Besitz er durch eine Fehde mit dem Kloster und der Stadt Weißenburg sichern wollte.

Der Berwartstein liegt nahe des Dörfleins Erlenbach, das über eine Abfahrt der B 427 gut zu erreichen ist. Der ausgeschilderte Fahrweg führt vom Dorf bis an die Burg. Der eigentliche Aufstieg dauert nur wenige Minuten.

Der Berwartstein ist die einzige heute noch bewohnte Burg der Pfalz und ein Besuchermagnet für Burgenfreunde. Das Innere der Burganlage ist nur während Führungen zugänglich, die in regelmäßigen Abständen durchgeführt werden.

Die Burg (früher häufig auch Bärbelstein genannt) ist eine im 12. Jahrhundert gegründete Reichsfeste, die Friedrich Barbarossa 1152 an das Bistum Speyer gab. Hinweise, die sich in älterer Literatur finden, auf dem Felsen habe schon vorher ein römischer Wachturm gestanden, lassen sich nicht belegen.

Auf Berwartstein war ein Geschlecht angesessen, das sich nach ihm benannte - zuerst als speyerische Vögte. Der erste bekannte Besitzer taucht allerdings recht spät auf, Rudolf von Berwartstein im Jahre 1201. Ob die Familie, die in der Folge einige Male genannt wird, die Burg nun in Eigenbesitz hatte oder sie noch als speyerische Vögte verwaltete, kann nach Lehmann nicht mit Sicherheit gesagt werden. Allerdings wird der Name „Herr", den Walter von Berwartstein führte, als Indiz für einen Allodialbesitz gewertet.

Die Berwartsteiner begegnen uns als Raubritter, die im Interregnum und auch in der Zeit der Thronwirren zwischen Albrecht von Österreich und Adolf von Nassau das Land so nachhaltig verunsichert hatten, daß sich eine Allianz der Städte Straßburg und Hagenau zusammenfand, um das Raubritternest zu nehmen und auszuräuchern. Allerdings waren sie durchaus nicht die einzigen. Auch die Fleckensteiner und Lützelsteiner beteiligten sich an der Wegelagerei gemäß dem Leitsatz: *„Rauben und Plündern ist keine Schande, es thun ja die Besten im Lande"*.

Der Berwartstein. Von hier aus führte Hans von Trott seine Fehde gegen Weissenburg.

Fünf Wochen widerstand die Burg 1314 unter Eberhard von Berwartstein, bis sie, angeblich durch Verrat, eingenommen wurde. An die 30 Gefangene wurden hinweggeführt. Die Familie von Berwartstein blieb allerdings im Besitz der Burg, die aber ein Trümmerhaufen war. Der Wiederaufbau ruinierte die Burgherren, denn der letzte seines Namens verkaufte sie an die Herren von Weingarten und diese 1343 an das Kloster in Weißenburg, das 800 Pfund Heller für die Burg zu zahlen hatte.

Die Berwartsteiner hatten ihre Burg zur bloßen Wegelagerei benutzt, vornehmlich gegen die reicher werdenden Städte. Hans von Trott sollte später dasselbe rechtliche Mittel der Fehde nutzen, allerdings mit weit höher gesteckten Zielen.

Da das Peterstift in Weißenburg über keine weltliche Macht gebot, setzte es Niederadlige als Burgherren ein, die den Burgverwalter, auch Keller genannt, zu besolden hatten. Dieser erhielt jährlich *„2 Pfund Heller, ein Gewand, eine Hose und ein Paar Schuhe; ein Burgwächter* (insgesamt gab es vier) *1 3/4 Pfund Heller, eine Hose und ein paar Schuhe"*. Besoldet wurde auch eine Magd.

Die Burg hatte also keine ständige militärische Besatzung, sondern beherbergte nur wenige Bedienstete.

1453 erhielt Kurfürst Friedrich der Siegreiche das Öffnungsrecht, sie blieb aber unter der Verwaltung von Weißenburger Vögten.

Nachhaltig war der Berwartstein auch in die Kriegswirren des späten 15. Jahrhunderts miteinbezogen. In der Weißenburger Fehde der Kurpfalz gegen Weißenburg besetzten die Eckbrechte von Dürkheim, Herren des Drachenfels und Lehensleute des Kurfürsten, das Felsennest; nach dem Friedensschluß mußten sie es 1472 allerdings wieder an Kurpfalz, nicht an Weißenburg herausgeben. Die Eckbrechte hatten sich schon lange mit dem Weißenburger Burgvogt Erhard Wyler herumgeschlagen und die Weißenburger Fehde kurzerhand genutzt, sicherlich mit stiller Duldung des Kurfürsten.

1480 trat dann die Gestalt in die Geschichte der Burg ein, die zu Berühmtheit gelangen sollte: Hans von Trott (auch Drot, Droth oder Dratt geschrieben), der Hans Trapp der Sage, der sich bis heute in der Sagenwelt gehalten hat, im Nordelsaß noch stärker als in der Pfalz. Hans von Trott stammt aus dem Rittergeschlecht der von Trotha aus Thüringen. Zeitgenössische Quellen schildern ihn als „strengen und festen Herren". Von Trott stieg bis zum kurpfälzischen Marschall auf und erreichte solch einen Wohlstand durch die geschickte Nutzung seiner Ländereien, daß er dem Kurfürsten häufig mit Geld oder Waffen aushalf.

Er erhielt die Burg 1480 zum Lehen, obwohl sie eigentlich zu Weißenburg gehörte und die Abtei auch Protest gegen das Vorgehen des Kurfürsten einlegte. Man hatte die Besetzung der Burg durch die Eckbrechte von Dürkheim und die Gefangennahme des Weißenburger Vogts schnell genutzt, um einen Besitzwechsel durchzuführen. Andermann schreibt: *„Mit dem Recht des Stärkeren konnte sich Kurpfalz im Besitze der Burg behaupten und wenn Kurfürst Philipp sie im Juli des Jahres 1480 dem ihm treu ergebenen Hans von Dratt zu Mannlehen übertrug, so mochte der damit das Erwartung verbinden, dieser werde dort ein zuverlässiger Vertreter der pfälzischen Interessen sein"* Am 24. Juli 1485 anerkannte Hans von Trott, daß ihm der Kurfürst Philipp das Schloß Berwartstein, welches er für 1000 rhein. Gulden zuvor gekauft hatte, als Mannlehen übergeben hatte. 1485 räumte Hans von Trott Kurpfalz das Öffnungsrecht ein.

Zu der Burg gehörten die Dörfer (Nieder)Schlettenbach, Bobenthal, Bundenthal; zudem kaufte er noch das Dorf Erlenbach zu Füßen der Burg.

Somit war die Burg Eigenbesitz des Hans von Trott, Kurpfalz also „offiziell" nicht mehr Besitzer der Burg. Aus dem agnatischen Mannlehen war ein frei vererbbares Eigenlehen geworden. Zudem hatte von Trott die Burg gekauft, auch wenn mehr als fraglich ist, ob es sich hier nicht nur um ein Scheingeschäft handelte - wahrscheinlich sind die Geldmittel nie geflossen.

Der Besitzwechsel aber war vollzogen. Dies konnte nicht ohne Folgen bleiben, denn der eigentliche Burgbesitzer war das Peterstift in Weißenburg, dessen Rechte vom Kurfürsten einfach übergangen wurden. Es kam zu einer langen Fehde zwischen Hans von Trott und Weißenburg, die Trott wohl mit einer zumindest stillen Duldung seines Kurfürsten führte. Seit der „Weißenburger Fehde", in der Friedrich I. die Stadt Weißenburg vergeblich belagert hatte, schwelte der Rachegedanke im Kurhaus - und Hans von Trott, der auch aus familiären Gründen mit dem Abt von Weißenburg verfeindet war, nutzte den Schirm seines Landesherrn zu Übergriffen auf Stadt und Kloster, deren bekannteste hier kurz genannt werden sollen - soweit sie sich historisch belegen lassen. So suchte von Trott die Zehntrechte in Niederschlettenbach und Bobenthal, die eigentlich dem Kloster zustanden, an sich zu ziehen, ebenfalls die Gerichtsgefälle in Niederschlettenbach. Das Leerfischen der Lauter oberhalb von Weißenburg und das Einschlagen von Bauholz zum Ausbau seiner Burg Berwartstein waren ebenfalls Eingriffe in die Rechte des Abtes. Er ließ Kaufleute auf ihrem Weg nach Weißenburg abfangen, weißenburger Amtsleute wurden im Kerker auf Berwartstein festgesetzt, die Jagdrechte in der Mundat beschnitten und die Jäger gefangengenommen.

Trott ließ das Wasser der Lauter oberhalb Weißenburgs stauen, um die Holzflößerei zu unterbinden und die Mühlen in der Stadt von ihrer Wasserversorgung zu trennen. Späterhin schlugen seine Soldaten aber die Wehre weg und die Wassermassen stürzten wie eine Flutwelle zu Tal, rissen in Weißenburg die Mühlräder ab und richteten auch sonst beträchtlichen Schaden an. Damit war aber nicht nur das Kloster in Gegnerschaft zu Hans von Trott, sondern auch die freie Reichsstadt Weißenburg sah sich in die Feindseligkeiten verwickelt. Doch dies war von Hans von Trott und vielmehr noch von Kurfürst Philipp dem Aufrichtigen auch so geplant.

Ein Mittel, um diesen Übergriffen zu begegnen, das der Abt von Weißenburg noch einzusetzen hatte - militärisch war er Hans von Trott in keinster Weise gewachsen - war das Erwirken des Kirchenbanns. Im April 1490 zitierte Hieronymus de Porcharis, Domherr der Peterskirche, Hans von Trott wegen widerrechtlicher Besetzung des Berwartstein vor, denn das Kloster Weißenburg erkannte die Lehensrührigkeit der Burg von Kurpfalz und damit deren Verkauf nicht an. Wie zu erwarten, erschien von Trott zu keinem Schlichtungstermin. Am 8. Juli 1493 wurde die Exkommunikation über von Trott und den Kurfürsten als seinen Lehensherrn verhängt, aus dem sich Hans von Trott bis zu seinem Tode 1503 nicht mehr lösen konnte. Aber Trottens Übergriffe gegen die Reichsstadt, die Wegnahme der Vorfeste St. Remy und eine kurze Belagerung der Stadt mit 2000 Mann führten dazu, daß sich die Stadt unmittelbar an den Kaiser wandte - die Fehde also zur Reichssache erhob.

1494 befahl König Maximilian dem pfälzischen Marschall, alle Feindseligkeiten gegen das Stift Weißenburg einzustellen, einen Befehl, den er am 19. September des Jahres erneuerte, und er zitierte von Trott auf den Reichstag

in Köln. Am 22. Februar 1495 schritt Maximilian zur Einschaltung der Städte Hagenau und Landau als Schlichter. Sie sollten die Zeugen verhören.
Auf dem Reichstag zu Worms 1495 legte Trott eine gedruckte Erklärungsschrift vor, die aber seinen Händel mit Weißenburg nicht entschuldigte. Ganz im Gegensatz griff er den Abt in Weißenburg direkt an: *„Anfangs ist es der genante mönch im closter zu sant Peter by Weisberg gewest, da gewalt überkommen".* Zudem nannte er seinen Kontrahenten einen *„ußschweifenden verruchter münch".* Er sprach dabei auf die mangelnde Klosterzucht an, die aber durch eine Reform 1496 wieder hergestellt wurde.

1495, am 5. Oktober, erfolgte die Lösung des Kurfürsten aus der Exkommunikation, in die er am 8. Juli 1493 zusammen mit Hans von Trott verfallen war, wogegen sechzehn Tage später eine Verschärfung der Bestimmungen der Exkommunikation gegen Hans von Trott und seine Verbündeten Reinhard von Leiningen-Westerburg, Engelhard von Nipperg, Heinrich Bock und Johann von Mörsheim urkundlich faßbar ist. Anklagepunkt war die Beteiligung an der Einnahme der Weißenburger Vorfeste St. Remy.

Schreibt Lehmann noch, daß eine Ächtung Hans von Trotts nicht erfolgte, so kommen die Quellen zu einem anderen Ergebnis. Am 27. April 1496 verhängte Maximilian die Reichsacht über Hans von Trott. Die Achterklärung sei hier in Teilen widergegeben:

„Wir Maximillian, von gots gnaden Römischer konig etc... Wie wol Wir als Roemischer. Konig oberster Vogt und beschirmer des Gotshaws Wissenburg am Elsass gelegen in vergangenen jaren eynen genant Hansen von Tratt durch unser offen Konig besiegelte brieff an ine ußgangen bey vermeydung unser und des Reichs schwere ungnade und straff und darzu den penen in der gulden Bullen Koenig reformacion unde zehen jerigen gesetzten und erstreckten Landfriden begriffen ernstlich gebotten haben. Da er fur sich sein anhenger und helffer sein gewaltig mutwillig Handlung beschedigung und furnemen So er unerclagt und unerfolgt einichs gepurlichs rechtens wider die obgemeldten gesetz ordenug Recht vund alle billichkeit aus eygner durstigkeit gegen apt und Convent brudern des gemelten Gotshaws zu Wissenburg Auch demselben gotshaws und den iren mit krige name und anderer unzimlicher weise in vleissiger vnbug gestanden. In funfftzehen Tagen den nechsten abstelle. inen ire abgedungenen frewt und gutter mitsampst der aufgehaben nutzung wider eingeben und zu iren handen uberanttwurten. Auch umb erlitten cost und scheden abtragt und widerkarungs tun. Und hynfur mit gewaltiger Thate gegen ine nichts furnehmen noch handeln. Noch daß yemandt von seinen wegen heimlich noch offentlich gestatten, sondern sich umb sein spruch und furderung. was er sein anhenger oder helffer zu inene in gemeynen oder sonderheyt hettent gepurlichs recht benu-

Auf der Lauer.

gen lassen. Und wo er das nit thun wurde. das er alsdann auff eiynen endtlichen bestympten tag vor uns rechtlich erscheynen solt. zu sehen und zu horen sich mitsampt seinen anhengern und helffern auff anruffen unsers Ko.Camer procurator fiscals umb solchs ungeburlich handlung und ungehorsam in unser und des heiligen Reichs acht mit Urteil und recht zu erkennen...Sonders unlang danach zuerachtung unser Ko. oberkeit und angezeigter willigung weyter gewaltig handlung und bescheydung geübt un vorgenommen und ettlich des gnanten gotshaws zehend gult und zynseingenommen. In sein eygen nutz gewendet. Die auch also uber uunser Ko. ernstliche Gepott abermahls mit erinnerung angeregter willigung und anstants an ine gethan in und vorbehalten und also obemelt sein zusage in verges gestelt uberfahren und seine frevetlich ungehorsam uns un dem H. Reich nit zu geringer smehe widerdrieß und verachtung beharret...also das er mit endtlichem urteil erlangt hat.das der obgemeld von Trat seiner oberurten ungepurlichen Handlung halber in pene straff acht und buesse in der gulden Bullen Ro. reformacion zehn jerigen gesatzten und erstreckten landfrieden verleibt gefallen zu seiin mit urteill und recht gesprochen erkant und erclert ist. alles inhalts unsres Ko. urteilsbriefs deshalb ausgegangen....geben zu Franckfurt am sieben und zwenzigsten tag des monats Aprilis Nach Christi gepürt vierzehnhundert und XCVI unsres Reichs des Romischen im Eylfften und des hungarischen im Siebenden Jaren".

Damit war von Trott vogelfrei, aber es gab keine Macht im Südwesten, die stark genug gewesen wäre, die Acht zu exekutieren. Allerdings zeigt der Text der Urkunde auch, daß der König einigen Langmut gegenüber Trott gezeigt hatte und erst die Acht verhängte, als er die königlichen Anordnungen ignorierte. Trotz seiner mächtigen Stellung und dem Schirm des Kurfürsten versuchte der Marschall, sich aus der Acht zu lösen.

Am 14. Mai desselben Jahres appellierte er gegen die Acht und legte seine Gründe für das Vorgehen vor. Am 17. Mai und am 2. Dezember 1496 erwirkte der Abt von Weißenburg allerdings eine Verlängerung der Kirchenstrafen gegen Trott.

Anhaben konnte die Acht dem Ritter auf seinem Felsennest Berwartstein nichts, ja er soll sogar wieder ein Heer zur Belagerung der Stadt Weißenburg gerüstet haben.

Im Oktober des Jahres erbat das Kloster Weißenburg vom Kurfürst Philipp eine Denkschrift über die ihm durch Hans von Trott verursachten Schäden wie über die zum Schutz des Klosters herangezogenen Adligen: Der Pfalzgraf selbst, der seinen Schutz aufgekündigt hatte, der Herzog von Württemberg, Graf Philipp von Hanau und Graf Wecker von Bitsch.

Da er sich aus dem Kirchenbann nicht zu lösen vermochte, begann Trott einen Schriftwechsel mit dem Borgiapapst Alexander VII. Dieser hatte ihn nach Rom zitiert, um seine Stellungnahme zu hören - in Wirklichkeit handelte es sich hier wohl um eine Falle. Höflich, wenn auch mit einer fast schon satirisch überspitzten Höflichkeit, schrieb er an den Papst, dessen Lebenswandel in Deutschland durchaus bekannt war und dessen Autorität in den Kreisen der Kondittierie vom Schlage eines Hans von Trott schlechterdings nicht bestand, er sei der „römischen Sprache" nicht mächtig, und habe sich bisher *„nicht mit Papier, sondern mit Waffen und militärischen Übungen beschäftigt".*

Er sei aber gerne bereit, so fuhr er fort, sich einem weltlichen Gericht in Deutschland zu stellen - nicht einem geistlichen in Rom.

Im Jahre 1500 kam es dann zu einer Einigung zwischen dem Kloster Weißenburg und dem Kurfürsten bezüglich des Berwartsteins. Ob Hans von Trott noch in Acht und Bann daran teilnahm, ist mehr als fraglich, er wurde wahrscheinlich durch seinen Kurfürsten vertreten.

Festgehalten wurde, daß das Burglehen von Kurfürst Friedrich dem Siegreichen erbweise an Kurfürst Philipp den Aufrichtigen und von diesem an Hans von Trott gelangt sei, ohne daß der Burg- wie der Friedensbezirk genau definiert worden waren.

Der Kaiser wollte Räte beauftragen, den Burgbezirk gütlich festzulegen und auch beide Teile zu vereinen. Interessant ist der Passus, daß Kurpfalz an den Abt von Weißenburg Schadenersatz zahlen sollte, der aber den Wert der Feste selbst nicht überschreiten durfte.

Festgeschrieben wurde ferner, daß die Burg fürderhin vom Reich als Lehen zu empfangen sei, wobei es den Kurfürsten unbenommen bleiben sollte, sie an die Familie von Trott als Afterlehen zu geben. Damit hatte das Stift Peter und Paul zu Weißenburg seine Rechte an der Burg endgültig verloren.

Die Lösung des Bannes für die Verbündeten Hans von Trotts erfolgte erst 1504 - kurz vorher war der kurpfälzische Marschall, noch im Kirchenbann, gestorben. Beerdigt liegt er in der Anna-Kapelle in Niederschlettenbach, eine Grabplatte, allerdings stark zerstört, ist dort noch erhalten.

Der Weißenburger Krieg lebte aus dem Fehdewesen, wenngleich er keineswegs eine Privatfehde Hans von Trotts war. Schon eher trifft der moderne Begriff des Stellvertreterkriegs den Kern der Sache; obgleich auch persönliche, in diesem Falle familiäre Gründe, eine Rolle gespielt haben mögen.

Der Abt von Weißenburg war jener Heinrich von Homburg, der vor 1475 als Abt des Klosters Merseburg in intensivem Streit mit dem Bischof von Merseburg stand. Dieser Bischof hieß Thilo von Trotha, und er war der ältere Bruder unseres Hans von Trott. So mag die Familienehre wohl auch ihre Rolle gespielt haben, aber in erster Linie ging es um Macht. Der Kurfürst wollte seinen Einfluß im Elsaß ausbauen, und Weißenburg - Stadt und Kloster - waren ihm ein Dorn im Auge. So konnte es ihm wohl ins Konzept passen, daß sein Dienstmann eine Fehde mit seinen beiden Gegnern führte, ohne daß er selbst dabei in Erscheinung trat.

Und der Erfolg gab ihm recht. Nach seinem Tod kam die Burg und die Herrschaft an seinen Sohn Christian, dessen Tochter vererbte sie dann an die Fleckensteiner, aber unter kurpfälzischer Oberhoheit.

Bezüglich der Stadt und des Klosters Weißenburg konnte Kurpfalz sein Ziel später nicht erreichen - Stadt und Kloster fielen später an das Bistum Speyer. Hatte von Trotts Schicksal gezeigt, daß eine Fehde unter der Protektion eines mächtigen Landesherren Kaiser und Papst trotzen konnte, die Fehde als Mittel der Machtkonsolidierung und Ausweitung noch eine wichtige Funktion hatte, so sollte das Schicksal des vier Jahrzehnte jüngeren Franz von Sickingen zeigen, daß sich das Fehdewesen auch gegen seine Protagonisten wenden konnte.

Sickingen, einer der Kämpfer gegen den politischen Niedergang des Rittertums im späten Mittelalter, wandte die Fehde an, wo immer er konnte, teils im Auftrag mächtiger Mächte, teils aber auch in eigener Regie.

Grabplatte Hans von Trotts in der Annakapelle in Niederschlettenbach.

Nur machte er den Fehler, einer Macht die Fehde zu erklären, die Hans von Trotts Fehde erst möglich gemacht hatte - Kurpfalz. Als sich 1523 Kurpfalz, der Bischof von Trier und der Landgraf von Hessen gegen Franz von Sickingen wandten, dessen Raubzüge ihnen zu weit gingen, sollte sich zeigen, daß auch ein mächtiger Ritter, der zu Unrecht Raubritter genannt wurde, noch mächtigeren unterliegen mußte.

Der Kugelsplitter, der ihm bei der Belagerung des Nannsteins im April 1523 die Seite aufriß und zu seinem Tod führte, brachte das Zeichen für den Untergang des Rittertums, des Fehdewesens und letztlich auch der Raubritter.

Hexenprozesse in der Pfalz
von Rolf Übel

Dem Autor des folgenden Berichts war schon seit früher Kindheit klar, was eine Hexe ist, zumindest glaubte er dies. In dem dörflichen Gemeinwesen, in dem er seine Kindheit verbrachte, konnte sich die Mär von der Säbelhex´ ebenso in das kindliche Bewußtsein einprägen wie die Nachteul´. Kam die eine über den reuig nach Hause Schleichenden, wenn er die "Nachtglock´" entweder überhört oder bewußt mißachtet hatte, um ihn durch ein Zwicken in den Hintern sofort schmerzhaft auf den begangenen Frevel aufmerksam zu machen, so galt die Säbelhex´ als schlechterdings nicht faßbarer nächtlicher Mar. Die Hexe kannten wir natürlich aus den Märchen, ihre schrill hohe Stimme hatte sich seit dem Anhören der Hänsel und Gretelplatten unserer Nachbarin eingeprägt; hier war die Phantasie geleitet. Aber eine richtige Hexe? Nun, in jedem Falle mußte sie alt sein, häßlich sowieso, verschroben - und natürlich des Zauberns kundig.

Paßte die Nachbarin, die mit der eigenen Oma im Dauerstreit lag (und wie oft fiel im Familienkreis die Bezeichnung Hexe bezeichnend für die Person im Nachbarhaus) nun ins Bild? Eigentlich nicht so recht. Denn uns Kinder störte der zwei Generationen vor uns tobende Streit wenig, und ein böses Wort oder gar eine solche Tat sind nicht erinnerlich.

Aber in dem Dorf lebte schon längere Zeit, *„so lang mer sich besinne kann"*, eine Familie, die als Landfahrer kam, dann aber doch im Ort seßhaft wurde. Deren Kinder teilten mit uns die Schulbänke; aber irgendwie fühlten auch wir Kinder, daß der erwachsene Teil des Dorfes ein eher distanziertes Verhältnis zu dieser Familie hatte. War es mir nie verboten, mit ihnen durch die Felder zu ziehen, Höhlen zu graben oder „Atzelnester" auszuheben, so gab es doch einige Jungen im Ort, die den Umgang mit den besagten Kindern wegen eines väterlichen Ukas nicht pflegten - oder eben nur heimlich.

Eine der Familien war in einer ehemaligen Flakhalle aus dem Zweiten Weltkrieg untergekommen, am Ortsrand gelegen, damals noch ein gutes Stück von der weiteren Bebauung entfernt. Da um diese Flakhallen in der Regel Munitionsbunker standen, die Mitte der sechziger Jahre wohl zerstört, aber noch nicht abgetragen worden waren, und jene für uns Kinder eine fast magische Anziehungskraft hatten, kamen wir auf dem Weg zu den Bunkern, die wir, mit äußerst geringem Erfolg allerdings, nach Militaria zu durchstöbern pflegten, zwangsläufig an dieser Halle vorbei. Eigentlich wohl doch weniger zwangsläufig! Denn ein Mitglied der Familie, eine alte Frau, hatte es uns angetan.

Ich kann mich nur noch an ihren Vornamen erinnern, aber der tut, wie auch ihr Nachname, nichts zur Sache. Es war ihre Erscheinung, die uns faszinierte, aber auch zum Schaudern brachte. Die Frau hatte ein von tiefen Falten durchzogenes Gesicht, ihr weißes Haar war streng nach hinten gekämmt und zumeist zu einem Knoten gesteckt. Anziehendes konnten wir Kinder in diesem Gesicht nicht finden, aber das war es nicht allein, was uns Furcht einflößte - es war vielmehr der Umstand, daß die Frau nur noch über einen Arm verfügte, und da sie keine Prothese trug, mit leerem Ärmel auf ihrem Hocker vor der Tür zu ihrer Wohnung in der Sonne saß.

Und wir starrten diese Frau, ohne uns dessen bewußt zu sein oder auch nur zu erahnen, daß wir sie damit vielleicht verletzen könnten, aus der Ferne an, tuschelten, während sie reglos dort saß und zu uns herüberblickte.

Dabei zog sie beständig an ihrer Pfeife. Eine pfeifenrauchende, einarmige alte Frau, am Rand des Ortes lebend, scheinbar nicht an uns interessiert, von den Erwachsenen wenig geachtet und häufig nicht einmal beachtet, einer sozialen Randgruppe angehörend, was wir wohl erahnten, ohne es so formuliert zu haben, bildete ein Faszinosum allerersten Ranges.

Ich kann mich nicht mehr daran erinnern, ob im Kreis der Kumpane jemals der Begriff Hexe fiel. Ich weiß noch nicht einmal, ob ich ihn selbst jemals benutzte. Aber noch lange Jahre, nachdem ich die Frau nicht mehr gesehen hatte - ich weiß nicht, wann sie gestorben ist - blieb sie für mich die Hexe.

Beispiel für ein Hexenklischee.

Las ich ein Buch, in dem Hexen vorkamen, so stieg sie in meinem inneren Auge auf - mit ihrem leeren Ärmel, ihrem Hocker und ihrer Pfeife.
Viele Jahre später, als ich begann, mich mit der Geschichte der Hexenprozesse in meiner Heimatgemeinde zu befassen, als ich erfuhr, daß sich auch im eigenen Stammbaum eine als Hexe verbrannte Frau findet, wurde das Bild blasser, ohne aber ganz zu verschwinden.
Und manchmal fragte ich mich, ob diese Frau, fast 400 Jahre bevor sie vor ihrer Tür in der Sonne saß, auch im Mittelalter in das Raster gepaßt hätte, daß sich Kinder der damaligen Zeit von Hexen machten.
Ich kann diese Frage heute, nach intensiver Beschäftigung mit der Thematik, nicht beantworten, aber ich kann über die Frauen und Männer berichten, die vor 400 Jahren nicht der Hexenphantasie von Kindern, sondern der wesentlich gefährlicheren, der von Erwachsenen, ausgeliefert waren.
Das nun Folgende ist keine Geschichte von einer am Ortsrand lebenden Frau, die Kinderphantasien zu Purzelbäumen bewegte. Sie muß daher die Diktion der Erzählung verlassen, um der Wissenschaftlichkeit, die hier angebracht ist, ihren Tribut zu zollen. Es kann konsequenterweise auf Originalzitate, in ihrer mitunter heute schwer verständlichen Sprache, nicht verzichtet werden. An anderer Stelle werden wir wieder zur Erzählung zurückkehren - geben Sie uns die Zeit: Es ist ein Hineinhören in Vergangenes, in der Sprache, die damals gesprochen wurde - halten Sie durch. Ich denke, Sie werden dafür entschädigt.

Wer über Hexenprozesse und Hexerei forscht, wird feststellen, daß das Thema bis heute auf großes Interesse stößt, nicht nur bei den Historikern und Theologen.
„Hexen haben Konjunktur", so lautete die Überschrift der Einleitung zu Colette Piats Beitrag zur Erforschung von Hexerei und Hexenprozessen. Sicherlich hat sie damit nicht unrecht. Aber hier soll es nicht darum gehen nachzuzeichnen, wie sich die „heutige Hexe" versteht. Auch Auswirkungen des „Wicca"-Kultes in Deutschland, die Verbreitung der Schwarzen Messe und des Okkultismus, aber auch die Traditionen der Weißen Magie bis hin zu der Kenntnis der Heilkräuter, wie man sie den mittelalterlichen heilkundigen Frauen unterstellte, wären Themen, die Hexenprozesse als historische Phänomene nur streifen.
Die Zielsetzung dieses Beitrags ist ein anderer. Es wird der Versuch unternommen, Licht in das Dunkel zu bringen, das die Forschung zu Hexenprozessen in der Pfalz immer noch umgibt. Tauchen immer neue Akten auf, beschäftigt sich auch die Historikerzunft immer stärker und intensiver mit der Erforschung der Prozesse, so finden sich immer die Hexen auch und vor al-

lem in der Ortstradtion. Kein Ort, der nicht seine Hexe für sich beansprucht, mit dem entsprechenden Schauer, der bei dem Gedanken an Folterkammer und Scheiterhaufen heute noch den Jetztmenschen überläuft. Leider wird gerade in der Ortsüberlieferung, und häufig in der Ortsgeschichtsschreibung, kaum zwischen historischer Realität und volkskundlicher Fiktion unterschieden. Der folgende Beitrag stellt einige historisch belegbare Hexenprozesse in der Pfalz dar. Hierbei kann der Anspruch auf Vollständigkeit sicherlich nicht erhoben werden, zu viele Aktenstücke liegen noch in den Archiven verborgen! Bei dem Beitrag handelt es sich vielmehr um einen Arbeitsbericht, die Zusammenfassung des derzeitigen Kenntnisstandes des Autors, von dem er aber hofft, ihn in weiten Bereichen noch ausbauen zu können.

Bevor die Ausführungen zu speziellen Vorgängen in pfälzischen Territorien beginnen, müssen noch einige Vorbemerkungen über Ursache und Ablauf des Hexenverfahren vorangestellt werden.

Über die Zahl der Opfer ist viel spekuliert worden. Schätzungen gehen bis in die Millionen. Neuere Forschungen haben ergeben, daß die Zahl von einigen Zehntausend bis 100 000 Opfern als realistisch angesehen werden kann. Über 80% der Getöteten waren Frauen.

Vor allem die Geschichtsschreibung des 19. und frühen 20. Jahrhunderts hatte es bezüglich der Zahlen an der entsprechenden Genauigkeit fehlen lassen. Vor allem dann, wenn man aus welcher Richtung nun immer, die Hexenprozesse als Beispiel eines vergangenen und längst überwundenen dunklen Mittelalters interpretieren wollte, schien es legitim, die Zahlen hoch anzusetzen. Daß der Versuch, die bekannten Prozesse und die Zahl ihrer Opfer auf die Gesamteinwohnerzahl des Deutschen Reiches hochzurechnen, ein schräges Bild ergeben mußte, störte hierbei wenig.

Auch die in den letzten Jahren von der Forschung immer mehr erbrachten Ergebnisse bezüglich der Geschlechterverteilung mag mitunter nicht ins ideologische Konzept passen, aber es hat sich gezeigt, daß der Männeranteil an den Verurteilten größer war, als bisher angenommen, wenngleich die Gefahr, in ein Prozeßverfahren verwickelt zu werden, für Frauen ungleich höher war als für Männer.

„Der Glauben an Hexen begann und endete nicht mit den Hexenprozessen, er ist ein Phänomen, das die Menschheitsgeschichte durchzieht".

Der Hexen- und Zaubereiglaube ist alt, hat sich aber seit der Antike gewandelt. In ihr wurden Zauberer häufig als Menschen gesehen, die in höhere Regionen führen konnten - und nicht als Feinde der Menschen. Diese Tradition lebt bis heute bei den Naturvölkern fort. Ebenso ist die Zauberei, ein Bestandteil der Hexerei, in unserem Jahrhundert nicht ausgestorben. Das „Braucheln", eine Form der Besprechung, wie auch die Besagung als Anhexung findet sich bis in die fünfziger Jahre offen in dörflichen Gesellschaften. Und die offizielle katholische Lehrmeinung arbeitet zur Zeit auch nicht gerade daran, die Existenz von Teufeln und Dämonen zu negieren - eher im Gegenteil!

Der dörfliche Aberglaube, der in der frühen Neuzeit immer mehr um sich griff, tat auch das seinige, um den Hexenglauben zu fördern. Allerdings fehlte ihm ein ideologisches Gewand und eine rechtliche Dimension.

Es bedurfte daher eines theologischen und vor allem juristischen Lehrgebäudes, um die Lawine der Hexenverfolgung loszutreten. Zuerst versuchte die Theologie, diesem Phänomen Herr zu werden.

Die christliche Religion nimmt im 5. Jahrhundert Dämonologien der Antike in ihr Lehrgebäude auf, und die Stellung der Dämonen verkehrt sich zu der von Feinden der Menschen. Damit kamen auch die Mittler zwischen Mensch und Dämon, die Beherrscher der Zwischenwelten, in ein anderes Licht. Durch die Christianisierung Europas vermischte sich der regionale Aberglaube mit der neuen Religion. Auch dieser lokale Aberglauben war dem Animismus verpflichtet. Auch er hatte in den Asen und Druiden seine Mittler zwischen der Welt des Sichtbaren und der Gegenwelt, die von guten wie schlechten Dämonen beherrscht war. Wertfrei suchten Germanen und Kelten den Umgang mit diesen.

Aber die Zauberei war ein nicht primär weibliches Phänomen. Dies sollte sich im Spätmittelalter grundlegend ändern.

Die beginnende Diskriminierung der Frau als auch in Glaubensdingen minderwertig setzte im 13. Jahrhundert massiv ein. „Femina = fides minor" war fast schon ein geflügeltes Wort - und: „Das Weib taugt von Natur aus nichts, es zweifelt geschwinder und verleugnet den Glauben leichter" birst wohl auch nicht gerade vor Hochachtung gegenüber der Religiosität der Frauen. Für ihre Mitmenschen waren die Frauen anfälliger gegenüber der Hexerei.

Der ältere Ketzer- und Häretikerprozeß wandelte sich im Laufe des 14. und 15. Jahrhunderts: Aus dem Prozeß gegen Häretiker wurde der Hexenprozeß. Ketzerprozesse, in der Forschung leider häufig mit den Hexenprozessen gleichgesetzt, sind bestenfalls deren Vorläufer. Ketzerei ist ein Punkt im Hexenprozeß, aber es müssen noch andere hinzukommen.

Der Hexenglaube gab dem schon vorher bekannten Aber- und Teufelsglauben eine neue Dimension: Er machte ihn gefährlicher, da die Macht des Teufels und seiner Dämonenschar immer höher eingeschätzt wurde in seiner Gefahr für die Menschen, und damit konsequenterweise auch die Gefahr der Häresie wuchs. Denn der Teufel verleitet seine Jünger zur Ketzerei (Häresie) und vor allem zur Schädigung seiner Mitmenschen durch Zauberei. Und die

Schädigung an Leib und Gut wurde von den Menschen des Mittelalters als durchaus reale Bedrohung verstanden.

Der Teufelspakt als Vorbedingung der Aufnahme in den Kreis der Hexen bildete ab dem 15. Jahrhundert einen Kernpunkt des Hexenglaubens. Der Teufelspakt gab den Hexen dann, in der Gedankenwelt ihrer Mitmenschen, die Macht Schadzauber (Malefizien) zu begehen, die als reale Bedrohung für Leib und Leben verstanden wurde. Durch den Hexentanz und den Teufelspakt wurde aus dem Verbrechen des Individuums ein kollektives Verbrechen einer Hexensekte.

Ketzerei, im Hochmittelalter Kernpunkt der Ketzerverfahren, verbindet sich im Spätmittelalter mit dem Glauben an Teufelspakt und Hexentanz und einer, teilweise bis zur Hysterie gesteigerten, Furcht vor Schadzaubern, die tief im Aberglauben des Volkes verwurzelt war. Aus den einzelnen Zauberern war eine Teufelsekte geworden, die ähnlich den Häretikersekten des Hochmittelalters mit der Inquisition zu bekämpfen waren.

Auch der Begriff der Hexe (abgeleitet von dem Begriff: Haggasuzzan = die auf der Hecke sitzt) prägte sich erst im Spätmittelalter aus; fast parallel mit dem Beginn der Hexenverfolgungen.

Von einem Hexenprozeß im eigentlichen Sinne kann man nur sprechen, wenn Teufelspakt, Ketzerei und Schadzaubereianklagen zusammenfallen!

Die Verfolgung der vermeintlichen Hexen und Zauberer ist kein rein deutsches Phänomen, wenn es auch hier seine stärkste Ausprägung erfuhr. Vielmehr kamen die Prozesse im 15. Jahrhundert über Spanien, Südfrankreich und die Schweiz nach Deutschland, ohne dort aber zu Anfang auf sehr fruchtbaren Boden zu fallen.

Zwei Schriften, zum Ende des 15. Jahrhunderts erschienen, hatten maßgeblichen Anteil an dem Umsichgreifen der Hexenverfolgung. Zuerst ist hier die Hexenbulle des Papstes Innozenz VIII. zu nennen. (Sumnes dessiderantes affictibus). Die Schrift wurde an ein weiteres Werk angehängt, das noch mehr als die Hexenbulle die Verfolgung vorantrieb - der Hexenhammer, „Malleus maleficarum" von dem Dominikanerpriester Heinrich Krämer, genannt Institoris, und Jakob Sprenger. Er erschien 1487 in Straßburg und wurde bis 1520 neunmal aufgelegt. Dieses Buch, von der Kirche mit dem Prädikat „sanctissimus liber" bedacht, schuf das religiöse, ideologische und juristische Gerüst für die Handhabung der Prozesse. Salopp formuliert handelte es sich um das Handbuch für die Hexenverfolgung.

Aber es zeigt auch, daß der Wunsch nach Verfolgung vermeintlicher Hexen und Zauberer nicht quasi in jedem Landesherren schlummerte und nur auf einen triftigen Grund wartete, um die Verfolgungslawine loszutreten.

HEXENPROZESSE IN DER PFALZ

Darstellung des Teufelspakts. Der Novize erhält die „Taufe" (oben) und eine Belehrung durch den Teufel (unten) (Holzschnitt aus dem 17. Jahrhundert).

Eher im Gegenteil: Die beiden Autoren des Hexenhammers hatten einige Probleme gehabt, als Inquisitoren zu wirken. Teilweise hatten vor allem die oberrheinischen Landesherren ihre Arbeit massiv behindert, was zur Folge hatte, daß der Papst mit der genannten Bulle eingreifen mußte.

Trotz der hohen Auflage, die das Buch hatte, ist augenfällig, daß die Hexenprozesse in Deutschland erst fast 100 Jahre nach der Erstauflage massiv einsetzten. Der Hexenhammer, in seiner Wirkung oft überschätzt, löste keine Prozeßwelle aus, aber er schuf die Präliminarien, an die man sich 100 Jahre später wieder erinnern sollte.

Zum ersten Mal wurde die Zuständigkeit der Gerichte geklärt:

„Da Hexerei ein gemischtes Verbrechen ist, gehört sie vor das weltliche und geistliche Gericht". Vor allem bei Todesstrafen konnten die kirchlichen Inquisitoren ohne weltliche Richter nichts bewirken. Dafür verfiel aber auch das Vermögen der Verurteilten dem Staat.

Es wurde damit quasi ein öffentlicher Ankläger geschaffen, ein „Staatsanwalt in Hexensachen"; ein Novum in einer Rechtslandschaft, die öffentliche Anklage kaum kannte. Damit war eine Tradition, die Zauberei nur mit Kirchenstrafen belegte, endgültig zu Ende.

Der Hexenhammer umfaßt drei Teile: Im ersten belegen die Autoren theologisch die Existenz der Hexen und Zauberer, im zweiten nehmen sie den Aberglauben ihrer Zeit auf sowie die Gegenmittel, und im dritten letztlich nennen sie die sieben klassischen Missetaten (Malefizien). Vor allem diese angeblich mannigfaltig angewandten Schadzauber, machten in den Augen der Zeitgenossen die Gefährlichkeit der Hexen aus.

Ketzerei hatte auf den Menschen keine direkte Auswirkung, die Schadzauber (Menschen verhexen, Wetterzauber u.v.m.) durchaus, sie begründeten auch die tiefverwurzelte Angst vor Hexerei.

Wichtig für die Prozeßführung war ein weiterer Teil des Buches: Für die verhörenden Beamten gaben die Autoren genaue Anweisungen, *„wie mit diesen Unholden zu verfahren sei".* Ein Fragenkatalog als Handreichung war ebenfalls abgedruckt, er soll uns im Blies-Ransbacher Prozeß wiederbegegnen.

- Woher sie gebürtig sei?
- Wer ihre Eltern gewesen?
- Ob sie noch leben oder ob sie schon gestorben?
- Wo sie erzogen und sich die meiste Zeit aufgehalten?
- Warum das allgemeine Volk so bange vor ihr sei?
- Ob sie zugibt, einen bösen Namen zu haben und verhaßt zu sein?
- In welcher Absicht sie das Kind angerührt?
- Wie sie das Vieh verhext?

*Szenen eines Hexensabbats.
Ritt auf dem Bock zum Tanzplatz, Teufelsmahl,
Teufelskuss, Hexentanz,
Heimritt auf einem Ziegenbock, Vorstellung der Hexenkinder.
Wie auf diesem Holzschnitt aus dem 17. Jahrhundert wurden die „Geschichten" über Hexen
und deren Taten in großen Auflagen unter das Volk gebracht.
Der Aberglaube wurde somit zum Sujet der Volkskunst.
Im 16. und 17. Jahrhundert entstanden Hunderte ähnlicher Blätter.*

Die Fragen steigern sich von allgemeinen, unverfänglichen Fragen bis zu massiven Suggestivfragen.

Es ist verständlich, daß niemand aus freien Stücken die gewünschten Antworten auf die Fragen gab. Durch die Anwendung der Folter hatten die Ankläger aber ein Instrumentarium, um jedes gewünschte Geständnis zu erlangen. Nicht umsonst bezeichnen die Nestoren der deutschen Hexenforschung, Soldan und Heppe, die Folter als den Kernpunkt des Hexereiverfahrens.

Grundlage für die Handhabung der Hochgerichtsbarkeit und auch für die Anwendung der Folter im Deutschen Reich war seit 1532 die „Constitutio criminalis carolina", die peinliche Halsgerichtsordnung Karls V., kurz Carolina genannt. In Hexensachen legt sich dieser Kodex nicht fest:

Einerseits steht zu lesen:

„Item es soll auch uff der anzeigen, die aus zauberey oder anderen kunsten warzusagen sich anmaßen, niemand zu gefängnus oder peinlicher Frage angenommen, sonder dieselben angemaßten wahrsager und anklager sollen darumb eingezogen werden."

Hier begegnet uns eine Rechtstradition, die sich in den germanischen Leges bis zurück zu Karl dem Großen findet. Denn das mittelalterliche Recht kannte, soweit es kodifiziert war, Strafen nur bei nachgewiesener Zauberei, wobei der Ankläger bei Strafandrohung verpflichtet war, seine Anwürfe zu belegen. Konnte er dies nicht, verfiel er der Strafe. Diesen überlieferten Rechtssatz finden wir auch in der Carolina.

Allerdings enthielt die Carolina eine Strafandrohung für diejenigen, denen nachgewiesen wurde, daß sie durch Zauberei andere Menschen Schaden zugefügt hatten. Die solcher Taten Überführten mußten nach der „Poenformel" des Codex auf dem Scheiterhaufen enden.

Wichtig für die Realität späterer Prozesse war die Möglichkeit der Anwendung der Folter!

Ich will mir die detaillierte Schilderung der einzelnen Foltergrade schenken. Die Anwendung der Folter unterlag auch zu stark regionalen Besonderheiten, die teilweise durch subsidiäre Malefizordnungen geregelt wurden. Die Folter gestaltete sich als das Mittel der Hexenjäger schlechthin.

Die neuere Forschung hat belegt, daß man mit der Folter moderater umging als bisweilen angenommen, denn ein Geständnis ohne Folter oder bei nur „geringer Tortur" erhöhte dessen Wert. Man gab sich aber auch mit „minderwertigen" Urteilen, also auf der Folter erpreßten, zufrieden.

Allerdings waren de jure Geständnisse auf der Folter wertlos. Nur eine Wiederholung der Aussagen vor dem Gericht ohne Folter hatte Rechtsrelevanz. Ebenso verbot die Carolina die Anwendung von Suggestivfragen: De facto hielt man sich aber kaum an diese Rechtsvorschriften. Je nach Einstellung der Obrigkeit bezüglich der Hexenprozesse ermöglichte es die Folter, Prozesse zu steuern, indem sie brutaler oder moderater durchgeführt wurde. Ein Scharfrichter konnte bis zum Geständnis foltern oder die Folter so handhaben, daß der Delinquent sie ohne zu gestehen überstand. Letzteres bildete aber wohl eher die Ausnahme.

Die einzig mögliche Strafe bei einer Verurteilung wegen Hexerei war der Feuertod. Dennoch erteilten die Richter recht häufig einen „Gnadenzettel": Dies besagte, daß die Verurteilten vor dem Anzünden des Scheiterhaufens erdrosselt oder erstochen wurden, natürlich so, daß es die gaffende Menge nicht bemerkte.

Die immer wieder erwähnten Hexenproben (Wasserprobe, Hexenwaage, Kesselproben) sollen nicht näher untersucht werden, denn sie sind für die hier zu behandelnden Prozesse ohne jede Bedeutung.

Die Landauer Hexenprozesse

Beginnen wir die Darstellung der Hexenprozesse in der Pfalz.

In der Reichsstadt Landau fanden im ausgehenden 16. Jahrhundert, genauer in der Zeit von 1580 bis 1596, eine Reihe von Hexenprozessen statt.

Landaus „Hochzeit" der Hexenverfolgung fällt somit in die drei Jahrzehnte, in denen in der gesamten Pfalz erste Verfolgungen zu verzeichnen sind: Im zweibrückischen Bliesransbach lassen sich Prozesse festmachen, die Teil einer ersten Hexenverfolgungswelle im zweibrückischen Amt Hornbach waren. Ebenso in Frankenthal, in Speyer, in der Nordpfalz, in den speyerischen Orten Kirrweiler und Edesheim und im württembergischen Rhodt finden sich Hexenverfolgungen. Die wenigen Prozesse, die in der Pfalz untersucht wurden, fallen fast alle in das späte 16. Jahrhundert und in die Zeit des 30jährigen Krieges.

Allerdings fehlen übergreifende Untersuchungen, wie sie seit kurzem für den saarländischen Raum und für den Moselraum vorliegen, in der Pfalz vollständig. Hinweise auf Hexenverfahren finden sich teilweise in Stadt- und Ortschroniken, auch in volkskundlicher Literatur, soweit sich diese auch mit dem historisch belegbaren Prozeß befaßt und nicht nur die Tradierung des Topos in der Volksüberlieferung zusammenfaßt.

Die Landauer Prozesse sind relativ gut durch Archivalien belegt, es liegen bereits eine Reihe von Aufsätzen zum Thema vor.

Allerdings fanden die Hexenverfolgungen der beginnenden Neuzeit keinen Niederschlag in den frühen Stadtgeschichten. Johannes von Birnbaum schreibt wohl in seiner Stadtchronik von 1830: *„Das Volk war in höchstem*

Grade unwissend, daher abergläubisch und roh; daher falscher Religionseifer, der Glaube an Wunder und Hexerei. Jede unerklärliche Naturerscheinung wurde als ein Wunder angesehen, und wenn sie vollends schädlich war, für das Werk des Teufels gehalten, von dem man glaubte, daß er mit Menschen im Bündnis stehe und persönlichen Umgang mit ihnen pflege..." usw. Auf fünf Seiten gibt Birnbaum ausführliche allgemeine Erläuterungen über Hexerei und Zauberkunst, allerdings ohne auf die Prozesse in seiner Heimatstadt einzugehen: Wahrscheinlich hat er sie nicht gekannt. Auch Johann Georg Lehmann (1851) weiß im Jahr des großen Prozesses von 1585 von *„Occultisten und Bruchschneider(n)"* zu berichten, nicht aber von Hexenverfolgungen; auch Eduard v. Mohr nennt sie nicht.

Es blieb also unserem Jahrhundert vorbehalten, die Landauer Prozesse zu beleuchten.

Es geht nicht darum, Wertungen und Erklärungsmuster für die Prozesse in Landau zu finden. Vielmehr wird der Versuch unternommen, zu untersuchen, nach welchen Regularien die Prozesse innerhalb eines überschaubaren Rechtsgebildes gleich dem einer Reichsstadt abliefen, nach welchen Gesetzen geurteilt wurde, wer die Betroffenen waren und ob es so etwas wie eine Kontinuität im Verhalten der Stadtoberen bei der Handhabung der Prozesse gab. Die im Stadtarchiv Landau verwahrten Quellen lassen eine umfassende Behandlung des Themas nicht zu. Wohl sind die Ratsbücher des Untersuchungszeitraums mit nur wenigen Lücken komplett: In diesen Beschlußbüchern schlagen sich die Prozesse nieder; die teilweise doch recht dürftigen Angaben machen eine genaue Beschreibung der Prozeßverläufe unmöglich. Eigentliche Prozeßakten fehlen, mit Ausnahme der Urgichtsniederschriften (Geständnisse) von 1585. Auch die Akten der Korrespondenz mit dem Landvogt des Elsaß von 1594/95 sind lückenhaft, da nur die Schreiben der Stadt, nicht aber die des Landvogts, überliefert sind.

Trotzdem läßt sich anhand der vorliegenden Archivalien ein recht dichtes, wenn auch nicht vollständiges Bild der Landauer Hexenprozesse zeichnen; vor allem bieten sie die Möglichkeit den Versuch zu wagen, eine Kontinuität im Verhalten des Landauer Magistrats in Hexensachen festzumachen.

Landau hatte als Reichsstadt die hohe wie die niedere Gerichtsbarkeit inne. Bezüglich der Hochgerichtsbarkeit verfuhr man seit 1532 nach der „Carolina", der peinlichen Halsgerichtsordnung Karls V. Die „Carolina" sollte in den Städten wie den Territorien der Pfalz bis zur französischen Revolution bei „zum Leben ziehenden" Verbrechen die Rechtsgrundlage bleiben. Einzig die Kurpfalz erließ eine eigene Malefizordnung als subsidiäres Recht. Landau hätte als Reichsstadt auch das Recht zugestanden, eine eigene Malefiz-

ordnung zu erlassen, aber nur zwei die Niedergerichtsbarkeit regelnde Gerichtsordnungen sind bekannt (von 1593 und 1626).
Das Stadtgericht in Landau, egal ob für die Hoch- oder die Niedergerichtsbarkeit, bestand aus zwölf auf Lebenszeit gewählten Schöffen, denen ein Schultheiß vorgesetzt war. Allerdings - dem Schultheißen stand keine Stimme bei der Urteilsfindung zu, er hatte allein die Sitzungen zu leiten und die Urteile zu verkünden: Recht gesprochen wurde von Laien. Der Ankläger, der „Marshalck", allerdings konnte juristisch gebildet sein. In einigen nachweisbaren Fällen wurde den Angeklagten ein Gerichtsschöffe als Verteidiger zur Seite gestellt. An der Anwendung der Carolina änderte sich auch nichts unter französischer Souveränität ab 1648. Allerdings lassen sich nach 1691, als Landau französisch wurde, keine Urteilsformeln mit Titel „*nach Lautt Keysers Carols des Fünfften und des Heiligen Reiches Ordnung*" mehr finden.
Selbstredend oblag der Stadt auch die Inhaftierung, Verurteilung und Hinrichtung der Angeklagten. Landau verfügte über zwei Gefängnistürme: Der alte oder Mühlturm für schwere Verbrechen und der neue Turm für leichtere Strafen. Die Hinrichtungen wurden auf dem Galgenplatz südlich der Stadt vollstreckt. Das Hochgericht der Stadt, das 1711 dem Bau eines Festungswerks weichen mußte, stand an der Straße nach Weißenburg für jedermann sichtbar. Es verfügte über einen gemauerten Galgen, an dem die Gehenkten zur Abschreckung hängen blieben, bis sie von selbst herunterfielen. Diesen Abschreckungseffekt konnte man bei Hexenhinrichtungen nicht erreichen, denn das Verbrennen von verurteilten Hexen bildete zwar für den Zuschauer ein Spektakel, für das er von weit her kam, aber die Hexe sollte vom Antlitz der Erde getilgt werden - in aller Regel wurden sogar die Knochen zerstoßen und die Asche zerstreut.
Landau besaß somit eine rechtliche Stellung, die es dem Stadtrat und dem Stadtgericht erlaubte, Hexenprozesse in eigener Zuständigkeit durchzuführen und in der Verfahrensweise eigene Richtlinien einzusetzen.
Natürlich galt auch für Landau, ebenso wie für die anderen Territorien des Reichs, der Verfolgungsauftrag der Hexenbulle von 1484, erlassen von Papst Innozenz VII., die den Verfolgungsauftrag päpstlicherseits über das Reich brachte, und sicherlich war das „Handbuch" der Hexenverfolgung, der „malleus maleficarum" (Hexenhammer) auch in Landau bekannt, wie vor allem die eingestandenen „Malefizien" der Angeklagten von 1585 nahelegen.
Eine Untersuchung des regionalen Aberglaubens, wie er sich in den Aussagen widerspiegelt, kann hier nicht geleistet werden. Nur soviel sei festzuhalten: Namen wie Hexenweg (zwischen Nußdorf und Böchingen gelegen) oder Hexenwall (oberhalb Frankweilers) haben sich bis heute erhalten.

Erster Prozeß

Der erste Landauer Prozeß begann am 8. Mai 1584. Folgt man Behringers Typologie der „Verfolgungswellen", so fiel er in den ersten Höhepunkt der Hexenverfolgung 1585-1630. Wie schon erwähnt, setzten zeitgleich die Verfolgungen in anderen Pfälzer Territorien ein.

Die ersten Prozesse betrafen nicht die Stadt selbst, sondern das Dorf Nußdorf, nördlich von Landau gelegen und 1508 an die Stadt verkauft. Verfügte der Ort noch über ein bäuerliches Schultheißengericht, welches ein eigenes Gerichtssiegel führte, so hatte dieses Dorfgericht nur im Bereich der Niedergerichtsbarkeit Befugnisse. Hexenprozesse waren vor dem Stadtgericht zu verhandeln. Damit blieb dem Ankläger aus dem Dorf nur der Weg vor das Stadtgericht, das sich an den Sitzungstagen des Stadtrats versammelte.

Man darf sich das Stadtgericht nicht mit einem heutigen Gerichtsgremium vergleichen. Vielmehr gab es eine Trennung zwischen Gerichts-, Notars- und Verwaltungstätigkeit des Stadtrats nicht. Die funktionale wie auch die personale Verbindung zwischen Stadtrat und Stadtgericht war eng, die städtische Aristokratie hatte hier ihre Domäne.

Gangels (Gangolf) Jost aus Nußdorf erschien vor dem zuständigen Rat der Stadt mit der Klage, Barbara, des Jakob Wambsgans Frau, betriebe im Ort Nußdorf Hexerei. Der Rat versuchte es nicht zur Prozeßeröffnung kommen zu lassen: Wohl setzte er die Beschuldigte in Haft, übte jedoch Druck auf den Ankläger aus. Gangels Jost aber, war so von der Richtigkeit und der Berechtigung seiner Anklage überzeugt, daß er anbot, man möge ihn statt der Frau gefangen setzen, wenn man ihm nicht glaube. Es war im übrigen keine ungewöhnliche Praxis, auch den Ankläger einzusperren, bis die vorgebrachten Verdachtsmomente erhärtet waren.

Natürlich konnte der Stadtrat, obwohl für die Hochgerichtsbarkeit zuständig, nicht willkürlich handeln - vielmehr war auch er an die Paragraphen der Carolina gebunden. Diese besagten, daß bei der Anklage von zwei unbescholtenen Bürgern das Gericht handeln mußte, indem es die Zeugenaussagen zumindest überprüfte. Obwohl die Anklagen und Zeugenaussagen nicht mehr vorliegen, müssen sie für das Anordnen der Folter ausreichend gewesen sein.

Selbst als die Folterung der angeklagten Frau nicht zu einem Geständnis führte, erneuerte Gangels Jost seine Anklage. Es ist etwas verwunderlich, daß der Rat wohl zögerte, dann aber doch ein Verfahren einleitete. Nach den Empfehlungen des Hexenhammers müssen für eine Folterung mehr als eine „Besagung" vorliegen - in späteren Prozessen sollte der Rat sich auch daran halten. Es besteht also die berechtigte Annahme, daß Gangels Jost nur der

Sprecher einer Dorffraktion war, die im Ort schon gewirkt hatte und die nun den Rat unter Druck setzen konnte. Weitere Eintragungen nach den Prozessen zeigen, daß Gangels Jost ein Mann mit einigen materiellen Mitteln und entsprechendem Einfluß war. Ob die Anklage nun von Gangels Jost aus persönlichen Gründen forciert wurde, oder ob er in einem Quasi-Auftrag der Dorfbevölkerung handelte, läßt sich nicht klären - allerdings blieb er die treibende Kraft des weiteren Prozesses.

Am 26. Mai 1584 erschien Jost erneut und kritisierte den Rat ob seiner laschen Prozeßführung. Den Schuldigen sah man in dem Scharfrichter Meister Caspar, der durch Nicolaus Pfraum aus Simmern ersetzt wurde, einem Mann, der schon mit Hexenverfahren zu tun gehabt hatte und daher auch recht schnell die Folterungen zu dem gewünschten Ergebnis führte. Jost hatte sich sogar bereiterklärt, sein eigenes Vermögen als Pfand zu setzen, um die 60 Taler, die Pfraum allein für sein Erscheinen erhielt, zu bezahlen. Ob nun der noch amtierende Scharfrichter die Folterung nicht mit allen ihm zur Verfügung stehenden Mitteln durchführte - möglicherweise mit Duldung des Stadtrats - sei einmal dahingestellt.

Der neue Scharfrichter kam schnell zu dem Ergebnis, das zumindest Gangels Jost erwartet hatte. Barbara Wambsgans gestand dann auch, und sie nannte weitere Frauen, diese gaben ihrerseits weitere an. Letztendlich waren sieben Personen wegen Hexerei angeklagt. Einige der Frauen gestanden dann auch „Hexenwerk und Zauberei" nach mehrmaligen Folterungen. Obwohl keine Protokolle, Geständnisse oder Abrechnungen des Scharfrichters vorliegen, kann wegen des kurzen Eintrags im Ratsbuch der Stadt von ihrer Hinrichtung ausgegangen werden. Diesem ersten Prozeß sollte ein Jahr später ein zweiter folgen.

Zweiter Prozeß

Der Prozeß gegen Valentin und Dorothea Mades sowie Appolonia Frankenstein ist besser überliefert und auch das Urteil ist bekannt: *"... daß Beklagte alle, so gegenwärtig vor diesem gericht stehen, ihrer Mißhandlung und vielgeübter Zauberey und Hexenwerks wegen durch den Nachrichter mit dem Feuer vom Leben zum Tode zu richten seien."*

Dem Urteil ist eine mehrmalige Folterung vorausgegangen. Wie oft läßt sich nicht mehr feststellen. Die Urgichtspunkte (Geständnisse) wurden achtmal vor dem Stadtgericht verlesen, die sie *„so gütlich, so peinlich aussagt und bekannt"*. Das wiederholte Vorlesen der Urgicht bedeutete, daß der Stadtrat über die Geständnisse beriet und wahrscheinlich neuerliche Folterungen anordnete. Das gesamte Geständnisprotokoll wurde vom ehemaligen Stadtarchivar Landaus, Dr. Hans Heß, bereits veröffentlicht.

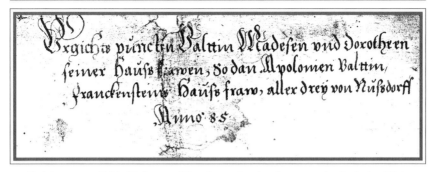

Urgichts puncten Valltin Madesen und Dorotheen seiner hausfrawen, so dan Apolonien Valttin Franckensteins Hausfraw, aller drey von Nussdorff Anno 85.

Alle klassischen Missetaten, die man im Aberglauben den Hexen zusprach, und die auch im Hexenhammer einer breiten Leserschaft mitgeteilt, sowie über Flugblätter mit bildlichen Darstellungen weit verbreitet wurden, finden wir in den Geständnispunkten: Teufelsbuhlschaft *„... und nach vollbrachten Tanz hätte man ihm eine hübsche Dirne, rotgekleidet, zugebracht, so Satana geheißen. Da hätte er Gott absagen müssen, danach er sie gebuhlet und dann wäre er über Stock und Stein gefahren, bis er heim kam..."*, Schadzauber an Tieren und Menschen *„Zum vierten hätt er Bastian Jäckels Gaul zum zweiten Mal zum Tanz geritten und wäre ihm gewesen als wenn er geschlagen wäre, bis derselbe Gaul endlich abgestanden und gestorben..."*, das Ausgraben ungetaufter Kinderleichen zum Zwecke des Herstellens einer Hexensalbe *„... ein ungetauftes Kindlein, so ihnen die Amme gezeigt, ausgegraben und in sein, Madessen, Haus getraget, davon sie ein Beinlein erlöset, dieselbigen gesotten und gestoßen, ein Pulver davon gebrannt..."*; Schlimmer noch wog der Wetterzauber: *„Zum sechszehnten hätte er und sein Frau, sodann die Amme und andere mehr, welche er nicht gekannt, einen Tanz auf dem Horst neben des Wasenmeisters Gruben gehalten und daselbst einen Haven zubereitet, darin Erbsen und kleine Steinlein getan, dann hätte er den Haven zertreten und davon dann das Wetter mit den großen Schloßen anno 84 entstanden."* So fanden sich durch die Geständnisse angeblicher Hexen nachvollziehbare Erklärungen für Naturphänomene, man fürchtete sich wohl immer noch, hatte nun aber immerhin den Glauben, ja die Gewißheit, zumindest die Verursacher für irrationale Geschehnisse wie Krankheit, Leid und Tod bestrafen zu können.

Das Ausfahren zum Hexentanz auf Hund, Katze oder Heugabel fehlte in kaum einem überlieferten Geständnis *„... hätte sie ihr Buhle daheim geholt, auf eine Katze gesetzt und mit ihr davongefahren zu einem Tanz..."* u.s.w.

Die Holzschnitte aus dem späten 15. Jahrhundert illustrieren, wie sich die Zeitgenossen die Taten der Hexen vorstellten.
Links oben ist das Behexen eines Menschen dargestellt (Hexenschuß), rechts oben das Zubereiten eines Hexentranks, rechts unten die Begegnung einer Hexe mit einem Teufel, der durch Greifenbeine und Eberzähne zu erkennen ist.

Das verheerende Unwetter von 1584 fand daher seine Begründung ebenso wie die Mißernte durch Fäulnisbefall, der Tod von Kindern im Ort - all dies findet sich in den Geständnissen wieder.

Interessant ist folgender Anklagepunkt: *„Und fürs dreizehnte wäre ihr Buhle jüngst den 23. Mai zu ihr in das Gefängnis gekommen und hätte sie geheißen, sie solle ein Strohseil machen, um den Hals wickeln und sich selbst umbringen, welches sie willens gewesen, aber doch unterlassen".*

In dem Aberglauben der damaligen Tage wurde immer wieder der Tod im Kerker als Werk des Teufels angesehen. Beging ein Opfer Selbstmord, um weiteren Qualen zu entgehen, so konnte nur der Teufel ihm dieses unchristliche Verhalten angedient haben.

Starb eine Frau an den Folgen der Folter oder an den Mißhandlungen der Folterknechte, so hatte auch der Teufel selbstredend den Tod der Frau verursacht, denn er konnte, wenn gerufen, durch geschlossene Türen gelangen. Wie Walter Rummel für den Moselraum nachweisen konnte, warf der Tod einer Gefolterten einen Schatten auf die Prozeßführung, so daß man hier eine wohlfeile Ausrede hatte.

Was bei diesem Prozeß fehlt sind Zeugenaussagen, die Hinweise darauf geben könnten, wie die Suggestivfragen, und um solche handelt es sich bei der Folter immer, zustande kamen. Aber woher wußten die Ankläger über die Zustände in Nußdorf so gut Bescheid? Es darf angenommen werden, daß ähnlich wie in Bliesransbach, was später noch ausgeführt wird, die Zeugenaussagen, die im Ort gesammelt worden waren, als Grundlage für die Fragen der Ankläger und die daraus erwachsenden Geständnisse dienten. Nur so ist das gute Wissen der Ankläger über die Befindlichkeiten der Dorfbewohner wie auch die Kenntnis ihrer Ängste zu verstehen.

Ein zögerliches Verhalten des Stadtrats war auch beim zweiten Prozeß festzustellen. „Auch dieser Anzeige gegenüber zeigte der Rat mehr Skepsis als Bereitwilligkeit zu sofortigem Handeln." Der Rat ließ die Männer der Angeklagten bei der Konfrontation zu, die Klägerin selbst wurde in den „käbicht", den Gefängnisturm für leichtere Vergehen geführt. Erst die Arbeit des Nicolaus Pfraum, mittlerweile ein an Erfahrung in Hexenprozessen reicher Mann, brachte die Geständnisse. Warum der Rat dann doch den Prozeß eröffnete, mit allen den geschilderten Folgen, entzieht sich der Kenntnis: Allerdings - ganz ohne Druck von außen, also von Nußdorf, ist dieses schwerlich zu erklären. Gangels Jost, der Hauptbetreiber der ersten Verfolgung im Jahr zuvor, taucht hier namentlich allerdings nicht auf.

Auch nach diesem Prozeß finden sich Hinweise auf Hexereianklagen. So wurde 1586 eine Frau, die *„den Teufel oft im Maul geführt"* drei Wochen in den Turm gesperrt. Sie wurde nicht gefoltert, sondern der Stadt verwiesen.

Die niedergeschriebenen Geständnisse der Angeklagten (oben) und die Urteilsformel: "... irer mishandlung unnd vielgeübten zauberey und hexenwercks wegen, durch den nachrichter mit dem fewer vom leben zum todt zu richten sein wie sie die herren schöffen dieselbigen alle hirmit condemnirt und verurtheilt haben wöllen" (unten).

1588 und 1589 sind Verhöre und Folterungen feststellbar, wenngleich die Anklage- und Geständnisprotokolle nicht überliefert sind. Brechen für Heß mit den Prozessen von 1585 die Hexenverfolgungen in der Stadt ab und *„der gesunde Menschenverstand schien damit auch im reichstädtischen Landau die Oberhand zu gewinnen"*, so zeigte sich 10 Jahre nach der ersten großen Prozeßwelle, daß es noch nicht soweit war.

Dritter Prozeß

Im Jahre 1594 wurde der Sohn des Queichheimer Pfarrers Hugo Müller wegen Zauberei angezeigt. Er gab die Witwe des Hans Bauer als seine Lehrmeisterin an. Die Frau wurde gefangengesetzt und zuerst „confrontiert", dem Jungen also direkt gegenübergestellt, ein durchaus übliches Verfahren. Diese Praxis zeigt, daß Kinder durchaus gerichtswürdig waren. In Hexensachen hatte selbst das Stammeln eines Kleinkindes, soweit man einen Sinn hineininterpretieren konnte, Beweiskraft, wie im traurigen Umkehrschluß auch Kinder in den Flammen des Scheiterhaufens starben. Die Frau gestand aber bei der Konfrontation nicht. Darauf ordnete der Rat am Dienstag nach Jacoby (29.7.) 1594 an *„das man jungen neben sie stellen und wann er nochmals darauff bestendig soll man sie uffziehn und peinlich befragen"* - auf die erneute Konfrontation sollte also die Folter folgen, was zeigt, welchen Aussagewert man dem Jungen beilegte.

Aber eine Konsequenz in dem Verfolgungsbegehren ist auch dieses Mal nicht festzustellen! Fast gleichzeitig wirkte der Rat aber eindämmend: Nikkel Nertwein wurde ermahnt, sein *„ungebürlich reden"* gegen die Margreth Schuster und Waldemar Heupels Frau wegen Hexerei zu beweisen, ansonsten er dafür *„ins käfig komme"*. Am selben Tag wurde Michael Lang wegen *„geübter rebellischer und uffrürerischen reden"*, auch hier wegen Hexerei, mit Entzug des Bürgerrechts gedroht, einer für den Bürger einer Reichsstadt harten Strafe.

Derselbe Michael Lang erscheint kurz darauf wieder in den Akten. Er hatte Jakob Stoll, den Mann einer schon genannten Frau, angegriffen, er sei *„mit hexerei betroffen"*, worauf er mit zwei Gulden Geldstrafe belegt wurde. Die Frau des Jakob Stoll war zu diesem Zeitpunkt noch nicht angeklagt, sicherlich aber schon im *„Hexengeruch"*. Aber Michael Lang verstärkte seine Aussagen, indem er den Rat angriff! Er beschwerte sich darüber, daß er inhaftiert worden war, und er verlangte die Verfolgung der besagten Frau. Der Rat war aber in der Zwischenzeit bei anderen Anklagen keineswegs untätig. Hans Bauers Weib war geständig und hatte die Witwe des Peter Keller, die Frauen von Hans Lorens, Wadel Hesel, Hans Lang und die Schuster Margarethe angezeigt, sie hätte sie auf der Ziegelscheuer beim Hexentanz gesehen.

Die Letztgenannte schien zu ahnen, was ihre „Besagung" und Verhaftung bedeutete: Sie tätigte Rechtsgeschäfte aus dem Gefängnis und vermachte ihrem Kind *„ein stück weingart ..., ein junge kuehe.."* sowie weiteren Besitz.
Obwohl die Furcht der Frau sicherlich berechtigt war, gab es in Landau keinen Automatismus zwischen Besagung und Hinrichtung. Obwohl die Gefahr für Leib und Leben bei einer Anklage wegen Hexerei keineswegs unterschätzt werden darf, zeigte der Stadtrat von Landau dennoch ein zumindest ambivalentes Verhalten. Ähnlich wie in der benachbarten Kurpfalz war ihm keineswegs an einer Großinquisition gelegen. Eine pauschale Verdammung aller Angeklagten als Hexen gab es ebensowenig. Der Stadtrat stand in einem Zwiespalt, dessen Gründe, die sicherlich auch mit den vitae der Beteiligten verknüpft waren, sich nicht mehr nachvollziehen lassen.
Aber er wägte ab, verfiel nicht in blinden Aktionismus, und so ist es nicht mehr als konsequent, daß anders als in anderen Gebieten Deutschlands, in Landau auch eine Anzahl von Frauen, trotz Denunziation, nicht dem Feuertod überantwortet wurden.
Kaum eine nahm ihr Schicksal duldend hin, es wehrten sich viele durch Gegenanzeigen. Agnes Lang, die verhaftete Frau des Hans Lang, hatte die Appolonia Mohr angezeigt. Der Rat fragte nach und bekam zur Antwort: *„...sie habe sie (die A. Mohr) nicht gesehen bei solcher gesellschaft sondern allein ir man hette sie gefragt und sie erliche sachen erinnert"*. Da Appolonia Mohr aber den Hans Lang ebenfalls besagt hatte, waren die persönlichen Gründe der Aussage offensichtlich, und die Aussage mit einiger Sicherheit falsch. Der Rat beschloß, die Sache vorerst auf sich beruhen zu lassen, Hans Lang verschwand für einen Tag und eine Nacht im Turm. Ihm wurde unterstellt, er habe seine Frau zu der Aussage gegen Appolonia Mohr angestiftet.
Am selben Tag widmete sich der Rat auch den anderen Angeklagten *„was die übrigen angezeigte und hexenwercks angebene weiber, nemblicht Jacob Stollens weib und dochter, Marx Rappens frau, Melchior Engelmanns + Caspar Spitzwegs wittib + Acker Wolfats Michels und Scheuer Georgin frau anlangt, ist der bescheydt dieweil das geschrey in der gantzen statt erschollen, soll man sie alle und jede insondheit nach einander den andern gefangen und under augen stellen"*. Dieses Hexengeschrei paßte dem Stadtgericht in keinster Weise, aber gänzlich untätig glaubte es nicht bleiben zu können.
Die Stollin sollte aber, da sie dreimal benannt wurde, sofort verhaftet werden. Nach den vorliegenden Quellen muß die Frau des Jakob Stoll auch eine der ersten Frauen gewesen sein, die nach dem Dafürhalten des Rates in ernsthaftem Verdacht standen, wenn er auch die ersten Anwürfe noch mit großer Vorsicht behandelte. Aber bei einer dreifachen Besagung blieb dem Rat keine Wahl. Schon bald sollte sie in den Mittelpunkt des Verfahrens rük-

ken. Die Stollin wurde von drei namentlich nicht benannten, aber schon hingerichteten Frauen besagt. Sie wurde verhaftet. Nach ihrer Verhaftung ordnete der Rat an, daß sie wegen der *„grossen kelt"* nicht in den Turm gebracht, sondern daß man sie *„in einer stub im Spital angeschmieden"* soll.

Hier dürfte eine Zäsur zu setzen sein: Die drei schon Hingerichteten müssen mit einiger Sicherheit als Opfer des von Queichheim ausgehenden Verfahrens gesehen werden. Der Prozeß gegen die Frau des Jakob Stoll und gegen andere sollte bald eine neue, für die Geschichte der Hexenprozesse in Landau einzigartige Dimension erreichen. Hatte der erste Prozeß mit Sicherheit drei Todesopfer gefordert, so blieb er aber doch auf die Reichsstadt und ihre Stadtdörfer begrenzt - ganz im Gegensatz zu dem nun folgenden.

Da die Stollin nicht nur von den drei schon Hingerichteten, sondern auch mit der Zieglerin Aussage konfrontiert worden war, wurde beschlossen *„ein peinlich frag gegen ir gleich mit den andern auch procedieren"*. Die hingerichteten Frauen hatten also erst auf der Folter gestanden. Dasselbe Schicksal sollte also auch der Frau des Jakob Stoll wiederfahren.

Sind die Denunzianten der vorangegangenen Anklagen nicht alle bekannt, so ist eines sicher - es waren mehrere.

Die nun folgenden Ereignisse sollten aber von einer Frau ausgehen - der „Fleischin".

Die Frau des Zieglers Fleisch war ein in der Stadt übel beleumundetes Weib, deren Aussagen vom Rat sehr in Frage gestellt wurden. Sie wurde auch immer wieder durch Gegenanzeigen der Verleumdung bezichtigt. So versuchte die Fleischin sich gegen die Anklage der Witwe des Georg Schikelbergers wegen *„Beschreyung"* dadurch zu wehren, *"das sie von irer mutter und nit von ir geredt"*. Aber die treibende Kraft der im Frühjahr 1595 losbrechenden Ereignisse war die Frau des Valentin Fleisch, die Fleischin oder Zieglerin, wie sie in den Quellen kurz genannt wurde, allemal.

Auch Caspar Schwencks Witwe ging die Fleischin an, weil sie von ihr der Hexerei bezichtigt wurde. Sie werde aber nicht gestehen, vor allem da die Zieglerin auch dieselbe Beschuldigung schon über die Frauen von Simon Fröhlich, Schultheißen Jost Kantz, Apollonia Mohr, Stollin und ihre Tochter vier erst hingerichtete, Melchior Engelmanns Frau, des alten Schultheißen Hans Glöckners Frau, des Peter Stadlers Frau und Peter Külgers Frau, insgesamt 17 Frauen, ausgestreut hatte.

Der Rat wurde aufgefordert, die Fleischin zu diesen Besagungen zu hören. Jost Kantz, der Schultheiß und Mann einer der Verhafteten, der Pfarrer Leonhardt und Peter Külger wandten sich an den Rat, um ihren Frauen zu helfen. Auch sie klagten wegen falscher Hexereianklage. Der Rat antwortete,

„*das im ref. Rat in dieser sachen gehandelt werde, was man von ratswegen zu thun schuldig*" sei. Es kann von einer Kenntnis der „Carolina" ausgegangen werden, denn die nachgewiesen unbegründete Anzeige führte auch noch im 16. Jahrhundert zu einer Bestrafung des Anklägers, einen Weg, den der Rat einige Male ja auch gegangen war. Die einzige Chance der Angeklagten und ihrer Angehörigen war der, noch vor der Folter das Gericht von der Unsinnigkeit der vorgebrachten Anschuldigungen zu überzeugen.

Der Rat wußte dies. Da das Ratsgremium nicht vollständig versammelt war, vertagte es sich. Valentin Fleisch und seine Frau wurden später auch vor den Rat zitiert: Man rügte sie, weil es ihnen „*nit gebüret habe, dem Herrn Landvogt nachzulauffen.*" Fernerhin sollten sie „*ir böses maul halten*".

Bei der Ratssitzung hatte sie ihre Anklagen wiederholt, auch gesagt, „*sie wölle es sagen, solange sie leben... was sie gesagt vor herrn Bürgermeister und Marschalk und vor dem gesamten Rat der genannten weiber halb*".

Darauf hatte sie der Schultheiß geschlagen und sie zurückgeschlagen, scheinbar kam es auf der Ratsstube zu einem regelrechten Handgemenge.

Aber sie hatte den Landvogt des Elsaß eingeschaltet: Ein Umstand, der dem Stadtrat überhaupt nicht paßte.

Das angekommene Schreiben des Landvogts, sicherlich mit ein Auslöser der Vorgehensweise des Rats in der Folge, sollte vor beiden Räten verlesen werden. Der Rat beschloß, eine Ablöseschrift an den Landvogt zu schicken. Immer wieder mußte sich der Rat mit den Anzeigen der Fleischin und den Gegenanzeigen beschäftigen. So geraten die Schwebelegerin und die Fleischin wegen des Vorwurfs der Hexerei aneinander. „*Sie sollen einander mit wortten und wercken müssig gehen*", um eine Ratsstrafe zu vermeiden.

Ein Teil dieser Auseinandersetzung der Frau des Zieglers Valentin Fleisch mit dem Stadtrat und dem -gericht ist überliefert, da sich das Ehepaar, wie schon erwähnt, an den Landvogt des Elsaß wandte. Warum das Eingreifen des Landvogts im Elsaß, seit dem Mittelalter war er Vertreter des Reiches in unserem Gebiet, vom Stadtrat als Beschneidung seiner Gerichtshoheit aufgefaßt wurde, soll an anderer Stelle noch näher erläutert werden.

Der Stadtrat anerkannte, daß er das Schreiben des Landvogts erhalten hatte. Er beschrieb nun recht detailliert seine Sichtweise des Falles:

Diese Frau hatte ein „*geschrey veranstaltet*", und der Rat sie darauf aufgefordert, all diejenigen, die sie bei dem nächtlichem Tanz gesehen habe wollte, anzuzeigen. Da sie aber keine Beweise vorlegen konnte, hatte der Rat ihr „*silentium injuriert*" (Stillschweigen befohlen). Sie stimmte aber ein erneutes „*geschrey*" an, und nannte die Frau des Jakob Stoll und andere Frauen.

Als man sie der Eide erinnerte und in „den käfig" brachte, hatte sie abgeleugnet, zudem seien alle genannten Frauen gut beleumundet gewesen, bis auf eine, wohl die Stollin.

Der Rat versicherte, er habe seinen Pflichten gemäß gehandelt und sich nichts vorzuwerfen. Ganz eindeutig war das Stadtgericht nicht bereit, den Anschuldigungen der Fleischin nachzugehen. In den offiziellen Schriftsätzen des Stadtrats an die Landvogtei im Elsaß wurde auch nur die Stollin genannt, sonst niemand.

Wie die Auseinandersetzung auf der Ratsstube belegt, ließ die Fleischin aber nicht locker, sondern steigerte die Zahl der Genannten von Befragung zu Befragung. Sie mußte sich nochmals an den Landvogt gewandt haben, denn ein Antwortschreiben des Stadtrats vom Dezember 1595 erläutert noch genauer dessen Vorgehen.

Der Rat nannte das Vorgehen der Fleischin unbefugtes „*Supplicieren*" (Anklagen). Trotzdem nahm er Stellung auf das Schreiben der Fleischin, das in Kopie beilag. Der Stadtrat wehrte sich gegen den Vorwurf, „*ungleich recht und gericht zu führen*", aber allein „*uf leichtfertiges, unerfindliches angeben gegen zuvor unverleumbte persohnen, die (sich) weder gegen Gots noch der römischen kaiserlichen Majestät*" verantworten müssen, könnte er nicht vorgehen.

Vor allem nannte der Rat die Ungereimtheiten in der Aussage „*des uff der ziegelscheuer bey nächtlicher zeit geschehenem hexendantz*". Sie hatte verschiedene Personenzahlen und „*modo*", die Art und Weise, „*wie der Satan ihnen erschien*", genannt, gab der Stadtrat zu bedenken. Auch sprach sie erst von vier, dann von sieben, zuletzt von 17 Personen.

Die „*oberkheit könne auf solche falsche, offtermahls verkehrte aussagen*" gegen die Vernunft, da es nicht um Hab und Gut, sondern um Leib und Leben gehe, nichts unternehmen, fuhr das Antwortschreiben fort.

Der Stadtrat appellierte an die höhere Instanz, diese Punkte zu bedenken, führte auch auf, daß die Fleischin untereinander befreundete Personen, denen „*die Fleischin mit ungunst, neid und haß begegnet*", anzeigte.

Man würde seitens des Rats aber nicht nur nach Carolina und Stadtrecht handeln, sondern auch einen „*fürtrefflichen Juristen*" hinzuziehen. Auch dieser lehnte die Tortur ab und bezeichnete die Fleischin als ein „*falsch lasterweib*", die „*umb die geübter falscher aussagen willen mit ernstlicher straff anzusehen sei*". Sie gebrauche ihr „*ungehaltenes böses Maul gar gegen jeden meniglich*".

Trotzdem hatte der Rat geprüft und Indizien gesammelt (rechtliche Disposition), aber er fand keine ausreichenden Verdachtsgründe. Er wollte auch eine „*Confrontation*" anberaumen, aber die Fleischin wollte nur erscheinen, wenn sich aus der Bürgerschaft acht und aus dem Rat vier Personen für sie verbürgten. Als dies nicht erfolgte, floh sie aus der Stadt.

Der Stadtrat legte aber auch dar, daß der Fall nur vor das Reichskammergericht seiner königlichen Majestät und nicht vor das Vogteigericht gehöre.

Ludwig Eid hat diesen Prozeß in einem Aufsatz im Jahre 1929 erzählend dargestellt. Eid nennt außer der Frau des Jakob Stahl (Stoll) keinerlei Namen, scheint also die Landauer Ratsprotokolle nicht herangezogen zu haben. Nach seiner Sichtweise führte die Reichsstadt Landau den Rechtsstreit mit dem Landvogt, weil sie dessen Kompetenz nicht anerkannte. Die Ratsherren fühlten sich als Reichsstadt nur dem Reichskammergericht verpflichtet. Allerdings war Landau 1511 unter die Städte des Zehnstädtebunds eingereiht worden, gehörte somit zur Landvogtei im Elsaß, was scheinbar von den politischen Kräften in der Stadt unterlaufen werden sollte. Ein zweiter Grund für Eid, warum der Stadtrat den Prozeß mit einem solchen Verve führte, war der, daß „Ratsverwandte", Mitglieder der städtischen Oberschicht, betroffen waren, der Rat also seine eigenen Leute schützen wollte. Es ist allerdings schon verwunderlich, daß der Rat die Namen der von ihm verhörten Frauen selbst im Dezember 1595 nicht nennt, so als wäre die Stollin schon als „Bauernopfer" vorgesehen. Tatsächlich gibt es für keine der Frauen, die im Zuge des Verfahrens wegen der „Fleischin" genannt und vernommen wurden, den Hinweis auf eine Hinrichtung - mit Ausnahme der Frau des Jakob Stoll.

Allerdings steht der Prozeß auch in der Reihe der geschilderten Ereignisse: Der Stadtrat und das aus ihm gebildete Stadtgericht betrieben die Prozesse zaghaft und waren durchaus bereit, bei offensichtlich persönlich motivierten Falschaussagen die Verfahren niederzuschlagen.

Nach diesem Vorblick auf den Rechtsstreit der Stadt Landau mit dem Landvogt im Elsaß sei die weitere Abfolge der Prozesse 1594/95 nachgetragen:

Sehen wir die Frau des Valentin Fleisch als Furie, die eine Besagung nach der anderen ausstößt, so verhält es sich mit der Frau des Jakob Stoll und ihrer Tochter genau umgekehrt. Beide geben nur auf der Folter Namen preis. Als „Hauptverdächtige" wird die Stollin auch bei von außen gekommenen Anklagen immer wieder „confrontiert".

Wegen einem erneut durchgeführten Verhör mit Besagungen sollte sie noch einmal gehört, und die, die drei- oder viermal genannt wurden, sollten direkt verhaftet und in das Verfahren genommen werden.

Trotz der drohenden neuen Folter widerrief die Stollin immer noch ihre auf der Folter gemachten Aussagen zum Teil, allerdings nannte sie dann doch Namen.

So war sie aufgrund ihrer Urgicht bis auf zwei Punkte geständig und nannte weitere vier Frauen als Mithexen: die alte Trierin, die alte Schererin, die jung Spitzweckin, Schmitt Friedrichs Frau, bei den übrigen fünf (Kantzin, Marx Papps Frau, die alte Plesterin, Valtin Nickels, Lehrs Frau) *„ist der bescheyd, das man diesselbigen eine nach der anderen der besagerin Stollin confrontieren und under augen stellen soll, also gegeneinander hören welche sonsten diesmal bekennt sind, einziehen soll."*

Im Fall der verhafteten Frau des Mathias Burckhard, der Tochter der Stollin, intervenierte der Landvogt, um das Verfahren zu beschleunigen. Aus den Quellen ließ sich nicht klären, ob der Landvogt auch durch die Fleischin von diesem Verfahren Kenntnis hatte.

Der Rat beschloß aber: *„Weil man auch von seiner Hausfrauen mehr und weiter anzeig nicht hat, soll sie gleich wohl nit lenger liegen und die sach vor beide räth gebracht werden."* Untätigkeit wollte sich der Rat allem Anschein nach aber nicht vorwerfen lassen. Die Verhöre und Verhaftungen in der Stadt gingen weiter.

Die Verhafteten jedoch standen keineswegs immer ohne Beistand da. Der Pfarrer Leonhardt hatte die Frau des Mathias Engelmann im Gefängnisturm besucht und zu Leugnung und Widerruf aufgefordert, steht in einem Ratsprotokoll zu lesen. Auch Engelmann selbst sagte aus, daß man sie nicht hätte gefangen nehmen dürfen.

Der Pfarrer wurde deswegen vernommen, leugnete und erhielt aber trotzdem eine Rüge.

Die Stollin sollte eigentlich noch an diesem Tag vor Gericht gestellt werden. Eine erneute Besagung veranlaßte aber den Rat, wegen eines Einspruchs, die Stollin noch nicht anzuklagen. Scheinbar versuchte die Stadtobrigkeit nun den Prozeß tatsächlich zu beschleunigen.

Bezüglich der anderen Frauen beschloß der Rat, *„(obwohl) man genugsam ursach habe, sie einzuziehen, (sie dieses Mal) ungestrafft hingehen zu lassen. Ist aber doch für diesmal die anklag eingestellt."*

Somit hatte der Rat trotz Verdachtsmomenten eine Freilassung verfügt. Nur im Falle der Engelmännin sollte noch weiter „prozediert" werden.

Jene Frauen, die nicht unter diese Amnestie fielen, klagten dagegen!

Jakob Neissel klagte gegen die gefangene Plesterin, daß diese ihn und seine Frau der Hexerei bezichtigt habe, und daß dies dem Pfarrer mitgeteilt wurde. Sie verlangten, daß sie deswegen *„mit allem ernst soll examiniert werden"*.

Wegen der Aussage der Appolonia Mohr ergeht folgender Bescheid: *„... das man nochmals zur Stollen dochter gehen soll, sie mit ernst befragen und Meister Niclasen an die seit stellen soll, und wie sie sich erzeiget, im Rath wieder fürbringen"*. Appolonia Mohr befand sich länger im Verfahren, aber auch ihr Prozeß schien nicht eröffnet worden zu sein.

Der Fall der Tochter des Jakob Stoll nahm dann auch eine für sie positive Wendung. Da Mathias Burkhard zugunsten seiner Frau intervenierte, erließ der Rat folgenden Bescheid.

"Jakob Stollens dochter so lange zeit gelegen ... und ihr der meister an die seit gestellt und doch nichts bekennen wöllen", sollte inhaftiert bleiben, bis die Zieglerin wieder aufgetaucht sei.

Am selben Tag wurde beschlossen, die Mutter vor Gericht zu stellen, da sie gestanden hatte, die Tochter aber noch nicht. Danach kann in der Verlesung und Vollstreckung des Urteils nur noch ein nun automatisch folgender Rechtsakt gesehen werden, was dann auch so geschah.

Kurz darauf fand dann die Verbrennung der Frau statt, die einer Abrechnung des Scharfrichters zu entnehmen ist:

"Ist der bericht das man Meister Niclas vor verbrennung Jakob Stollens fraw zu geben 4 fl für ketten und hacken oder dergleichen und 14 fl für den atz in sein haus zu halten"

Jakob Stolls Tochter wurde nach Schwören der Urfehde auf freien Fuß gesetzt.

Das Schwören der Urfehde galt als Gnadenakt, keineswegs als Unschuldsbeweis. Längere Zeit kämpfte die Tochter der hingerichteten Stollin um ihre Rehabilitierung, die ihr der Stadtrat, wenn auch zaudernd, gewährte.

Ein Prozeß sei hier aber noch nachzutragen, da er aus der Reihe fällt. Zum einen waren Personen beteiligt, die der städtischen Gerichtsbarkeit nicht unterstanden, und zum anderen waren diese adelig, was noch besondere Probleme für die Stadt bringen konnte. Es handelt sich um den Prozeß gegen die Frau des Schultheißen Jost Kantz. Besagt wurde sie von der Frau des Valentin Fleisch, nicht von der Stollin, wie auch zu lesen steht. Allerdings wiederholte letztere auf der Folter die Besagung, so daß sie von zwei Personen genannt wurde. Auch eine Intervention ihres Mannes, als amtierender Schultheiß eine der wichtigsten Personen im Ort, aber unbeliebt, konnte sie nicht vor der Folter bewahren.

Delikat machte die Sache, daß der Kantzin ein Verhältnis mit dem Grafen Wolfgang II. von Löwenstein nachgesagt wurde. Verzauberung von Männern zur rasenden Liebe galt als eine der Fähigkeiten von Hexen. Und die Gräfin Anastasia Katharina von Löwenstein sah in der Kunst der Hexe den Grund für die Zerrüttung ihrer Ehe. Böses Blut hatte in der Stadt auch das für eine Bürgerliche unziemliche Verhalten der Frau des Schultheißen an der Seite des Grafen gemacht, ein öffentlicher Affront. Die Gräfin verließ gar die Stadt und soll ihren ihr bis Speyer nachreisenden Mann überzeugt haben, daß er tatsächlich den Verführungskünsten der Hexe verfallen war. Selbst der Pfalzgraf von Zweibrücken schaltete sich ein, um den Stadtrat zu veranlassen, den Prozeß zu eröffnen - sein zögerliches Verhalten konnte nicht länger aufrecht erhalten werden. Durch die Besagung der Fleischin wie durch die erneute Aussage der Stollin war der Rat in Zugzwang. Nach Ziegler soll sie geständig gewesen und mit der Frau des Jakob Stoll zusammen verbrannt worden sein, wenngleich der archivalische Nachweis hierfür fehlt: Pfraum rechnete nur für die Verbrennung der Stollin ab. Da die Frau des Schulthei-

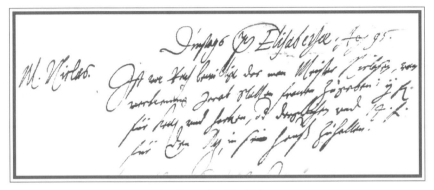

Abrechnung des Scharfrichters.

ßen Kantz noch im Jahre 1600 in einer Akte genannt wurde, dürfte sich Ziegler in diesem Punkt geirrt haben. Mit einem hat Hans Ziegler aber recht: Die Frau des Jakob Stoll war die letzte Frau, die wegen Hexerei in Landau hingerichtet wurde.

In den 11 Jahren von 1584 bis 1595 fanden in Landau die einzigen Prozesse mit tödlichem Ausgang statt. Insgesamt wurden mindestens 15 Personen verbrannt. Allerdings muß festgehalten werden, daß sich der Verfolgungseifer, wie ihn Hexenbulle und -hammer forderten, bei den Stadtherren nur sehr bedingt feststellen läßt. Ein echter Verfolgungswille des Stadtmagistrats ist nirgends festzustellen, vielmehr versuchte er massiv von außen, sprich von den Bürgern, an ihn herangetragene Prozesse zu verschleppen oder gar abzuwiegeln. Wurden Prozesse eröffnet, dann doch, zumindest im Verhältnis zu anderen Gebieten, recht zaghaft. Dies belegt auch die recht geringe Zahl nachweisbarer Hinrichtungen im Prozeß von 1594/95 trotz der hohen Zahl der Angeklagten, und es sollte sich auch in der Folge zeigen.

Weitere Hexenverfahren in Landau

20 Jahre vergingen, bis in Landau wieder ein Hexenprozeß stattfand. Auch diesmal stammten die Angeschuldigten aus Queichheim. Hans Diel und die angeklagte Schäfferin wurden nach Landau gebracht: Die Anklage lautete

auf Sieden einer Kinderhand. Man stellte ihnen den Scharfrichter Meister Philipp zur Seite, und ließ eine *„territio verbalis"*, eine gütliche Befragung ohne Folter, aber mit Vorführen und Anlegen der Folterwerkzeuge, durchführen. In Queichheim fand ein Generalverhör statt, zwar mit viel *„geschrey"*, doch ohne konkretes Ergebnis. Dem Ankläger, Hans Diel aus Queichheim, wurde *„perpetuum silentium"* (beständiges Stillschweigen) anbefohlen. Die Verhafteten wurden aus dem alten Käfig entlassen.

Elf Jahre nach dem Dreißigjährigen Krieg fand in Landau ein weiterer Prozeß statt: gegen Anna Katharina Laux aus Essingen. Die beiden Landauer Pfarrer, der katholische und der reformierte, hatten die Frau zur Anzeige gebracht. Die Pfarrer verlangten vom Rat, daß er *„die Lauxin solle peinlich examinieren lassen"*. Der Rat kam diesem Begehren wegen der schlechten Beweislage aber nicht nach, sah sich aber doch veranlaßt, die Frau von den *„Mölterern"* züchtigen zu lassen und aus der Stadt zu weisen. Am 16. April 1659 fällte der Rat sein Urteil: *„Lauxin soll noch diesen tag durch die Mölterer zu der stadt hinaus geführt werden, aber ihr signifiziert werden, das sie andere bestrafung verdienet, möchte sich bessern und der Stadt Landau Jurisdiktion nimmer mehr betreten"*. Scheinbar dachte der Rat, er müsse etwas unternehmen, war aber nicht bereit, ein Hexenverfahren zu eröffnen.

Nach diesem Prozeß wurden in Landau keine Frauen mehr als Hexen angezeigt: Mit einer Ausnahme, eher ein Kuriosum, daß aber der Vollständigkeit halber hier erwähnt sein soll. Das Landauer Dekadenblatt Landau 1795/96 berichtete über ein *„Urtheil des Polizei-Tribunals Landau"*. Die Frauen der Bürger Stefan Serrat und Georg Rauch waren der Hexerei beschuldigt worden. Der Hexenunsinn breite sich nun auch in der Umgebung von Landau aus. Die Personen, die genannt wurden, fürchteten um ihren guten Namen und klagten deswegen wegen Verleumdung an.

Die Urheber des Hexengerüchts wie alle dessen Verbreiter wurden zur Geld- oder Turmstrafe verurteilt.

Ein Hexenprozeß im Herzogtum Pfalz - Zweibrücken

In den Jahren 1576 bis 1590 kam es in dem pfalz-zweibrückischen Dorf Ranspach (dem heutigen Bliesransbach) zu einer Reihe von Hexenprozessen. Der erste Prozeß, der im Frühjahr und Sommer 1576 gegen die Frau des Schneiders Wendel, Katharina, ihre Schwester und ihre Tochter geführt wurde, sei hier geschildert.

Rechtsgrundlage der Handhabung von *„peinlichen Gerichtssachen"* war im Herzogtum Pfalz-Zweibrücken die Carolina (constitutio criminalis carolina), die peinliche Halsgerichtsordnung Karl V. von 1532. Eine subsidiäre Hochgerichtsordnung, wie etwa die kurpfälzische Malefizordnung, wurde in Pfalz-Zweibrücken nie erlassen.

Damit wurde auch in Hexensachen nach der Carolina geurteilt, die nur bei nachgewiesenen, das heißt eingestandenen Malefizien die Todesstrafe vorsah. Auch bezüglich der Anwendung der Folter ging man streng nach dem Artikel 44 der Carolina, und Herzog Johann I. setzte deren Bestimmungen bezüglich der Konfiskation von Gütern durch.

Den Instanzenweg legte eine Gerichtsordnung von 1536 (erneuert 1568) fest. Die Dorfgerichte bildeten die unterste Instanz, die Zwischengerichte nannte man Untergerichte (Gerichtstage der Ämter), oberste Instanz waren das Hofgericht und der Landesherr selbst.

Es soll sich später zeigen, daß Hexenprozesse den Instanzenweg von unten nach oben durchliefen. Diese „Fernleitung" von Hexenverfahren ist eine juristische Praxis, die sich auch in anderen Territorien findet. Für die Pfalz läßt sich dieses Verfahren sehr gut an dem 1592 im württembergischen Rhodt stattfindenden Prozeß belegen, wie ich noch zeigen werde. Das Überbrücken von großen Entfernungen zwischen Gerichtsort und Sitz der obersten juristischen Behörde machte ein Versenden der Akten und ein Führen des Verfahrens nach Aktenlage notwendig. Der direkte Kontakt zwischen letztinstanzlichem Rechtsrat oder dem Landesherrn selbst und Angeklagten, wie er bei der reichsstädtischen Gerichtsbarkeit einer Stadt wie Landau zu finden war, fehlt. Allerdings verwundert die kurze zeitliche Spanne zwischen Anordnungen des Obergerichts und der Datierung der Akten des Schaffners in Hornbach, die teilweise noch am selben Tag angelegt wurden. Eine Verwendung von Kurieren für die kurze Entfernung liegt nahe.

Das angewandte juristische Verfahren soll am Beispiel des ersten Prozesses erläutert werden.

Katharina Wendel wurde im April 1576 wegen des Vorwurfs der Hexerei festgesetzt. Am 11. April wurde sie, wie eine Abrechnung der dadurch entstandenen Kosten zeigt, von ihrem Heimatort nach dem Amtssitz Hornbach zum Verhör gebracht. Am selben Tag wurde auch die zweite Verdächtige, die Frau des Steg Jost, nach Hornbach geführt.

Die Abrechnung der Ausgaben für „Catharina von Ranspach" (10. und 11. April 1576) enthält Ausgaben für die Bewachung, deren Verpflegung (*„bei Daniel dem wirtt im dhal den 11. aprillis ein mahl verzert"*), dazu kommen Botenlohn, Schreiberlohn und die Bezahlung des „Nachrichters".

Die Punkte des Verhörs vom 11. April 1576 lassen den Schluß zu, daß die Anklage gegen die Frau, die nach späteren Aussagen die Fünfzig überschritten haben mußte, wesentlich von Nickel Schu und seiner Frau betrieben wurden. In Anwesenheit des Scharfrichters wurde die Angeklagte bezüglich der Aussagen von Schu Nickels und seiner Frau vernommen. Es ist augenscheinlich, daß sie mit der Familie Schu gut bekannt war.

Der konkrete Anlaß der Denunziation war ein Streit, bei dem der Katharina entfuhr, *„habe sie zum zehnten oder zwölften mal gesagt, sie wölle, das sie der teufel hole"*, nachdem der Nickel Schu ein Glas zerbrochen hatte. Jeden Vorwurf, *„den leut mit der zauberey schaden zu fuegen"*, wies sie zurück. Schadzauber während des Gottesdienstes wurde ihr genauso vorgeworfen wie Ehebruch. Unter Punkt elf sagte sie aus, sie sei eine ehrliche Frau, habe Zeit ihres Lebens nichts böses getan und *„sei alles erstuncken und erlogen"*, und weiter: *„12. Nit gestendig, das sie Schu Nickels fraw im haus umgeschlauft und getredten soll haben"*. Sie sagte weiter aus, daß sie keine Gründe habe, so etwas zu tun.

Das Protokoll gibt aber nicht nur die Einlassungen der Verdächtigen zu den Anschuldigungen des Nickels Schu und seiner Frau wieder, sondern auch eine Reihe von Zeugenaussagen, die den Zauberei- und Hexereiverdacht erhärten sollten. So sagte Hans der Schmied, ihr Schwager, unter Eid aus, er habe vor ca. sechs Jahren einen Streit mit ihr gehabt, darauf *„sie ein Zauberin geholt und gesagt, das sie ihm ein kalb getödt"*. In den Zeugenaussagen taucht auch der Ehebruch wieder auf. Auch die Herstellung der Hexensalbe wurde genannt.

Die Catharina sagte aber aus, *„sie hab die tag irers lebens mit bösen oder gudten wordten mit Schu Nickel mit nichts zu thun gehapt"*.

Auf den Vorwurf, der später noch auftaucht, sie habe während des Gottesdienstes Kornähren abgeschnitten, nannte sie ihre Schwester, *„Steg Jostens fraw, die auch Catharin heist"*.

Da Catharina *„viehtreiber und kauffman"* in ihrem Haus beherbergt hatte, wurde ihr Ehebruch unterstellt, wobei sie aber sagte, daß der, der dies behaupte, *„lieg wie ein ...bösewicht"*.

Friedrich, der Schweinehirt, sagte auf Befragung unter Eid aus, daß Catharina nachts um 11 oder 12 Uhr in seinem Schlafzimmer aufgetaucht wäre und ihn zu Tode erschreckt habe. Albrecht Gödmanns Tochter erhob Anklage wegen Milchhexerei.

Auch die Schwägerin der Catharina wurde wie andere Verwandten nach ihrer Kenntnis von Zauberei und Unzucht befragt, belastete sie aber nicht.

Es handelte sich hier nicht nur um eine reine Sammlung von Aussagen und einem Verhör der Catharina Wendel, sondern vielmehr um eine gezielte Zeugenbefragung zur Sammlung von Indizien. *„Catharina Sachsens fraw hab ich zum höchsten gefragt, wahs sie von irer schwiger zauberey und ehenbruchs halber wissens habt."*

Schadzauber manifestierte sich auch in der Schädigung von Menschen: *"Hab auch er Müllern Schu Nickels Fraw beschwehrt, wie sie sagt, da Catharina dem ernsten griff zu ir getan und in selbigen griff uff der ein seiten antroffen ir an zweyen ortten plag beclagt sich sie habe grosen schmerz"* erlitten, der ihre körperlichen Fähigkeiten einschränkte. Aus dem Protokoll geht hervor, daß der Pfarrherr und der Schaffner von Hornbach, geistliche und weltliche Amtspersonen also, die Befragungen in Bliesransbach selbst durchgeführt hatten. Insgesamt umfaßt das Protokoll 17 Seiten. Das Aktenkonvolut wurde am 11. April in Hornbach abgeschlossen.

In Hornbach scheint eine Voruntersuchung stattgefunden haben, die wohl in Anwesenheit des Scharfrichters, aber noch gütlich stattfand. Auch hier beteuerte Catharina beim Verhör noch standhaft ihre Unschuld, was sich später ändern sollte.

Der Schaffner von Hornbach schickte die Zeugenaussagen, die unter Beteiligung des Pfarrherren in Bliesransbach gesammelt worden waren, mit dessen Kommentar und Stellungnahme am 30. April 1576 nach Zweibrücken.

Am 1. Mai schrieb ein herzoglicher Rat aus Zweibrücken zurück. *"Hiermit lassen wir dir Interrogatoria sambt dem nachrichter zukommen mit dem bevelch, das du die Schneider Wendels Catharina darauf verhörst, als das ihr anfenglich die hende allein gebunden und der zeug aufgespannt. Volgend aber, da sie nicht gestehen will, einmal aufgezogen und als sich geburt nach inhallt gemelter interrogationen peinlich befragt und was sie bekent und wie sie antwort gibt auf ein Index Interrogatiorium oder frage aigentlich beschrieben und solches allsbald allhier geführt werde."* Also gab Zweibrücken nicht nur die Vorgehensweise, sondern auch den Wortlaut der Fragen vor.

Das nun folgende Protokoll des Verhörs ist undatiert - ein gütliches Verhör, allerdings in Anwesenheit von Scharfrichter und Foltergerät. Scheinbar hatte das Anlegen und Erklären der Folterwerkzeuge, wie es in dem Schreiben aus Zweibrücken angeordnet war, schon ohne deren Anwendung zu einem Geständnis geführt. *„Was sie aus freyen stücken bekennt, ohn peinlich frag."* Sie gesteht, die *„Zauberey"* von ihrer Mutter gelernt zu haben und von einem Mann *„federwisch geheisen ... und sie die mutter angewiesen, das sie unseres herrgotts verleignet und wol in gewest drey von gemeindt, welche verbrennt ... im ersten jar alls die die zauberey gelert hatt, sie und ... Paulens Frau den haffner ein kue umpracht und dasselb jar ein wetter macht auf Sanct Johanns hat dan der frucht und weins schaden gethan."*

Es erging dann der Befehl des zweibrücker Rates Johann Sieber, die Catharina Wendel gefangen zu nehmen und so einzusperren, *„das sie ire gefangene schwester oder jemand anderen nichts reden gar ir selbs etwan schaden zu-*

fügen oder auskommen möge". Der Rat kündigte an, dem Schaffner in Hornbach einen Fragenkatalog zuzuschicken.

Der herzogliche Rat verschickte zwei Fragebogen (Interrogatoria), der gegen Jost Stegens Frau Catharina umfaßte zwanzig, der für Wendel Catharina 72 Punkte. Die Fragebögen korrespondierten mit den schon gemachten Aussagen der Angeklagten und den Zeugenaussagen, die jetzt noch einmal *„in gütlicher und peinlicher frag"* erhärtet werden sollten.

Die Auszüge aus den Fragebögen lesen sich wie Teilabschriften des Hexenhammers:

„1. Wie alt sie sey?
2. Wo sie geboren und erzogen, auch wer ire elltern gewesen?
5. Wie sie an derselben ort einen von irer kindheit bis daher inmalls feindt gewesen und noch seie?
6. Was sie demselben hin weder schadens oder laids gethan und welcher gestallt?
7. Ob sie oder ihr mann Wendell mit Schu Nickel zu Ranspach oder seinem weib viel zu handeln gehabt umb ...oder ander sach willen?
14. In welcher ort des haus sie die damals antroffen (Den bösen Feind)?
15. In welcher gestalt und cleidern sie dahin gangen?
21. Welcher gestalt er sie zum ersten mal zur unzucht gereizt und bewegt hat?
36. Wie des ... Müllers erstes weib geheissen?
37. Wie es kommen das dieselbig so zeitlich gestorben?
38. Ob sie nit hett vor demselben tode zeitlich erettet werden und in welcher gestalt?"

Sie wurde ferner nach ihrem Verhältnis zu ihrer Mitangeklagten gefragt. An Malefzien werden genannt: Milchhexen, Schadzauber an Menschen u.a.
Auch die bekannten Topoi zur Hexerei wurden aufgenommen:

„55. Wessen der keller, sie darin sie mit ihrer mutter und schwester vor edlichen jaren gefaren?
56. Wie das zugegangen?
57. Wer mehr darzu kommen und darbei gewesen?
58. Wo dieselbigen jetzo seien und wie sie haissen?
59. Was sie samlich darinnen verrichtet?"

In den Punkten 61 bis 65 wurde nach dem Sterben von Kindern in der Gemeinde in den letzten Jahren gefragt.

Catharina Wendel wurde zu allen Punkten verhört. So nannte sie auch einige Personen, mit denen sie seit Jahren verfeindet war, ohne allerdings einen Schadzauber gestehen zu wollen.

Sie sagte aber aus, daß sie den Buhlteufel auf dem „*rech*" und in der Stube getroffen habe, sie selber habe sich schwarz gemacht und einen schwarzen Rock angezogen. Den Ehebruch gestand sie allerdings nicht. Auch die in den Fragen unterschwellig angedeutete Tötung eines Menschen wies sie von sich, allerdings räumte sie ein, von dem Tod der Müllersfrau, die „*uff sechs oder sieben woch krank gewesen*", gewußt zu haben. Alles weitere, vor allem ob der Frau zu helfen gewesen wäre, wollte sie nicht beantworten.

Einige der Verhörpunkte seien hier genauer beschrieben:

„*42. Wie ihrer der Catharina Schwesterdochter der schad in kindsnoeten wiederfaren, sie noch uff den heutigen dag lam?*

Gibt fur irer schwester dochter hab kein kind in einer gehapt und sich in kindsnöten oder geburt nit wollen arbeiten und durch die amm ubersch.. worden.

44. Welcher gestallt derselbigen wiederumb zu helffen gewesen?

Es sei ir nit zu helft gewest dann dieser schaden sei der ammen schuld das es gescheh.

45. Ob sie jemand vergeben oder solchs zu thun unterstanden?

In diesen puncten sagt sie in sach sey wol gehalten gewesen und nit viel gethan des das kind wol kümmerlich sei gewesen dardurch ir der schaden entstanden.

46. Durch welch mittel das geschehn?

Wil nichts davon wissen.

47. Ob sie Gödmans Albrechtens kuen die milch jemals genommen?

Gestet nit das sie Godmans Albrechten kue die milch genommen, sondern des Hoffmanns kuen zu Wettringen und bringst als zu wegen vor sie in ein stall kommen und dry droppfen under kuen bekhommen und die kuen uff ein seiten mit der schmiert die sie im hafen hab an euttern schmieren so lang sie die drey troppfen im haus ir hab so schon alle tag ....

48. Was sie durch die kornehr angestifftet, welche sie uf ein sondag under der predig im feld abgeschnitt?

Will nichts von der korn ehren wissen.

49. Ob und in welcher gestalt sie wetter machen, menschen, viehe oder solches beschedigt?

Will von nichts merer wissen.. sie hab doch genug bekennth.

50. *Wo und wann das geschah?*
    Und was sie gethan hab sie doch die orth genänt.
51. *Wer ir dazu jederzeit geholffen?*
    Die geselschaft so sie gehabt und der jedes mal geholffen, han sie offtmals genannt.
52. *Wer ihr zauberey geleret und wie lang sie es also gekont und getrieben habe?*
    Bekent, sie habs von irer mutter gelernt und uff 30 jar getrieben......
66. *Welchen personen sie weiters zaubern gelert?*
    (Antwort fehlt)
67. *Was ir kinder hirin von ir gelernet und wie die heisen?*
    Gestet gar nit das ir kind mit milch nemen oder anders weis von ir gelernt."

Eindeutig wurde bei diesem Verhör gefoltert.

Nach späteren Berichten geschah dies durch das *"Aufziehen"*, das heißt die Frau wurde mit auf dem Rücken gebundenen Armen hochgezogen und hängen gelassen. Von Verschärfungen und Gewichten an den Füßen ist nichts erwähnt, kann aber vorausgesetzt werden. Die Fragen wurden erst nach dem Herunterlassen gestellt, denn Aussagen *"in tortura"* waren de jure wertlos.

Interessant sind die Fragen nach dem Tod von Kindern in der Familie und in ihrer näheren Umgebung, die sie nicht gestand, vielmehr die Schuld der Amme zuweist. Nach Heinsohn/Steigers Veröffentlichung „Der Tod der weißen Frauen" kam es zu einer Sensibilisierung der Forschung bezüglich der Stellung von Ammen und Hebammen im Hexenprozeß. Auch hier, wie bei anderen Prozessen in pfälzischen Territorium, kann eine gezielte Verfolgung dieser Berufsgruppen keineswegs festgestellt werden.

Bei der Frage nach den Personen, die bei der Hexenzusammenkunft anwesend waren, nannte sie nur ihre verstorbene Mutter. Die Nennung von verstorbenen Personen wurde häufig als Ausweg gesehen, mit dem sich die Ankläger aber in aller Regel nicht zufrieden gaben. So nannte sie letztlich bei den Verhören des Jost Stegs Frau, ihre Schwester, und ihre Tochter (Remig Paulsens Weib genannt).

Interessant ist auch die Antwort 50. Befragt, wie sie zum Versammlungsplatz gekommen sei, sagte sie aus: *"Beim wind mit dem besen aus dem keller gefahren, wie sie darin einkommen".* Auch auf die Punkte nach weiteren gestorbenen Kindern sagte sie aus, sie wisse nicht, wie das geschehen war.

Das Vermögen von Steg Jost und seiner Frau wurde durch einen eigenen Schriftsatz inventarisiert.

Ist für Wendel Catharina ein solches Aktenstück nicht vorhanden, so liegt über die Habe der Mitangeklagten ein genaues Inventar ihres Besitzes vor. Am 3. Mai berichtete der Pfarrherr von Bliesransbach, er war zusammen mit dem Meyer (einem Beamten) *„in Steg Jostens haus gegangen, alles daryn besichtigt, inventiert und aufgeschryben".*
Hoppstädter scheint also mit seiner Annahme, daß es zu dem Einzug des Vermögens der Verurteilten kommen konnte, auch wenn dies nicht die Regel war, durchaus recht zu haben. Ob allerdings das inventarisierte Vermögen tatsächlich eingezogen wurde, darüber gibt die Quelle nur insoweit Auskunft, daß später die Beerdigungskosten von Jost Steg daraus zu bezahlen waren.
Am 11. Mai betrieb ein von Pfalzgraf Johann I. selbst unterzeichnetes Schreiben die Sache weiter: *„Wir haben angehört, was Catharina Schneider Wendels weib von Ranspach so zauberey halb eingezogen uff gestellte interrogatoria in gütlicher und peinlicher frag ausgesagt. Wieweill sie nun so viell bekandt, von deswegen man wol ursach haben möcht sie alls bald ihrer begangenen übelthaten halb vor recht zu stellen zu lasen, so mangelt es doch an dem, das wir nit wissen, ob sie auch ihre ausag dermasen kundtlich befinden, und die werck mit irer urgicht übereinstimmen, welchs du billich solltest erkundigt und uns auch bei jedem puncten berichtet haben. Will es aber nit geschehen, so hast du solches nochmals mit besten fleise an jedem ort notturftiglich zu erforschen uns darüber relation zu thun."*
Zudem ordnete der Herzog an, daß über ihre Mitangeklagten, die sie ja genannt hatte, Auskünfte einzuziehen sind: *„ob sie...der zauberey beschreyd oder verdechtig oder ob sich mit dergleichen personen argwohnischer kuntschafft oder gemeinschafft beflissen haben".*
Der Herzog befahl, nach Aktendurchsicht, die Verhaftung von Jost Steg und seiner Frau, was aber, wohl ohne sein Wissen, schon vor dem 3. Mai geschehen sein mußte.
In einem umfänglichen, undatierten Schreiben legte der Schaffner noch einmal die Verdachtsmomente und Zeugenaussagen offen, ohne allerdings wesentlich Neues den schon gesagten und auch gestandenen Punkten hinzufügen zu können. Im wesentlichen werden die Anklagen (Kindsmord, Schadzauber...) wiederholt und konkret nach der Beteiligung der anderen beiden Angeklagten gefragt.
Am 22. Mai schrieb der Schaffner von Hornbach an seinen Kollegen im zweibrücken-bitscher Amt Lemberg mit der Bitte um Amtshilfe, vor allem bei der Suche nach Zeugen.

Der zweibrücker Rat Johann Sieber wurde nun auch in dem Fall Jost Steg aktiv, denn er schickte den „*Nachrichter oder einen Clee oder Wasenmeister*" nach Ranspach.

Allerdings beging Jost Steg im Kerker Selbstmord. Der Nachrichter sollte dieses Mal auch nicht „peinlich" verhören, vielmehr sollte er „ *den toden leichnam ufs feld, da man sonsten andern verstorben viehe hinwurfft begraben und dem wasenmeister von des erhenkten verlassenschaft eines lohns entrichten lassen*".

Am selben Tag gibt der Rat Anweisung, einen Boten nach Lemberg zu schikken, um von selbigen Amtmann Akten über Vorfälle in seinem Gebiet zu überbringen.

Fast ein Monat ging ins Land, bis am 6. Juni 1576 ein Schreiben des Herzogs in Hornbach eintraf.

Er schreibt, daß nach eingehender Erkundigung und Zeugenvernehmung bezüglich der Wendel Katharina feststehe, „*sie hab sich Gottes verleugnet, dem bösen feindt ergeben und als sein werckzeug nit allein an vieh, sondern auch dem menschen und jungen kindern viellfalltigen schaden gethan, so ist unser gnediger bevelch du wolltest ir ufs nechs ein rechts dag verordnen, sie alls dan fur stellen und ihrer mißhandtlung willen peinlich anclagen und was mit recht erkandt wurdt, an ihr exquieren lassen, ir zeitlich genug die kirchendiener zuordnen. Damit sie zuvor trost und underricht empfahn.*" Im Falle der Mitangeklagten, Steg Jostens Frau, war „*dieselbig aber von langer zeit her bey iren nachbarn und menniglich vor ein zauberin in verdacht gehalten worden.*" Sie soll noch einmal gütlich und peinlich (Aufziehen) befragt werden.

Bezüglich der Besagung der Frau des Remig(ius) Paul beschied der Herzog: Man sollte die so Besagte „*ehe sie vor recht gefurt wurdt under augen stellen und vermercken, wie sie sich gegeneinander erzaigen und ob die Catharina uff ihrer erkandtnus verharren wöll oder nit.*" Darüber sollte ein Protokoll angefertigt werden.

Catharina hatte noch zwei andere Frauen genannt. Stein Stoffels Frau aus Neunkirchen und die Prechts aus Treinigen. Auch über sie sollten Erkundigungen eingezogen werden, ob eine Anklageerhebung berechtigt sei.

Das Hochgericht sollte in Ranspach tagen.

Jost Stegens Frau wurde am 20. Juni gefoltert und das Protokoll nach Zweibrücken gesandt. Am 22. Juni schickte der Pfarrer von Ranspach ein Schreiben an den Schaffner in Hornbach, in dem er seine Ansicht des Falles äußerte. Am selben Tag wandte sich auch der Amtmann von Bitsch an den Schaffner von Hornbach mit der Bitte, ihn über Besagungen, die Frauen aus der Bitscher Herrschaft Lemberg betreffen, zu unterrichten.

Am 30. Juni 1576 erging Bericht über die Aussagen der Frau des Jost Steg: *"Dieweil sie dann rundt bekenndt, das sie sich Gottes des Allmächtigen verleugnet, dem Teuffel ergeben, seines willens geschlagen, auch darauf menschen und vieh schaden getan"* erging der Befehl, daß das Geständnis im Beisein des Pfarrers und der Gerichtsschöffen noch einmal gütlich wiederholt werden sollte, damit die Frau dann in Ranspach *"vor recht gestellt zu werden"* konnte. Sie war bei dem Verhör gefoltert (zweimal aufgezogen) worden.

Bei den von der Angeklagten genannten Mithexen hatte das Sammeln der Aussagen noch keine verwertbaren Hinweise erbracht, die ausreichend für eine Verhaftung waren. Sie sollten unter Bewachung der Obrigkeit bleiben, und die herzoglich Kanzlei sollte bei dem Auftreten neuer Verdachtsmomente informiert werden. Mit der Frau des Remigius Paul wurde eine Konfrontation im Juni anberaumt.

Die Anklageschrift gegen Wendels Catharina ist erhalten, wenn auch nicht datiert. Die Ausstreichungen machen deutlich, daß die Schrift schon vorgelegen haben muß, denn der Gerichtsort war im Original mit Hornbach eingetragen und wurde in Ranspach geändert, ebenso der Name und die Amtsbezeichnung des Anklägers. Ebenfalls muß verwundern, daß als Randnotiz von anderer Hand eingeflickt wurde: Steg Jostens Catharina, ihre Schwester.

Die Anklage lautete: *"Vor euch, ersamen weisen schultheisen und schöffen zu allhier zu Ranspach (ersetzt Hornbach) erscheinen von wegen und im namen des durchlauchtigen hochgeborenen fürsten und herren Herren Johannen Pfalzgraven bei Rhein, Hertzog in Baiern, Graven zu Veldentz und Sponheim, meinen gnedigen fürsten und herren, auch ... seine fürstlichen gnaden schaffner zu Hornbach, Jörg Vetter (gestrichen Paulus Brockwein), als ancleger aines gegen und wider gegewertige Schneider Wendels Catharina und (Randnotiz: Steg Jostens Cathrin, ir schwester) von Ranspach beclagte andernthreils und bringt nit in form aines zierlichen libells, sondern mit schlichter erzelung warhafftiger geschicht vor und sagt.*

Wiewol in allen Göttlichen, menschlichen und geistlichen ordnungen und satzungen loblich und wol versehn, das in des Heiligen Römischen Reiches peinlicher halsgerichts ordnung zum höchsten und bei straff des fewers verbotten, das niemand zauberey gebrauchen noch seinen nechsten schaden oder leids zufugen soll, so hatt doch vorbemeldte Catharina (Randnotiz: beede geschwister) sich solchen bösen thaten von vielen jaren heren beflissen, Erstlich sich mit der höchsten und schwersten sünd beladen, Gottes des allmächtigen ires erschöpfers auch unser aller erlöser und selichmacher verleugnet, dem bösen feind sich ergeben, und als sein werg zeug nit allein an vieh sondern auch (Randnotiz: Sonderlich Schneider Wendels Cathrin,

Notiz gestrichen) an menschen und an jungen kindern vielfaltigen schaden getan, sonderlichen nachfolgende thaten begangen.

Erstlich Schneider Wendels Cathrin (Name nachträglich von anderer Hand eingefügt)

it. Schu Nickels fraw zu Ranspach hatt sie über ir bet geworfen, sie geschlagen und hinaus unter die stegen geschleifft, ir einen griff getan, das sie noch lam ist.

it. Friedrich, dem Schweinehirten zu Ranspach ist sie vor sein bett kommen, hatt inen lam zu machen understanden.

it. Sundag Müller zu Ranspach hat sie ein Kalb verhext.

it. dem Hoffmann zu Weitringen hat sie ein kuh umbracht, desmals und hernach mehr wetter gemacht und zu machen understanden, den kien die milch genommen.

it. Runnels Micheln zu Ranspach sein pferd umbracht

it. Stoffels Willem zu Ranspach ist sie nachgangen hatt inen understanden umbzubringen

it. Ruferus Hansen zu ... ein kindt, so in der wehlen gelegen geschedigt

it. Jergen von Ranspach mit ein griff in der nacht lam gemacht.

it. ammen der jungen hierniden zu Ranspach ain kind mit griffen dahin bracht das es gleich gestorben

it. Mathes Richters zu Ranspach knaben ein griff uffs herz gegeben, das es gleich gestorben

So hatt sie auch noch mehr heimliche handlungen gegen Gottes willen, bevelch und ordnungen volbracht und mishandelt

Dieweil dann einer jeder oberkeit geburet und von gott bevolen, solches und dergleichen übelthaten zu straffen.

So gelangt es an euch schultheisen und scheffen, obgedachtes anclegers gerichtliche bitt und beger mit recht zu mercken und zu sprechen das ir der (Randnotiz: beeden) beclagten Catharina, solche unmenschliche, unchristliche und böse thaten zeugen und zum wole bringen, mit nichten gefuret, sondern das sie daran zuviel und unrecht gehandelt haben und derenhalben durch gemeldte ubelthat in obbestimmter straff Göttlicher und menschlichs gesetzens gefallet sei, dieselben verschulden und verwürckt haben, auch mit derselben und zusammenheit vermög des heiligen Reichs peinlicher gerichts ordnung gestrafft werden soll, anderen zu einem exempel und beispiel, das damit der bosheit gewehret und das übel getroffen were, welches mehrgemeldeter schaffner im namen hochgedachts meines gnedigen Fürsten und herren im rechtens gepetten."

Der Gang zum Scheiterhaufen.

Die Übereinstimmung der Geständnisse auch der späteren Prozesse mit den hier zitierten, auch die Ähnlichkeit mit Geständnissen in anderen Gebieten, zeigt deutlich, wie sehr die klassischen Malefizien, wie sie der Hexenhammer festlegte, in die Realität der Prozesse eingedrungen waren.

Obwohl die Geständnisse und der Strafantrag des Anklägers nicht datiert sind, ist es sehr wahrscheinlich, daß die Verhandlungen im Juli in Bliesransbach geführt wurden, denn eine zweite Abrechnung *„Wendel Catharina und ir schwester Steg Jost Catharina den 11. Juli anno 76 zu Ranspach vor recht gestellt. Nachtsessen, Wein, it. haben stattschreiber von ranspach und der nachrichter und seine knechte den 10 Juli zu Ernstweiler verzert, wie sie daselbst angefaren"* läßt den Gerichtstag Ende Juli/Anfang August 1576 vermuten.

Die Hinrichtung muß im Oktober 1576 stattgefunden haben, denn Hans Scheydt aus Ranspach schreibt an den Schaffner in Hornbach wegen der ausstehenden Unkosten, die *„so von den verbrenten weybern"* ausgegangen. Da der Plural verwendet wurde, kann davon ausgegangen werden, daß beide Schwestern verbrannt wurden, wenngleich die Abfassung des Urteils verwundern muß. Nach der Carolina ist der Einzelnachweis der Schuld zu erbringen, summarische Verurteilungen sind nicht zulässig. Das Schriftstück wurde allerdings für Catharina Wendel geschrieben, vielleicht handelt es sich nur um ein Konzept, das späterhin als Vorlage für die Einzelurteile benutzt wurde. Es muß auch verwundern, daß die Urteilsformel, wie wir sie von anderen pfälzer Prozessen, etwa die in Landau, kennen, fehlt.

Die lange Zeit, die zwischen Verurteilung und Hinrichtung verstrich, braucht nicht zu wundern, denn sicherlich waren noch Aussagen der Verurteilten über die anderen angeklagten Frauen für notwendig erachtet worden.

Nach dem Oktober 1576 tauchen die beiden Frauen in den Unterlagen nicht mehr auf. Somit kann ihr Feuertod für diesen Monat als sicher gelten. Auch ein Schreiben der herzoglichen Kanzlei bezüglich des Prozesses gegen Remigs Paulusens Frau berichtete im Juli 1577 von der *„verbrannten Schneider Wendels Catharina"*.

Gegen die im Zusammenhang mit diesem Prozeß genannten Frauen wurde das Verfahren nicht eröffnet; in jedem Fall geben die Quellen darüber keine Auskunft. Die Anklage gegen die Frau des Remigius Paulus wird auch durch Anzeigen des Wettermachens bestärkt, so klagt sie eine Frau aus dem Ort in einem Schreiben an, sie hätte die Rapsernte in der Gewann Nonnenberg vernichtet.

Der Folgeprozeß lief nach exakt dem gleichen Schema ab. Es dauerte gut ein dreiviertel Jahr, bis die gesammelten Protokolle ausreichten, um ein förmliches Verfahren zu eröffnen. Wieder gab die herzoglich Kanzlei die Interrogatoria vor (mit Nachrichter und peinlicher Frage, bei gleichzeitigem weiteren Sammeln von Indizien). Allerdings wurde hier erst nach der ersten gütlichen Befragung eine peinliche anberaumt.

Diese hatte dann „Erfolg": *„der böse feind sei oft zu ihr gekommen, hin und wider seinen willen mit ir geschafft..."* u.s.w.

Daß sich die Geständnisse in weiten Teilen ähneln, darf nicht verwundern, denn die Fragen sind fast identisch und halten sich doch eng an die Vorgaben des „Malleus maleficarum".

Allerdings gibt der Bericht vom 28. August 1577 den Hinweis auf ein Teufelsmal, ein „stigma dibolicon" („... *auch das zeichen, welches ihr der böse feindt ...geben"*), was für den südwestdeutschen Raum atypisch ist.

Im Oktober nannte sie dann Frauen, die angeblich mit ihr auf dem Hexentanz gewesen waren.

Das undatierte Urteil gegen die Frau des Remig Paul liegt vor. Es ist, mit Ausnahme der Namen und der Urteilsbegründung, eine fast wortgetreue Abschrift des Urteils gegen die Catharina Wendel und ihre Schwester.

Für die Hinrichtung am 24. oder 25. September 1577 liegen die Abrechnungen des Scharfrichters und seiner Gesellen, der Amtsleute, der Schreiber und der anderen Beamten vor.

Ebenso eine Anweisung über die Errichtung des Scheiterhaufens. Das *„halsgericht bey euch wie drumb aufzurichten"*. *„...ein stammenholz oder asht, so viel ihr meyntt das man dazu bedarf, dasselbige fellen und uff den platz fieren lassen, damit wan die zimmerleith khommen, hier gleich anstehen kunnen"*, lautete die Anweisung zum Bau eines Scheiterhaufens.

Hoppstädter gibt unter Bezug auf ein zu Beginn des 17. Jahrhunderts geführtes Verfahren, in dem die zurückliegenden Prozesse noch einmal aufgegriffen werden, Hinweise auf den Ablauf der Hinrichtung. Er schreibt von *„Hütten an der seulen"*. Die Frauen mußten also in einer Holzhütte angekettet gewesen sein, als der Scharfrichter das Feuer legte. Hinweise für einen Gnadenzettel finden sich nicht.

Interessanterweise werden drei Frauen, die wegen Besagung durch die Remigs Paulin im Gefängnis saßen, auf herzoglichen Befehl vom 5. Oktober 1577 nach Schwören der Urfehde *„der gefängnus ledig und wieder heimziehen lasset"*. Sie sollten aber vom Pfarrer und den Amtspersonen weiterhin überwacht werden, und mußten in der Urfehde niederlegen, daß der Schaffner *„ursach genug (gehabt hat) sie peinlich zu befragen"*. Es wurde ihnen mitgeteilt, *„das sie diesmal der gefängnus und verdienter straff entledigt sein sollen"*, ein leiblicher Eid sollte bekräftigen, daß sie den Amtspersonen und Pfarrern sowie allen Prozeßbeteiligten nichts Böses nachsagen wollten. Sie gelobten auch einen christlichen Lebenswandel zu führen.

In jedem Falle galt die Urfehde nicht als Freispruch, nicht einmal aus Mangel an Beweisen, und das Damoklesschwert einer erneuten Anklage schwebte über ihnen.

Die Barbara Küfferin, eine der beiden Frauen, die die Urfehde schworen, wurde 1580 erneut angeklagt und als Hexe verbrannt. Es ist kaum nachzuvollziehen, welche Ängste die Frau ausstehen mußte, in ihrer Heimatgemeinde isoliert und unter der ständigen Bedrohung einer neuerlichen Anklage, die dann im September 1580 tatsächlich stattfand und mit ihrer Verurteilung im selben Jahr endete.

Die Gesamtzahl der von 1576 bis 1590 verbrannten Frauen konnte mit der diesem Beitrag zugrunde gelegten Quelle nicht ermittelt werden.

Die Darstellung dieses Hexenprozesses mag nun ein Bild suggeriert haben, das nicht verallgemeinert werden soll. Hexenprozesse fanden in den ersten Regierungsjahren Johanns I. (1569-1604) statt. Späterhin ist festzustellen, daß Johann I. kein eifriger Vertreter der öffentlichen Meinung in Hexendingen war und von der Notwendigkeit von Hexenprozessen recht wenig hielt. Wenn auch eine Hexenkommission, die aus dem Ort stammend selbstständig agierte, hier nicht nachgewiesen ist, liegt aber ein ähnliches Vorgehen, das Labouvie für den gesamten Saarraum konstatierte, nahe. Sind es in Bliesransbach Amtspersonen, die den Zaubereiverdächtigungen nachgehen, so lassen die Aussagen, die sie sammelten, erkennen, daß ein Verfolgungswille in dem Gemeinwesen vorhanden war, der sich auf die geschilderte Art kanalisierte. Wenn auch die Obrigkeit die Sache an sich zog und den Prozeß vorantrieb, so kam der Anstoß hierfür doch aus dem Dorf selbst - was sich auch in den Nachfolgeprozessen bewahrheiten sollte.

Ein Hexenprozess in Rhodt im Jahre 1592

Es mag schon verwundern, daß sich Akten zu den Hexenprozessen in Rhodt unter der Rietburg aus dem Jahre 1592 im Staatsarchiv in Stuttgart befinden. Doch die Sache klärt sich schnell auf: Von 1463 bis 1603 gehörte der Ort zum Herzogtum Württemberg. Er war eine weit entfernte Exklave des Herzogtums, was die Verwaltung und die Rechtssprechung mitunter recht schwierig machte. Dies sollte sich auch bei dem hier zu schildernden Hexenprozeß zeigen. Vor allem konnte der Amtmann vor Ort nicht in Hochgerichtsfällen urteilen, anders als in der Reichsstadt Landau lag die Hochgerichtsbarkeit nicht bei den örtlichen Behörden, sondern beim sogenannten Oberrat, einem vom Herzog eingesetzten Gremium, das die „zum Leben ziehenden" Fälle verhandelte. Zwar wurden auch die sogenannten Malefizsachen vor den Stadt- und Amtsgerichten verhandelt, aber der Oberrat führte bei diesen Prozessen die juristische Oberaufsicht, um Willkürakte zu vermeiden und ein juristisch exaktes Procedere zu gewährleisten.

In Württemberg wurde nach dem Landrecht von 1552 gerichtet. Dieses subsidiäre Landrecht hält sich in Hexensachen im wesentlichen an die Bestimmungen der „Constitutio criminalis carolina", der peinlichen Halsgerichtsordnung Karls V., kurz die Carolina genannt, von 1532, die die Hochgerichtsbarkeit im Heiligen Römischen Reich Deutscher Nation regeln sollte.

Das Landrecht differenziert lediglich genauer die verschiedenen Arten der Zauberei als die Carolina. Zauberei ohne Hilfe des Teufels und ohne Schaden für die Menschen sollte nur mit Prangerstehen bestraft werden. Auch der Hexensabbat allein zog noch keine Todesstrafe bindend nach sich. Nur das Malefizium, der nachgewiesene Schadzauber, mußte mit dem Tod bestraft werden. In den anderen Fällen oblag es den Gerichtsherren, ob sie auf Todes-, Leib- oder eine Schandstrafe erkennen wollten.

Die Gerichtsbarkeit lag bei den Stadt- oder Amtsgerichten, denen ein Stadtschultheiß oder Amtmann vorstand und die mit Laienrichtern besetzt waren. Juristische Gutachten konnten eingeholt werden, die Laienrichter waren aber bis zur Etablierung des Oberrats in Stuttgart hierzu nicht gezwungen. Mit der Einrichtung des Oberrats begann in Württemberg eine Entwicklung, die versuchte, die Rechtsprechung in die Hände von studierten Juristen zu legen, was natürlich eine Änderung der Rechtshoheit und der Zuständigkeit in Kriminalsachen bringen würde. Deswegen war die Tätigkeit des Oberrats nicht bei allen Gerichtsherren wohl gelitten, was sich auch in dem Prozeß in Rhodt zeigen sollte.

Zwar ließen sich auch bei den Prozessen in Landau 1594/95 und bei denen in Frankenthal zu Beginn des 17. Jahrhunderts Rechtsgutachten finden, ist die juristische Stellungnahme des Rechtsrats Schön aus Speyer aus der Zeit kurz vor dem Dreißigjährigen Krieg auch noch überliefert, so blieben diese Anfragen fakultativ, dienten zur Absicherung der Entscheidung der Gerichte, waren aber in keiner Weise bindend.

In Württemberg aber mußte der Oberrat eingeschaltet werden, und der nun zu schildernde Hexenprozeß zeigt auch, wie dieser versuchte, zu eigenmächtiges Handeln der Amts- und Gerichtspersonen vor Ort, in unserem konkreten Falle das des Amtsmanns in Rhodt, einzudämmen. Denn Wilhelm Ribell, dieser Amtmann, war in seinem Vorgehen schon über das Ziel hinausgeschossen und sollte vom Oberrat in Stuttgart hierfür gerügt werden.

Am 27. Juli 1592 begann in Rhodt der Prozeß gegen Barbara Zimmermann mit deren Verhaftung durch den Büttel und ihrer Inhaftierung im Rathaus des Dorfes. Vorausgegangen waren allerdings Hexenprozesse, die nicht im württembergischen Rhodt, sondern in den bischöflich-speyerischen Dörfern Kirrweiler und Edesheim stattfanden. Die dort verurteilten Frauen hatten auch Geschlechtsgenossinnen in Rhodt als an Hexentänzen Beteiligte genannt.

Nachdem der Amtmann in Rhodt von den „Besagungen" gehört hatte, verfiel er aber nicht sogleich in einen blinden Aktionismus, sondern suchte erst die aus den Nachbargemeinden gekommenen Anschuldigungen durch Zeugenaussagen zu erhärten.

Gegen zwei Frauen wollte er die Anklage erheben: gegen Kol Appel und gegen Barbara Zimmermann.

So beginnen die Akten über die Hexenprozesse mit dem Schriftsatz über die Hexerei im Ort:

„Durchlauchtiger Hochgeborener Fürst, Gnediger Herr, Euer F.(ürstliche) G.(naden) seyen mein underthenigster beraits fleisiger und williger und gehorsamer dienst zuvor.

Gnedigster Fürst und Herr, Euer F. (ürstliche) G. (naden) soll ich unterthenigst nichts verhallten, das die hochsträffliche geverliche deuffels kunst der zauberei und hexenwerckh in euer H (erzöglichen) G (naden) flecken Rodth under Reipperg von ettlichen weibspersonen allda laudtbar und offenbar werden will. Insbesonderheit aber von zween, da die ein Kol Appel, ein wit-

tib, die ander Barbara, Hans Zimmermanns weib, beede von Rhodt, welche nit allain vill jar hero in dem geschreys und dem verdacht standen, sondern auch von etlichen hingerichteten hexen weibern zuo Odizheim, das sie bey einer deuffels gesellschaft gesehen, ausgeben."

Um sich juristisch abzusichern schickte er die Zeugenaussagen und seine Verdächtigungen an den Oberrat in Stuttgart mit der Bitte, ihm die Eröffnung eines Verfahrens zu gestatten.

Insgesamt sechs Punkte enthielt das Anschreiben.

Dies tat er sehr akribisch und mit Nachdruck, damit sie nicht *„eines dags ausreißen und auf flüchtigen fuß setzen wöllen"* und *„das uebell gestrafft und ausgerottet, auch anderen exempla staduirt würden, habe ich sie auf dem rathhaus arrestiert... weil sie mit unholden jederzeit gemeinschafft gehabt."*

Zur Untermauerung seines Vorgehens hatte er die Geständnisse der Edesheimer Angeklagten beigelegt, die die ganze Palette der Hexenanklagen abdeckten: *„Buhlschaft nächtlicher weil beim bildstockh"* fand sich darin ebenso wie *„an der landstras uff ein kalb gefassen, uff die Nußdorfer haidt geritten"*, wo auch einige Landauer gewesen waren - über 50 Personen, beim zweiten Mal gar 90, sollten bei Hexentänzen anwesend gewesen sein. Und nicht nur in Edesheim wurde Schadzauber angerichtet, auch dem *„Heidrichs Wendell ein khue zu Nußdorff verzaubert, das sie gestorben"*.

Die Frau des Heinz Wendel, ebenfalls angeklagt, sagte aus, ihr Buhlteufel hätte Kuhfüße gehabt.

Die Protokolle zeigen, daß man in Edesheim sehr schnell und sehr brutal vorging, das gütliche Verhör wurde in aller Kürze abgehalten.

Für den Rhodter Amtmann war es vor allem wichtig, daß Frauen aus seinem Amtsbereich (der gleichzeitig sein Gerichtsbezirk war) genannt wurden. Und er glaubte die Aussagen auch für eine Anklageerhebung ausreichend.

Sicherlich zu seiner Verwunderung entschied der Oberrat anders: Er hielt die Anklagepunkte für nicht gravierend genug und wies den Amtmann an, die verdächtigen Frauen weiter zu beobachten, aber keinen Prozeß gegen sie zu eröffnen.

Nach dem württembergischen Landrecht reichten Denunziationen allein nicht aus, um ein Verfahren zu eröffnen - sie mußten durch Malefizien, nachgewiesene Schadzauber, untermauert werden. Der Nachweis konnte nur durch ein Geständnis erbracht werden, das bei hinreichenden Verdachtsmomenten auch erfoltert werden konnte.

In seinem Schreiben vom 27. Juni 1592 nannte der Amtmann dann auch Schadzauber: Kol Appel, gegen die sich das Verfahren zuerst richtete, ver-

dächtigte man im Ort des Tothexens von Menschen und Tieren.
Ohne den Spruch des Oberrats abzuwarten setzte der Amtmann seine Hauptverdächtigte in Haft und konfiszierte ihr Vermögen. Als der Oberrat seine Zustimmung zur Eröffnung des Verfahrens dann nach der Vorlage neuer Aussagen doch noch gab, folgten mehrere Verhöre der Kol Appel, die ohne Anwendung der Folter zu einem Geständnis führten. Die Befragungen fanden am 12.,18. und 21. Juli statt. Fast alle „klassischen Missetaten", deren man die Hexen bezichtigte und die auch in dem Hexenhammer (Malleus Maleficarum) niedergeschrieben waren, finden sich in dem Geständnis. Teufelspakt und Hexentanz, Wettermachen, Töten von Mensch und Vieh und andere Schadzauber sowie die Teilnahme am Hexensabbat.

Sehr viel Zeit verwandte die Anklage auf das Bestimmen der ersten Begegnung: *„Erstlich sagt sie, ungeverlich vor vier jaren, wie sie ein wittfrau gewesen, seye der böse gaist, schwartz geclaidet... in ire behausung in die obere stuben gekommen, angeredt, sie sollt seines willens leben, wöllt ihr genug geben, sie es aber nit thun wöllen.*

Volgendt über acht tag wieder zu ire kommen, in gedachter oberer stuben, zu ire gesaget, seines wöllens zu thun, sie es nue aber abgeschlagen, und gesagt behiet mich Gott, darauf von ire verschwunden.

Zum 3 innerhalb 14 tagen nach diesem, der böse gaist wider in ire cammer zu ire kommen und angetroffen seines willens zu thun, sie gevolgt, darauff zuo ire gesagt, sie solle sich Gott und aller christen verleugnen, sie es gethan. Darauff gleich seines willens thun müssen, sey unnatürlich und kallet gewesen, davon sie schwach worden seye."

Wenn sie ihm nicht zu Willen war oder nicht mit zu einem Hexentanz wollte, sei sie *„übel von inen geschlagen worden"*.

Der Hexentanz fand statt *„uff einem platz, bei St. Martin gelegen, in des teufels namen gefeiert, haben gedantzt, gessen und druncken, aber khein brod allda gehabt. Dabei sie gekannt obgemeldte von Rhodt, Odizheim und Heimfeldt"*.

Nach den Mithexen gefragt, nannte sie 21 Namen: des Hans Zimmermanns Frau, die alte Körblerin, die Dörr Kätt (Katharina), die alte Schultheißin (die Frau oder Mutter des Schultheißen), des Pfraums Wittib, deren Tochter Katharina, die alte Weiterin, des David Schwindels Weib, des Balthus Hafens Frau, des Lenengasten Frau, des Martin Körbler Frau, des Anton Weinerchs Witwe, die Röschen Sixtus, die Frau des Konrad Seitz, des Valentin Kellers Frau, Margarethe Bilger, die Frau des Steffen Hohenstein, die Frau des Erhard Zimmermann, des Wendel Schusters Frau und des Bastian Hafens Witwe. Bei sieben Namen hatte der Amtmann eigenhändig am Rand notiert: *„Ist gewiß"*.

Später sollte sich die Zahl der Verdächtigen auf 42 erhöhen, wobei bei zwei Frauen drei Anklagen vorlagen, bei elf zwei und bei 29 Frauen nur eine. Die Kol Appel wurde daraufhin zum Tode verurteilt.

Eine von den genannten Frauen, Barbara Zimmermann, die schon im Juni mit der Kol Appel „confrontiert" (d.h. gegenübergestellt, um die Aussagen in Angesicht der Beschuldigten zu wiederholen) worden war, ließ der Amtmann am 27. Juli 1592 gefangennehmen, einkerkern und schwer foltern. Dies geschah ohne das Plazet des Oberrats und war *„eine eigenmächtige, willkürliche und rechtswidrige Handlung"*, wie Anita Raith, die den Prozeß untersucht hatte, sein Vorgehen beschrieb.

Da das Amt Rhodt über keinen eigenen Scharfrichter verfügte, der die Folterungen hätte durchführen können, wurde Nikolaus Pfraum aus Landau angefordert, der ja 1584 eigens wegen seiner Erfahrungen in Hexensachen von der Stadt Landau als Henker angestellt worden war. Pfraum folterte die Angeklagte durch Aufziehen, das heißt, ihre Hände wurden auf den Rücken gefesselt und sie wurde an den gefesselten Händen an einem Seil hochgezogen. Die Protokolle geben genau Auskunft über die Folterungen: *„...und da sie wieder nicht bekennen wollt, habe der Nachrichter befohlen, man solle zwey leilachen (Bettücher) bey bedachter Barbara (Zimmermann) holen lassen, da solches geschehen habe der nachrichter ein hembdt daraus gemacht, und ihr die claider abgezogen, und solches hemeth angethan. Nachdem sie aber über solche ausgestandene martter und grosen wehklag noch nicht zu bekhenen gehapt, habe er amptmann des anderen tags hernach sie mit mehr und weniger alls des tags zuvor wiederumb vor und nachmittags torquetieren lassen... darauf Barabra als übel zugerichtete frau den dritten tag abermahlen jedoch nur auf ein viertelstund schlagen worden."* Über Steffen Körblers Frau, die auch gefoltert wurde, schrieb das Protokoll, man habe sie im Rathaus *„etliche mahlen uffziehen ... möchte uff einhalb oder dreyviertel stunde gedauert haben"*. Nach der dreimaligen Folterung war die Frau so geschunden, daß sie nicht mehr gehen konnte. Über sie geht der Bericht: Sie war *„... vom scharfrichter übel zerrissen worden... aber dennoch besser als am anfang der tortur wie er zu ihr khommen, nichtdesoweniger khönnte sie nach der zeit khein bissen zum maul bringen, so misse man sie auch niederlegen und ufhaben wie ein khindt."*

Die Katharina Stadel versucht ihre Teufelsbuhlschaft aus ihrer sozialen Not zu erklären. Es war geschehen *„ungeverlich vor 7. jaren, alls es gar theuer gewesen und sie mit iren khindtlen grossen hunger und armutt gelitten"* sei der *„böse feindt, schwarz gecladiet, zu ir khommen"*. Letztendlich nannte sie ihre Not und die Versprechungen des Teufels als Grund für ihren Abfall vom Glauben.

Auch der Schultheiß von Rhodt, Jörg Wolff, klagte wider die Angeklagten, sie hätten ihn impotent gehext - auch ein klassisches Malefizium. Ähnlich wie Gangels Jost, dem Ankläger aus Nußdorf in dem Landauer Prozeß von 1584, erklärt sich auch hier der Schultheiß bereit, nicht nur sich für die Richtigkeit seiner Anschuldigung mit Leib und Leben zu verbürgen, sondern er stellt auch noch eine Kaution von 1000 Gulden - ein stolzer Betrag.

Barbara Zimmermann und ihre Mitangeklagte, Anna Köblerin, gestanden dann auch auf der Folter einen Teil der Anschuldigungen und wiederholten sie beim gütlichen Verhör.

Insgesamt nannten sie letztlich 42 Personen, die auf Hexentänzen oder bei anderem teuflischen Treiben dabeigewesen sein sollen.

Die Hexenprozesse in Rhodt standen kurz davor, sich zu einem Flächenbrand auszuweiten, denn der Amtmann war durchaus gewillt, sie weiter zu betreiben.

Allerdings schob der Oberrat in Stuttgart dem Ganzen einen Riegel vor. Zum einen tadelte er die verfrühte Vorgehensweise des Amtmanns vornehmlich gegen Barbara Zimmermann und maßregelte den Amtmann deswegen, zum anderen wurde der Vogt von Maulbronn, von Profession ein Jurist, nach Rhodt geschickt, um das Verfahren zu überprüfen. Der Gerichtsschreiber lieferte eine exakte Beschreibung des Vorgehens des Amtmanns, so daß uns mit dem Rhodter Prozeß der bis heute am besten dokumentierte vorliegt.

Nachdem der Maulbronner Vogt festgestellt hatte, daß in dem Ort eher eine Furcht vor der Hexereianklage als vor den Hexen selbst herrschte, rollte er die Sache neu auf. Er verhörte Zeugen, um den Leumund der drei schon angeklagten Frauen zu erfahren, und stellte fest, daß diese im Ort durchaus unterschiedlich gelitten waren. Barbara Zimmermann hatte einen ausgesprochen guten Ruf und war nie mit Hexerei in Verbindung gebracht worden, was von ihren beiden Mitangeklagten nicht unbedingt behauptet werden konnte.

So kam der Vogt zu dem Urteil, die Barbara Zimmermann freizulassen. Eine Entschädigung für die Folterqualen wurde ihr allerdings verweigert.

Ähnlich wie in dem Landauer Prozeß von 1594/95 kam es nun zu einem Streit um die Zuständigkeit. Der Vogt aus Maulbronn griff in die Rechtsprechung des Amtmanns und der Rechtspersonen im Ort ein.

Daher wollte der Amtmann den Prozeß in einem endlichen Rechtstag am 17. Oktober 1592 beenden. Bei diesem endlichen Rechtstag sollten die Angeklagten noch einmal „coram publicum" ihre Missetaten gestehen, um dann verurteilt und hingerichtet zu werden.

Dieses Verfahren sollte vollendete Tatsachen schaffen und setzte sich eindeutig über den Spruch des Oberrats hinweg. Daher ritt der Vogt von Maulbronn noch einmal nach Rhodt.

Das Szenario, das sich dem Vogt bei seiner Ankunft eröffnete, war kurios, denn obwohl eigentlich erst verhandelt werden sollte, hatte der Amtmann schon zwei Scheiterhaufen errichten lassen, und der Scharfrichter harrte seiner Aufgaben.

Der Vogt handelte sofort. Nach Württembergischen Recht müsse neu verhandelt werden. Daß der Amtmann auf die wesentlich effektivere, sprich brutalere und schnellere Praxis im Bistum Speyer verwies, nützte ihm wenig. Später sollte sich auch zeigen, daß mit großer Eile vorgegangen worden war. Es wurde gerügt, daß er die angeklagten Frauen (die Katharina Stadel und die Anna Körblerin und auch noch die Barbara Zimmermann, die der Vogt trotz des Befehls nicht freigelassen hatte) nicht aus ihrem Gefängnis „*gefenckhausen thurm*" in ein Zimmer gebracht hatte, damit die Priester zu ihnen konnten, um sie durch Gottes Wort zu trösten.

Zudem mußte er sich anhören, daß nach Reichsrecht wie württembergischem Landrecht das Einziehen der Güter der Verurteilten nicht rechtens sei, was ja im Falle der Kol Appel durch den Amtmann geschehen war.

Da Hexenverbrennungen sich in aller Regel als morbides Spektakulum darboten, hatte sich einiges Volk eingefunden, das nun in seine Heimatdörfer zurückkehren mußte. Ebenso blieb der carnifex Nikolaus Pfraum für diesen Tag arbeitslos.

Der Vogt verfügte nun die endgültige Freilassung der Barbara Zimmermann, die zwar angeordnet, aber vom Amtmann noch nicht durchgeführt worden war. Sie mußte mit gebundenen Händen Urfehde schwören, daß heißt, sie schwörte, daß sie die am Prozeß und an der Folter beteiligten Personen in keiner Weise behelligte, weder gerichtlich noch privat.

Die zweite Angeklagte floh aus dem Kerker, so daß von den 42 Menschen, die im Hexereiverdacht standen, letztlich nur noch gegen die Anna Körbler verhandelt wurde.

Wie eingangs schon erwähnt, bestand durchaus die Möglichkeit, sich bei Juristen ein Rechtsgutachten einzuholen, was in Speyer beim Reichskammergericht auch geschah. Verlangt hatte dies der Amtmann selbst, wohl in der Hoffnung, daß das Gutachten den Anordnungen des Maulbronner Vogts und des Oberrats widersprechen würde - was es aber nicht tat. Der Wahrheitsgehalt der auf der Folter gemachten Geständnisse wurde angezweifelt. So unterschlug es der Amtmann zunächst.

Einzig für Anna Körblerin kommt auch der Oberrat zu einem Todesurteil. Die Frau hatte ihre Geständnisse nicht widerrufen, was im Januar 1593 zu ihrer Hinrichtung führte. „*Die Anna Körblerin were wie zuvor von inen auch angezaigt, uff gerichtlich erkandtnus, nit allein gebürent mas... auch allen verrichten tortur ihr urgicht im beysein pfarrherrs, schultheissen und anderen mehr erbaren persohnen fürgelesen worden, welches alles sie wiederumb bekantlich gewesen*", heißt es in der Urteilsbegründung.

Der Prozeß hatte auch das Leben der Barbara Zimmermann zerstört! Nicht nur, daß sie den Kerker als eine an Leib und Seele gebrochene Frau verlassen hatte, auch beklagte ihr Mann, daß ihn die Anklage gegen seine Frau als Küfer ruiniert habe, denn er sei in bösen Leumund gekommen. Er erhielt vom Oberrat eine schriftliche Unschuldserklärung für seine Frau.

Ein großer Verfolgungswillen war in Rhodt außer bei dem Amtmann, im Gegensatz zum Bistum Speyer, in keinem der Prozesse nachweisbar. Wie auch der Stadtrat Landau versuchte der Oberrat in Württemberg die Verfahrenswelle einzudämmen und zu regulieren. Auch in Pfalz-Zweibrucken wurden die um 1570 beginnenden Prozesse später eingedämmt.

Eine Hexenangst wurde in Rhodt durch den Maulbronner Vogt konstatiert, der Wille zur Verfolgung nicht zuletzt durch den Landauer Scharfrichter angeheizt. Aber ein Flächenbrand wurde, obwohl 42 Personen genannt wurden, nicht entfacht.

Frankenthaler Prozesse

In den Frankenthaler Hexenprozessen, die nun Thema meiner Ausführungen sein werden, war die Rechtslage ähnlich wie in Ranspach. Zwar hatte der Kurfürst eine eigene Gerichtsordnung erlassen, die peinliche „Malefizordnung". Diese lehnte sich allerdings sehr eng an die „Carolina" an. So heißt es bezüglich der Hexenprozesse:

„*so jemandt...seinen christlichen Glauben/ darauff er getaufft/ fürsetzlicher Weise verleugnet/ mit dem Teuffel Bündtnuß macht... Zauberey übt und treibt: Viehen und Menschen mit und ohne Gift beschädigt...daß derselbige oder dieselbige...mit dem Feuer gericht werden soll*". Die Strafpunkte unterscheiden sich in der Diktion nur unwesentlich, im Inhalt gar nicht von der „Carolina".

Frankenthal besaß als kurpfälzische Stadt die niedere Gerichtsbarkeit, die hohe lag wieder beim Landesherrn. Die Verfahrensführung auch bei Kriminalsachen konnte dem Rat vom Kurfürsten übergeben werden, die Urteile selbst bedurften aber immer einer Bestätigung durch die höchste Instanz.

1591 hatte sich der Rat der Stadt gleich mit mehreren Fällen von Zaubereianklagen zu befassen: Eine Magd habe Gläser tanzen lassen, eine andere Frau wurde wegen der Verabreichung eines giftigen Tranks verdächtigt. Eine

Hexenverbrennung - Stich aus dem 16. Jahrhundert.

Hebamme hatte sich zu rechtfertigen: Man unterstellte ihr, sie könne zaubern und hexen.

Noch verhielt sich der Rat recht passiv - nur eine der Beklagten wurde aus der Stadt gewiesen.

Aber der Aberglauben hatte auch in Frankenthal eine breite Grundlage. 1601 bezichtigten sogar Kinder ihre Mutter, sie hätte sie durch einen Kuß so verhext, daß sie krank geworden waren.

1605 kam es zu dem ersten größeren Prozeß, der aber kein reiner Hexenprozeß war. Katharina Günthers hatte sich wegen Vatermord, Diebstahl und Verführung ihres Enkels zur Teufelsbuhlschaft zu verantworten. Damit war der Rat der Stadt überfordert. Unter Bedeckung brachte man die Angeklagte zum Sitz des Oberamts nach Neustadt, wo sie sicherlich gefoltert wurde. Die Berichte gingen an die Stadt zurück. Diese wollte sich in einer solch gravierenden Rechtssache aber nicht festlegen und rief die juristische Fakultät in Heidelberg an. In ihrem Antwortschreiben vom 12. März 1606 warnten die Richter davor, in solchen gefährlichen Sachen - gemeint ist die Hexerei - ein

Urteil zu fällen. Am 14. März 1606 wurde der Fall auf einem allgemeinen Gerichtstag behandelt. Das Protokoll fehlt allerdings.
Im Oktober 1606 war die Frau nachweislich hingerichtet, ob wegen Hexerei oder Vatermord läßt sich nicht sagen. Das behexte Kind wurde seines Teufels schon im Juni 1606 ledig.

„Das Gebet schmerze ihn sehr, gab er zu bekennen, er fahre nun aus dem Kind aus, um die Großmutter aus dem Gefängnis zu holen, wie er dies schon oft getan. Dann ist er mit Rauch aus des Mädchens Mundt ausgefahren."

Die Frankenthaler Hexenprozesse bewegen sich in einer Grauzone. Nach der am Anfang gemachten Definition eines Hexenprozesses fallen sie nicht unter diese, denn sie beinhalten auch reine Kriminalsachen, die nicht aus den Malefizien der Hexen erwuchsen. Obwohl die Hexerei wesentlicher Teil des Verfahrens war, ist nicht gänzlich auszuschließen, daß es sich um Kriminalprozesse mit Hexereielementen handelte. Dies wiederum würde die umstrittene These stützen, daß in der Kurpfalz keine reinen Hexenprozesse stattgefunden haben.

Die ersten Mahner

Schon zu Beginn des 17. Jahrhunderts gab es kritische Stimmen, die sich gegen die Hexenprozesse wandten. Am bekanntesten ist hier natürlich der Jesuitenpater Graf Spee. Aber auch im pfälzischen Raum fanden sich schon mutige Menschen, die versuchten, vor allem die Folter für die Wahrheitsfindung in Hexenprozessen als untauglich zu klassifizieren.
Im nordpfälzischen Glanmünchweiler ist der Prozeß gegen die Katharina Kern überliefert. Er ist in unserem Zusammenhang wegen eines Rechtsgutachtens des Licetiaten P. Weber bezüglich der Anwendung der Folter interessant. Wie ich in meinen Ausführungen an anderer Stelle schon bemerkte, war der Einsatz der Folter in Hexenprozessen sehr häufig, keineswegs aber ein Automatismus. Ein Geständnis ohne Folter zählte wesentlich mehr.
Obwohl das Rechtsgutachten 1596 zu dem Ergebnis gelangte, bei den Anklagepunkten sei auf eine „peinliche Examinierung" zu verzichten, blieb es ohne Erfolg. Generell spricht sich Weber nicht gegen die Folter aus, nur ist er der Meinung, daß sie in dem speziellen Fall der Katharina Kern nicht angewendet werden sollte, da die Anklagepunkte nicht ausreichend abgesichert seien.
Allerdings wandten die Gerichtsherren die Folter dennoch an, mit dem Ergebnis, daß die Anklagepunkte daraufhin durch Geständnisse „bewiesen"

wurden. Dieser Prozeß zeigt signifikant, daß nach Einsetzen der Folter ein Entkommen für die Angeklagten kaum noch möglich war. Auch in Landau hatte der Rat ein Rechtsgutachten eingeholt, welches ebenfalls zu dem Ergebnis gekommen war, daß eine Folterung in keiner Weise gerechtfertigt sei. Natürlich hatte die Carolina den gerechtfertigten Zeitpunkt für den Einsatz der Folter festgeschrieben: Zwei Denunziationen von unbescholtenen Personen resp. die Bezichtigung der Teilnahme an Hexerei genügten, um die Folter nach sich zu ziehen. Das einzige Mittel zur Rettung von angeklagten Frauen und Männern war die Verhinderung der Folter, aber schon bald sollte in Speyer ein Jurist weiter gehen.

Ein interessantes Dokument befindet sich im Stadtarchiv Speyer. In einem zu Beginn des 17. Jahrhunderts stattfindenden Hexenprozeß wurde der Rechtsrat Johann Peter Schön am Reichskammergericht um Stellungnahme gebeten.

Seine juristische Abhandlung ist eine der wenigen Schriften in der Pfalz, die den Hexenprozessen kritisch gegenüberstehen. Sie ist nicht genau zu datieren, gehört aber in den Zeitraum vor dem Dreißigjährigen Krieg. Schön bewegt sich auf dem schmalen Grat zwischen einer Anerkennung der Existenz von Hexen einerseits und der Kritik an der Hexenverfolgung andererseits. Allerdings fand sich die Argumentation schon in ähnlicher Weise bei Weyer, und auch in Gutachten der Juristenfakultät Tübingen sind ähnliche Sätze zu lesen.

Festzuhalten gilt aber, daß Schön sicherlich ein Gegner der Hexenprozesse war und seine juristischen Möglichkeiten ausschöpfte, um den Angeklagten zu helfen.

„Es gibt den Teufel, Zauberer und Hexen: Dann das dem als seye erscheint erstlich in der Heiligen Schrift, in Exodus II.22 befiehlt Gott, daß man die Zauberinnen nicht solle leben lassen, und weiter: Es soll kein Zauberer oder Beschwerer leben lassen, auch nicht welche Leuthen gifft oder spanische Süpplein (Gift) beybringen, sondern die des magis artibus (magischen Künste), den teuffel in raht ziehen und als mit ihrer fascinationatibus ander beschädigen. sondern der sie häuffig ganz erwürgert und umbringet. Ja wir sind beide mit Leib und Gut gäste und Frembdlinge in der Welt, dem Teuffell unterworfen, dan weil er ein Fürst und Gott ist, die wellt ist unter seiner Macht und Gewalt alles des, darvon wir in diesem leiblichen Leben erhalten werden. Essen, Trinken, Kleider, Lufft etc. darumb kann er wohl durch solche seine Hexen und Zauberinnen wohl Schaden tun", begann er seine Ausführungen.

Nach dem Gebot der Carolina, auf die er sich in der Folge bezieht, mußten diese Hexen, Zauberer und Schwarzkünstler mit voller Härte bestraft werden, aber dies *„ist für diesmal quastio principalis (Hauptfrage), ob beide, Mutter und Tochter (die angeklagten Frauen) für ihre Personen auch in der Zahl der Hexen begriffen und darunter gezogen werden mögen."* Die Tochter wird als sehr wankelmütig und unbeständig beschrieben, *„dann sie zwar in Waysenhaus damit anders ausgesagt als hernach vor den Herren Richtern".* Sie spricht von einem Hexentanz auf dem Fischmarkt.

„Aber muß man nicht allein uff die confessio undt Aussag, sondern auch vornemblich uff das, so sie bekennen und aussagen sehen, und darbey erwegen, ob es posebilia und mugliche Ding, die geschehen und vollbracht werden können, auch so wahrhaftig, als wie sie sagen ergangen seye. Eins ist die Bekundtnuß, ein anderes die That, die bekundt wird, daher seien wir, daß mancher bekunnt, daß er doch ein Leben lang nicht gethan, oder auch thun in sinn gehabt." Vor allem meint er hiermit den Hexentanz und den Hexenflug. *„Daher schließen die Theologie als die Rechtgelährten dahin, daß ein paar lauter teuffliche Imagination (Einbildung) und Einbildtung seye, in dem die armen verblendeten Leuthe vermeinen, nach dem sie sich mit der vom Teuffell zugesellt und angegebenen Salben geschmiertet, sie fahren aber hinaus und essen und trinken und tanzen und treiben Wollust, da sie doch nicht vor stell kommen, wie mit vielen bewehrten Exemplis (Beispielen), zu belegen, immassen es an sich selbst contra naturam corporis physici (Natur des menschlichen Körpers), welche zu enden nicht in Teuffells Macht stehet, als es durch ein loch oder ritz, da auch bisweilen nicht ein Katz durchkriechen mag, zu fahren."*

Schön gibt ein Beispiel: *„Wenige Tage darauf wirdt ein Weib eingezogen, so bekennet alsbald in der Tortur, daß sie mit anderen weibern gefahren, da und da gewesen in der nacht und Stund, welches die anderen ebenmäßig auch ausgesagt; der Mann aber nimmbt sich ihrer an und erhält mit einem schweren Eyd, daß sie nicht von der Seiten kommen, er sie auch betastet und mit ihr geredet, so daß es lauter Traumwerk und teufflisch Betrug seye... so die bösen Geister mit solchen Weibern vollbringen sollen, ein lauter Traum gespenst, trugerey, unglaublich und unmöglich Ding seye. Hieraus entsteht die Frag, im fall sich nichts weiter befinden sollte, als die acta mitbringen und gleichwohl der Teuffel sein Spiel mit ihnen hat, sie aber niemanden Schaden zu fügen. Sie wurden selbst vom Teuffel bezaubert und so kann man ihnen umso weniger eine Leibstraf zukommen lassen."*

Auch Schön konnte nicht, es sei denn, er wollte sich in große persönliche Gefahr begeben, die Existenz von Hexen und Zauberei in Frage stellen. Ebensowenig durfte er die Rechtsgrundlagen außer acht lassen, als Jurist am

Reichskammergericht schon gar nicht. Ganz eindeutig hielt er die Angeklagten für unschuldig, wenngleich das Dokument in keinster Weise belegt, daß er selbst nicht an Hexen glaubte.

In diesem speziellen Fall zeigt er eher empirisch, weniger juristisch, die Grenzen der Macht des Teufels auf, gleichzeitig erklärt er, daß der Teufel durch das Hervorrufen von Halluzinationen durchaus die Macht habe, „Gesichte" entstehen zu lassen, die glauben machen, man habe tatsächlich an einem Hexentanz teilgenommen, auch wenn dieses vollkommen unmöglich sei und durch Zeugen belegt würde. Schön fordert die Richter in diesem Prozeß auf, zwischen dieser teuflischen Halluzination und der Realität tunlichst zu unterscheiden.

Er weißt seinen Stadtherren trotz Carolina und Hexenhammer einen Weg, der Hexerei bezichtigte Frauen zu schonen. Welchen Einfluß er tatsächlich hatte, kann im Nachhinein nicht mehr festgestellt werden. Über das weitere Schicksal der Frauen schweigen die Quellen.

Auch von Spee argumentiert 1631 ähnlich wie Schön, wenn auch ungleich schärfer. Spees Hauptanliegen war die Durchsetzung der Abschaffung der Folter im Hexenprozeß, eine Forderung, die sich bei Schön expressis verbis nicht findet.

Das Gebiet der heutigen Pfalz war, dies kann durch die angeführten Prozesse belegt werden, kein Zentrum der Hexenverfolgung in Deutschland. Auch fallen alle Prozesse in die Zeit der ersten reichsweiten Hexenbrände, weitere Verfolgungswellen streifen die Pfalz nur noch - die folgenden Prozesse enden in aller Regel glimpflich für die Angeklagten.

Natürlich ist die Quellenlage zu den Hexenprozessen in der Pfalz schlecht, die wenigen Steinchen aber, die sich zu einem Mosaik verbinden können, zeigen, daß das öffentliche Verfolgungspotential gering war, häufig die Obrigkeit gar zur Prozeßführung gezwungen wurde. Wesentlich stärker fiel der ländliche Aberglaube ins Gewicht und der damit verbundene Verfolgungswille von unten. Bestallte Hexenjäger oder -kommissionen fanden sich in der Pfalz nicht.

DIE 98 MISSETATEN DES HANS HOFFMANN AUS HEIDELBERG
von Andreas Imhoff

Anno 1587 fand in der Reichsstadt Landau ein aufsehenerregender Prozeß statt, der, was die Anzahl und die Schwere der ans Licht gebrachten Delikte anbelangte, im südwestdeutschen Raum eine Ausnahmestellung einnahm. Angeklagt war ein gewisser Hans Hoffmann aus Heidelberg. Nähere Angaben zu seiner Person fehlen in den Prozeßakten. Aus Hoffmanns erhalten gebliebenem Geständnis ist lediglich zu erfahren, daß er frühzeitig den Vater verloren hatte und den größten Teil seines Lebens ohne festen Beruf durch die Welt gezogen war. Im besagten Jahr 1587 wurde er bei einem Betrugsvergehen in Landau erwischt und mußte sich daraufhin, da er sich offenbar eines Kapitalverbrechens verdächtig gemacht hatte, im Beisein des Schultheißen, des Bürgermeisters, des Marschalls und einiger weiterer Ratsmitglieder einer peinlichen Befragung unterziehen. Man verhörte ihn an insgesamt fünf Tagen im August und September. Als Nachrichter fungierte dabei Nicolaus Pfraum, der durch die in Landau geführten Hexenprozesse zu trauriger Berühmtheit gelangen sollte.

Das, was Hoffmann unter der Folter gestand, wurde fein säuberlich protokolliert und ruht heute als mehrseitiges Aktenstück im Stadtarchiv Landau. Diese „Urgicht" umfaßt sage und schreibe 98 Punkte. Im einzelnen hatte man folgende Missetaten notiert:

1. 1569 stahl Hoffmann seinem Stiefvater Hans Schneider aus Heidelberg einen halben Malter (rund 60 Liter) Korn und verkaufte ihn Jörg Frick.
2. Wohl in Zusammenhang mit dem Diebstahl kam es zu einer handfesten Auseinandersetzung zwischen Vater und Sohn. In deren Verlauf hätte er Schneider „mit einem Messer gestochen". Als Strafe durfte Hoffmann daraufhin Heidelberg zwei Jahre lang nicht mehr betreten.
3. Er versetzte das Pferd des Verletzten in einem Hockenheimer Wirtshaus.
4. Als er 1581 beim Schultheiß von Sinsheim als Fuhrknecht diente, geriet er mit einem Bürger in Streit und schlug diesen mit einer eisernen Pfanne zu Boden. Der Aggressor landete im Gefängnis. Nachdem man ihn dreimal durch den Hilsbacher Weiher gezogen und ausgepeitscht hatte, gestand er ferner, den großen englischen Hund eines Hilsbacher Edelmanns gestohlen und ihn an einen Edelmann in Sinsheim für einen Königstaler verkauft zu haben.
5. In einem nicht genannten Jahr gab sich Hoffmann als Diener des Vogts von St. Remig, Wolff Heilmann, aus und erstand in dieser Funktion in Weißenburg etliche Ellen Barchent, einseitig angerauhtes Baumwollgewebe also, sowie Seile. Danach machte er sich auf den Weg nach Landau und verkaufte die Ware unterwegs für 6 Batzen.
6. 1586 besuchte er nacheinander den Schwiegersohn Heilmanns, Jakob Baum, sowie die Schultheißen von Arzheim und Ranschbach, deren Amtmann Heilmann war. Jedesmal behauptete er, beauftragt worden zu sein, die drei zum Amtssitz seines Herrn auf die Madenburg zu bitten. Und jedesmal wurde er von seinen Gästen mit reichlich Essen und Getränken bewirtet. Die Würste, die er von Frau Baum erhalten hatte, und die wohl für Heilmann bestimmt waren, verkaufte Hoffmann für 4 Weißpfennige.
7. Im Jahr 1583 arbeitete er bei einem Kutscher namens Bentz in „Eidenheim". Um seine Kleidung muß es damals nicht sonderlich gut bestellt gewesen sein, denn vor einer Fahrt nach Speyer lieh ihm sein Arbeitgeber ein Paar Hosen und ein Hemd. Hoffmann dankte es ihm nicht. Kurz vor Speyer machte er sich samt den Sachen aus dem Staub.
8. Einige Tage lang stand er in Diensten eines Kutschers aus „Brussel". Er entwendete ihm ein Wams aus Barchent und eine Seitenwehr (kurze Hieb- und Stichwaffe), die er an der Pforte zu „Eidenheim" für 1 Gulden veräußerte.
9. 1585 diente er in Mörlheim. Er trieb dort nicht nur mit einer Köchin Unzucht, sondern stahl auch einem Fuhrknecht ein Hemd. Auf Geheiß des Mörlheimer Schaffners (Verwalters) wurde er daraufhin samt der Köchin nach Germersheim überführt und verbrachte dort vier Wochen im Gefängnis.

Das Aufziehen - Auf die hier dargestellte Art und Weise wurde Hans Hoffmann gefoltert, um ein Geständnis zu erreichen.

10. Zuvor hatte er auf den Namen des Schaffners bei einem Landauer Sattler Riemen bestellt und diese dann dem Queichheimer Samuel Fliersbacher für 2 Batzen verkauft.

11. In Zeiskam ließ sich Hoffmann von Jörg Hubsch bewirten. Diesem hatte er weisgemacht, er sei sein Bruder.

12. Auch als Söldner hatte sich Hoffmann einmal verdingt. Als er mit seiner Einheit durch Kandel zog, stahl er einem Bauern *„das Hemb, so er noch an seinem Leib"* sowie den Hut eines Fuhrknechts. Außerdem entwendete er die Strümpfe seines Leutnants, dessen Bündel er getragen hatte.

13. Der Mutter seiner Stiefschwester stahl er in Mainz zwei Bettücher und verkaufte sie für 6 Weißpfennige einem alten Juden.

14. Zusammen mit „zweien seiner Gesellen" stahl er zur Herbstzeit in einem Kloster in der Gegend von Heidelberg dem Schaffner ein halbes Ohm (83 Liter) Wein und veräußerte es einem Schmied für 5 Weißpfennige.
15. In Speyer entwendete er dem Bauern Hoffmeister 2 Ellen schwarzes Tuch und verkaufte es in Obernhausen für 1 Gulden.
16. Eine Zeitlang diente er bei Ernst Ziegler in „Eidenheim". In dessen Namen bestellte er bei einem Juden eine Mütze, ein Wams und eine Hose für 2 Gulden, machte sich aber mit der Kleidung auf und davon.
17. In Handschuhsheim verkaufte er 200 Latten, die er am Neckar gefunden hatte, indem er vorgab, sie gehörten ihm.
18. In Neckarhausen aß und trank Hoffmann bei einem Wirt und behauptete, er sei ein Diener aus einem Kloster bei Heppenheim. Die Wirtsstube verließ er, ohne zu bezahlen.
19. In Schriesheim stahl er einem Schäfer, dessen Tiere er gehütet hatte, vier Käse und verkaufte sie in Ladenburg für 4 Batzen.
20. Bei einem Bauern in Schriesheim lieh sich Hoffmann einen Königstaler im Auftrag eines fiktiven Herrn, behielt das Geld aber für sich.
21. Anfang 1587 stahl er einem Schäfer „so uffm Felde ein Karch gehabt" ein Deckbett und einige Bettlacken und machte sie zu Geld.
22. In Stuttgart arbeitete Hoffmann bei einem Tuchhändler und stahl bei dieser Gelegenheit Stoff aus dem Laden.
23. Im benachbarten Schmieden ließ er einen Mantel mitgehen und veräußerte ihn in Waiblingen für 12 Batzen.
24. In Korb im Württembergischen stahl er 16 Laibe Brot aus dem Haus eines Verwalters einer geistlichen Einrichtung und gab sie der Frau eines Kuhhirten, „bei welcher er 14 Tag gewesen".
25. In Kirchheim unter Teck besuchte er den Bruder seines Vaters, einen Küfermeister. Besorgt um die Zukunft seines Neffens, wollte der Oheim Hoffmann das Küferhandwerk erlernen lassen und nahm ihn als Lehrling an. Er kaufte ihm die notwendige Küferkleidung und gab ihm 3 Gulden. Hoffmann jedoch machte sich mit der Kleidung und dem Geld aus dem Staub.
26. In Schwäbisch Hall diente er bei einem Bäcker. Wiederholt brachte er dabei den Weißgerber Holtz nach Hause. Eines Tages bestellte er bei ihm 4 Bockfelle für 2 Gulden und 3 Schaffelle, das Stück für 4 Batzen. Ohne sie zu bezahlen, lief er mit ihnen davon.
27. In Backnang gab sich Hoffmann gegenüber einem Hofküfer als Abgesandter einiger Hofjunker aus Stuttgart aus, die angeblich am folgenden Tag mit einem größeren Auftrag zu ihm kommen wollten. Erfreut lud der Küfer

Der Galeerenturm in Landau diente jahrhundertelang als Gefängnisturm.

den Boten ins Wirtshaus ein, wo Hoffmann für einen halben Gulden aß und trank. Am nächsten Morgen suchte er das Weite.

28. Einmal sollte er vom hessischen Orb aus eine Fuhre Salz nach Aschaffenburg ins dortige Schloß bringen. Unterwegs verkaufte er ein Teil des Salzes und behielt den Erlös für sich.

29. In Lich bei Gießen lieh ihm ein Kutscher einen Mantel. Hoffmann verkaufte ihn für 2 Gulden und lief mit dem Geld davon.

30. In Steinau stahl er einem Wirt eine Mütze und ein Paar Stiefel. Die Stiefel wurden ihm zwar wieder abgejagt, die Mütze aber blieb in seinem Besitz.

31. Im Wirtshaus „Zum Löwen" in Fankfurt gab er sich als Diener des Burggrafen von Alsheim aus. Hoffmanns Zeche - 9 Weißpfennige - bekam der Wirt nie ersetzt.

32. In Kastell bei Mainz machte Hoffmann im Wirtshaus „Zur Taube" eine Rechnung über 2 Gulden. Er behauptete dabei, er sei der Diener eines erzbischöflichen Regierungsbeamten.

33. In Hilsbach stahl er dem Wirt „Zum roten Löwen" einen Fäustling samt Pulverflasche aus dessen Sommerstube. Die Schußwaffe veräußerte er in Speyer für 12 Batzen.

34. In Bensheim bestellte er eine Elle Tuch für einen Taler und verkaufte sie für 8 Batzen weiter.

35. Auf den Namen eines ortsansässigen Bürgers lieh sich Hoffmann bei dem Wirt Peter Menges in Bensheim 2 Gulden und gab sie in Handschuhsheim für Lebensmittel aus.

36. In Heidelberg kaufte er für - wie er vorgab - den Heppenheimer Schultheiß einen braunschweigischen Hut und veräußerte ihn in Handschuhsheim einem Schneider für 1 Gulden weiter.

37. In Rohrbach bei Heidelberg erklärte er einem Bauern, er solle sich zum Jägermeister nach Heidelberg begeben. Hoffmann blieb die Nacht über bei seinem gutgläubigen Gastgeber und stahl ihm am nächsten Morgen eine Seitenwehr, die er für 20 Gulden verscherbelte.

38. Einmal arbeitete er bei einem Pfarrer in Sinsheim, der auch in Heidelberg begütert war. Im dortigen Wirtshaus „Zum Schaf" machte er auf des Pfarrers Namen eine Rechnung über 2 Gulden.

39. Wenig erfolgreich verlief dagegen Hoffmanns Coup in Maulbronn. Einem Wirt stahl er einen Mantel, den er im nahen Lienzingen versilbern wollte. Dort wurde er jedoch *„ergriffen, gen Maullbrun gefengklich gefürtt, drey mal gefoltert und des Landes verwiesen"*.

Hans Hoffmann als Küferlehrling bei seinem Onkel.

40. Im Rastatter Wirtshaus „Zum Engel" führte sich Hoffmann als ein Diener des Markgrafen auf und machte eine Zeche über eineinhalb Gulden. Ohne die Rechnung zu bezahlen entfernte er sich.

41. Von einer Magd des Markgrafen ließ sich Hoffmann 3 Gulden geben. Er behauptete dreisterdings, das Geld ihrem Bruder, einem Trommler, schicken zu wollen, behielt es aber für sich.

42. In Ettlingen prellte er den Wirt „Zum Hafen" um 16 Weißpfennige.

43. Einem Keller (Steuereinnehmer) aus Bruchsal, bei dem er arbeitete, stahl er einen Mantel und verkaufte ihn für 1 Gulden.

44. Gegenüber dem Keller von Niedergrünbach gab sich Hoffmann als Diener des Vogts von Altenburg aus. Hoffmann entwendete ihm eine Büchse und verkaufte sie für 6 Gulden in Pforzheim.

45. Im Frühjahr 1587, als sich der Bischof von Speyer in Liebenzell aufhielt, ging Hoffmann in Pforzheim ins Wirtshaus „Zur Krone" und zehrte dort für 2 Gulden. Er behauptete, auf die Junker des Bischofs warten zu müssen und verschwand ohne zu zahlen.

46. In Stuttgart kaufte er auf den Namen von Hauptmann Stickel 6 Ellen schwarzes Tuch und veräußerte es für 1 Gulden die Elle dem Wirt in Cannstatt weiter.

47. In Mühlhausen bei Stuttgart begab er sich zum dortigen Schultheiß. Demselben erklärte er, er solle zum Vogt nach Cannstatt kommen. Danach lieh sich Hoffmann vom Schultheiß 1 Gulden und verschwand, während *„der Schultheiß auch vergebens gen Canstad gangen"*.

48. Als Hoffmann einmal im Spital von Heilbronn diente, forderte er auf den Namen des Spitalmeisters von einem Schuldner des Letzteren 16 Batzen und 2 Ellen Tuch. Das Geld gab er noch in Heilbronn aus, das Tuch verkaufte er in Großgartach.

49. Auf den Namen des oben erwähnten Spitalmeisters wollte sich Hoffmann beim Wirt in Weinsberg 2 Gulden leihen, bekam jedoch nur einen.

50. Nach dem gleichen Muster gelangte Hoffmann in den Besitz von 16 Batzen, die angeblich der Spitalmeister von Eppingen gefordert hatte.

51. Beim Bruder des Eppinger Spitalmeisters, einem Wirt in Backnang, hinterließ Hoffmann eine Zeche in Höhe von 18 Weißpfennigen. Ferner verlangte er vom Wirt 2 Gulden in bar. Das Geld brauchte er angeblich, um für den Spitalmeister einen eiligen Auftrag in Bamberg erledigen zu können.

52. Als er einmal in Bamberg diente, fand er im Wald 4 Klafter Holz. Dem Wirt zu Eggolsheim bei Bamberg verkaufte er das Holz für 2 Gulden, wobei er behauptete, ein Bamberger Bürger zu sein.

Urteilsformel gegen Hans Hoffmann
...das der beklagte, so gegenwärtig vor diesem gericht stehet,
seiner vielgeübten mishandlung als vielgeübten betrugs,
begangenen diebstals und vollbrachten mordt wegen durch den nachrichter
mit dem radt durch zerstosung seiner glieder vom leben zum todt gericht
und furter öffentlich darauff
geleget werden solle.

53. Einst erfuhr Hoffmann, daß ein Fuhrknecht, der im Kloster Staffelstein bei Bamberg angestellt war, eine Fuhre Steine zu einem Bauern nach Forchheim transportieren sollte. Auf der Fahrt dorthin brach sich der Knecht ein Bein. Er ließ daraufhin einen Brief an das Kloster schreiben, in dem er um die Zusendung von 3 Gulden bat, um „sich dort heilen zu lassen". Von dem Inhalt des Briefs muß Hoffmann auf irgendeine Weise erfahren haben. Er ließ jedenfalls ein anderes Schreiben aufsetzen, das ihn berechtigte, vom Pfleger des Klosters 3 Gulden zu empfangen. Mit dem Brief begab sich Hoffmann eilends in das Kloster und erhielt tatsächlich das Geld.

54. In Coburg präsentierte er einem Messerschmied einen - ebenfalls gefälschten - Brief, in dem der Vater des Handwerkers seinen Sohn bat, zu ihm nach Heilbronn zu kommen. Als Lohn für die Übermittlung des Schreibens verlangte Hoffmann eine Wehr und 1 Gulden. Die Wehr verkaufte Hoffmann für 20 Batzen und lief dann davon.

55. Einem Edelmann namens Rabensteiner sollte er einmal vier kleine englische Hunde nach Würzburg bringen. Unterwegs gab Hoffmann die Tiere jedoch dem Abt von Hermelstein, der ihm als Dank dafür 1 Gulden schenkte. In Würzburg flog die Sache natürlich auf. Hoffmann mußte dort 4 Wochen im Gefängnis verbringen.

56. Im Namen der Witwe des Oberamtmannes von Lauterburg verlangte er 1584 von einem Metzger in Schleithal 9 Gulden, erhielt aber nur 2. *„Damit er dan davon geloffen."*

57. Als Hoffmann sich gerade im Ettlinger Wirtshaus „Zum Hafen" aufhielt, traf ein Priester aus dem elsässischen Roppenheim ein. Hoffmann hörte, daß der Geistliche jemanden suchte, der sein geliehenes Pferd zurück nach Roppenheim bringen sollte und bot sich kurzerhand an. Er behauptete einfach, den Pferdebesitzer gut zu kennen, denn er sei ja schließlich dessen Vetter. Als Lohn für seinen Dienst gab der Priester ihm 2 Batzen. Hoffmann hatte freilich Besseres zu tun, als das Tier ordnungsgemäß abzuliefern. Statt dessen ritt er mit dem Pferd nach Worms und verkaufte es einem Juden für 9 Gulden.

58. 1583 stahl er dem Schaffner eines Adelshofes in Heidelberg einen silbernen Becher und veräußerte ihn einem Juden in Heppenheim für 5 Gulden.

59. Nicht anders erging es 1586 einem Straßburger Ratsherrn, bei dem Hoffmann einen Tag gearbeitet hatte. In der Nähe des Klosters Schwarzach verkaufte er das Gefäß für 2 Gulden.

60. Dem Vogt der Altenburg, der sich einmal in Eidenheim aufhielt, stahl Hoffmann einen silbernen Löffel. In Obernhausen verkaufte er ihn für 5 Batzen.

61. Als Hoffmann 1586 in Siebeldingen war, ging er zur Frau des gerade abwesenden Hauptmanns. Er verlangte von ihr die Herausgabe eines Langrohrs (Gewehr), das er angeblich ihrem „Hauswirt" nach Heidelberg bringen sollte. Die Frau ging auf die Forderung Hoffmanns jedoch nicht ein.

62. 1587 stahl er dem Wirt „Zum Schlüssel" in Neustadt einen halben Malter Hafer und veräußerte ihn einem Eußerhaler Bauern für 1 Gulden.

63. Auf den Namen des Wormser Bürgers Roßfelder orderte Hoffmann in Wimpfen für 4 Gulden Kerzen und verkaufte sie für einen Königstaler.

64. In Worms erstand er auf den Namen des Grafen von Falkenstein zwei Ellen Tuch sowie für 1 Taler Samt und Seide, wobei er vorgab, der Diener des Grafen zu sein. Das Tuch und den Samt verkaufte er dem Wirt in Bobenheim, Michel Becht, für eineinhalb Gulden.

65. Bei der „alten Schaf" aus Worms bestellte er einmal eineinhalb Ellen Tuch, bezahlte jedoch nicht.

66. Auf den Namen von Georg Guttmann aus Worms machte er im Wormser Pfaffenkeller eine Zeche über 28 Weißpfennige.

67. Hoffmann hatte nicht nur Glück in Worms. Als bekannt wurde, daß beim Goldschmied Caspar Mögel Silbergeschirr gestohlen worden war, verdächtigte man sofort ihn und warf ihn ins Gefängnis. Dort wurde er gefoltert und wegen der Missetaten, die er dabei gestand, aus der Stadt gewiesen.

68. Im Namen des Schaffners von Mörlheim kaufte er bei einem Speyerer Seiler Schnüre und lieh sich eine Wehr und 3 Ellen Barchent. Die Schnüre veräußerte er in Lingenfeld für 12 Batzen, die Wehr und das Barchent behielt er.

69. Dem Amtmann von Fulda forderte er 4 Gulden ab, indem er vorgab, der Diener des Junkers Jakob von „Affenstein" aus Dirmstein zu sein und nicht mehr genug Geld zu besitzen, um für sich und seinen Begleiter eine Unterkunft zu bekommen.

70. Als Junker Jakob 1585 auf der Hochzeit des Grafen von Falkenstein weilte, begab sich Hoffmann zu dessen daheimgebliebener Frau nach Dirmstein. Von ihr verlangte er nicht nur Geld, sondern auch eine lange Büchse. Geld gab die Frau ihm zwar nicht, jedoch eine schön eingelegte Büchse, die Hoffmann Meister Michel in Kreuznach für 3 Gulden verkaufte.

71. Gegenüber dem Amtmann Schmittberger in Kreuznach gab sich Hoffmann als der Diener des Heidelberger Kammermeisters aus und verlangte 2 Gulden von ihm.

72. Dieselbe Komödie spielte er beim Landschreiber von Alsheim und beim Keller im Eußerthaler Hof zu Worms. Von dem einen erhielt er 2 Gulden, von dem andern einen Königstaler.

73. Auf den Namen des Amtmannes zu Wiesbaden verkonsumierte er 2 Gulden und lief dann davon.

74. In Gelnhausen kaufte er 3 Ellen Barchent auf den Namen des Kellers von Wächtersbach und veräußerte sie einem Weißgerber in Steinau für 12 Batzen.

75. Einem Krämer in Wiesen im Spessart stahl Hoffmann 16 Ellen Tuch und brachte sie für 4 Gulden an den Mann.

76. In Koblenz entwendete er einem Kaufmann 2 Ellen Tuch, 10 Pfund Speck und eine Wehr. Letztere verkaufte er einem Goldschmied in Wiesen.

77. In Boppard stahl Hoffmann einem Juden 2 Fäustlinge und veräußerte sie dem Schultheißen von „Dreckshausen" für 3 Gulden.

78. In Herrnheim bei Worms stahl er dem Sohn eines Wirts einen Lederwams und einen Hut. Den Wams verkaufte er für einen Königstaler, den Hut für 6 Batzen.

79. Im Frühjahr 1587 entwendete er nachts einem Boten in der Neustadter Herberge „Zum Engel" eine goldene Uhr und wollte sie bei einem Juden in Worms für 8 Gulden versetzen. Er gab dabei vor, der Diener des Centgrafen von Westhofen zu sein. Der Jude aber ging auf das Geschäft nicht ein und forderte ihn auf, zusammen zunächst zum Stadtmeister zu gehen. Hoffmann weigerte sich natürlich. Er behauptete, daß seine Frau auf ihn wartete und verschwand.

80. Auf den Namen von Graf Ludwig von Offenbach kaufte er bei einem Frankfurter Goldschmied 16 Paar silberne Spangen. Hoffmann gab sich hierbei als gräflicher Schneider aus. In Gelnhausen veräußerte er sie 14 Tage vor Johannis (24. Juni) einem Juden für 2 Gulden.

81. Dem Wirt „Zum Hirsch" in Frankfurt entwendete er einen silbernen Becher und verkaufte diesen einem Juden in Nieder-Roden für 4 Gulden.

82. In Friedberg stahl er dem Garkoch Jonas Kessel ebenfalls einen kleinen silbernen Becher und veräußerte ihn an Ort und Stelle einem Juden für einen Königstaler.

83. Eines schönen Tages lernte Hoffmann den Schaffner des Marburger Klosters St. Johann, Johann Grünwaldt, kennen. Von ihm erfuhr er, daß die Mönche des Barfüßerklosters in Frankfurt dem Schaffner noch 9 Gulden schuldig wären. Hoffmann begab sich daraufhin nach Frankfurt und forderte im Namen Grünwaldts die Summe von den Mönchen ein und erhielt sie auch.

84. In Großen-Linden bei Gießen entwendete er dem Postboten zwei zinnerne Kannen und eine Platte, die er der Garköchin Barbara aus Wiesen für 2 Gulden verkaufte.

85. Ungefähr im Jahr 1580, als Hoffmann sich von Trier aufgemacht hatte, stieß er in einem Wald auf eine Mühle, in der sich der Müller, dessen Schwager Jörg und ein gewisser Lorentz befanden. Einer der drei fragte ihn von weitem, wo er denn hin wolle; er solle doch bei ihnen bleiben; sie würden schon dafür sorgen, daß er zu Geld komme. Nachts dann, als sie zusammen saßen, *„hetten die drey ihme einen Tranck zubereitet, welcher wie Blutt gewesen, den er, Hans, hette müssen austrincken. Folgends wan er einen Menschen angesehen, hette ihme gedäucht, er müßte ihnen umbbringen, und hette als vom Morden nicht können wieder ablassen."* Am anderen Tag verließen die vier die Mühle gegen 10 Uhr. Unterwegs begegneten sie einer Frau mit einem roten Rock. Lorentz erschoß die Frau und fand, als er sie entkleidete, einen Taler bei ihr. Die Räuber entledigten sich der Leiche, indem sie sie unter einem Holzstoß versteckten. Später verzechten sie das Geld heimlich in der Mühle. Den Rock jedoch behielt die Müllersfrau.

86. Auf ihrem weiteren Weg nach Wallerfangen trafen sie zwei Studenten, die nach Trier reisen wollten. Ihr Ziel sollten die beiden jungen Leute nie erreichen, wurden sie doch von der Bande kurzerhand umgebracht. Von der Beute - man hatte 20 Gulden bei ihnen gefunden - erhielt Hoffmann seinen Anteil. *„Die Toden aber hetten sie in eine Hecken geschleift."*

87. 14 Tage vor Weihnachten 1586 zechte Hoffmann mit einem Schmiedeknecht im Wirtshaus „Zum Guldenknecht" in der Nähe von Marburg. Ihr Nachhauseweg führte sie durch einen Wald, wo sich der offenbar stark alkoholisierte Knecht niederlegte und sofort einschlief. *„Da hette er, Hans, dem Schmid, also schlaffend die Gurgel abgestochen".* Bei seinem Opfer fand Hoffmann 10 Gulden, einen Mantel, einen Hut und eine Wehr. Den Toten ließ er einfach liegen.

88. 1584, als Hans Hoffmann in Feuerbach bei Pforzheim weilte, kamen zwei Männer zu ihm, Michael, ein Bäcker aus Schaffhausen, und Jörg von Schorndorf. Die beiden boten Hoffmann an, mit ihnen gemeinsame Sache zu machen. Sie hätten ausgekundschaftet, daß am nächsten Tag zwei Stuttgarter Kaufleute, die auf dem Weg zur Frankfurter Herbstmesse waren, durch den „Hagenschüß" ziehen würden. Man plante sie auszurauben. Hoffmann willigte in den Plan ein. Am nächsten Tag erschien zunächst nur ein Kaufmann an der erwarteten Stelle, *„welchen sie erstlich gefellt, darnach den Hals zugedruckt und geschlagen, daß er erstummt".* Zwei Stunden später tauchte der zweite Kaufmann auf, mit dem sie auf die gleiche Weise verfuhren. Die beiden Toten warfen sie in einen Teich. Von der Beute, insgesamt 200 Gulden (!), bekam Hoffmann nur 20 Gulden. Mit dem restlichen Geld sollten seine Komplizen jedoch nicht glücklich werden. Noch am gleichen Tag wurden sie bei Kornwestheim gefaßt, während Hoffmann entkommen konnte.

89. Im selben Jahr, drei Wochen vor Johannis, erdrosselte Hoffmann einen Bäckerknecht, mit dem er zuvor gezecht hatte, im „Sunnerer" Wald. Als Beute nahm er 3 Gulden und einen Mantel mit. Den Toten versteckte Hoffmann in einem Eichenwald.

90. Den nächsten Mord verübte Hoffmann wieder zusammen mit anderen. Dieses Mal waren seine Mittäter die beiden Schmiedeknechte Facius und „Stoffel mit dem großen Maul". Mit beiden zog er von Basel aus in nördliche Richtung. Als sie den „Mömpelgard" erreicht hatten, sahen sie plötzlich zwei Männer vor sich auf der Landstraße. Einer der beiden war gekleidet wie ein Priester oder Schulmeister, was eine lohnende Beute versprach. Die drei zauderten denn auch nicht lange: *„Da dan Facius, der eine eiserne Kugel an einer Cordeln gehabt und dem einen das Genick eingeworffen, daß er gefallen."* Stoffel und Hoffmann wollten dem so Gefallenen nun endgültig den Garaus machen, mußten jedoch mitansehen, wie dessen Begleiter zu fliehen versuchte. Facius eilte ihm nach und durchbohrte ihn mit seiner Wehr. 18 Taler fanden sie bei den Getöteten. Die Opfer schleiften sie in einen Graben.

91. Auch beim folgenden Überfall war der schon erwähnte Facius beteiligt. Er und Hoffmann saßen in einem Wirtshaus in Waldaschaff im Spessart und hörten, wie ein Bäcker aus Lohr dem Wirt erzählte, daß er sich nach Aschaffenburg begeben wollte, um dort Getreide zu kaufen. Wir wissen, daß es soweit nicht kommen sollte. In einem Wald lauerten die beiden Mörder dem Bäcker auf und erstachen ihn. Die Beute betrug 12 Gulden.

92. Im Jahr 1586 verübten die beiden insgesamt sieben Morde. In Dreieich bei Darmstadt erschlug Hoffmann den dortigen Wirt und erbeutete 7 Gulden. Den Toten verscharrten er und Facius in einem Waldstück.

93. Kurz vor Weihnachten überfielen sie den Wagner Hans Zimmer auf der Straße von Seligenstadt nach Mainz. Facius soll ihn erschossen haben. Er und Hoffmann flüchteten mit den 2 Gulden, die sie bei dem Toten gefunden hatten.

94. Zwischen Hirschhorn und Eberbach raubten sie einen Mann *„so truncken gewesen"* aus und machten ihn anschließend mundtot. *„Er, Facius, hette ihnen erstochen"*, heißt es in dem Protokoll. Das Opfer hatte 2 Gulden besessen.

95. Als Hoffmann und Facius von Würzburg nach Coburg reisten, machten sie inmitten eines Waldes in einem Wirtshaus halt *„darinnen sich gemeinlich Mörder halten"*. Früh am nächsten Morgen zogen sie weiter und trafen unterwegs einen Goldschmied, der gerade aus Coburg kam. Beide brachten den Handwerker um und verscharrten ihn im Wald. 5 Königstaler und 4 Silber-

ringe fanden sie bei ihm. Hoffmann verkaufte die 2 ihm zustehenden Ringe für 8 Batzen.

96. Zwischen Lichtenfels und Kronach raubten sie einen Dielenschneider aus und töteten ihn. Ausführender war dieses Mal Facius. Er habe dem Opfer, so Hoffmann, *„mit einem starken Bengel, so vornen einen Knopf gehabt, an den Schlaf geschlagen, daß er gleich tod gewesen"*. Der Tote, der 2 Gulden bei sich gehabt hatte, wurde in einen Graben geworfen.

97. Auch ein Schuster aus Bamberg entging den beiden Mordbuben nicht. Als sie ihn trafen, stellte ihm Facius ein Bein und erschlug ihn dann. Die Beute - 5 Gulden und etwas Handwerkszeug - teilten sie unter sich auf.

98. Die letzte Bluttat der zwei geschah auf ihrem Weg von Heilbronn nach Öhringen an einem nicht näher beschriebenen Mann. Als sie anschließend in Dalheim angekommen waren, wo sie das erbeutete Geld teilen wollten, entfernte sich Facius unter dem Vorwand, er wolle vorher noch etwas kaufen. In Wirklichkeit flüchtete er mit dem Geld.

Mord im Spessart.

Wir wissen natürlich nicht, ob all diese Delikte von Hans Hoffmann wirklich begangen oder unter der Folter teilweise von ihm erfunden worden sind. Auffallend ist jedoch die Genauigkeit seiner Angaben. In der Regel nannte Hoffmann den Namen und den Beruf seines Opfers, den Tatort und die Größe der gemachten Beute. Dies scheint eher dafür zu sprechen, daß wir es hier mit tatsächlichen Begebenheiten zu tun haben. Sicherlich werden jetzt einige Leser einwenden, daß die von Hoffmann vollbrachte Gedächtnisleistung völlig unwahrscheinlich sei. Sie wäre es auch, hätte er im späten 20. Jahrhundert gelebt! Für die noch an das mündliche Tradieren gewöhnten Menschen der Renaissancezeit war es jedoch selbstverständlich, daß sie sich an eine Vielzahl von Geschehnissen erinnern konnten, die schon Jahre zurück lagen.
Die Liste der Missetaten macht deutlich, welch große kriminelle Energie Hoffmann besaß. Seine Delikte reichen von relativ harmloser Zechprellerei über Unterschlagung, Diebstahl, Körperverletzung bis hin zum brutalen Raubmord. Interessanterweise hatte er in Punkt 85 des Protokolls versucht, seine Morde mit der Einnahme eines obskuren Getränks zu entschuldigen. Natürlich schwang hier der im 16. Jahrhundert noch allgegenwärtige Glaube an Zauberei mit.
Zeitlich fielen die meisten der datierbaren Straftaten in die Jahre zwischen 1583 und 1587. In geographischer Hinsicht konzentrierten sie sich auf die Gegenden um Stuttgart, Heidelberg und Frankfurt. Das linksrheinische Gebiet mied Hoffmann also weitgehend. Nur hin und wieder machte er die Wormser und Speyerer Region unsicher. Es ist von daher schon eine Ironie des Schicksals, daß er ausgerechnet bei einem seiner seltenen Aufenthalte auf dem westlichen Rheinufer gefaßt wurde.
In Landau nahm der Prozeß seinen geregelten Gang. Nach der ordnungsgemäßen Verlesung des Protokolls vor dem als Ankläger auftretenden Marschall der Stadt Anselm Serflinger und den Schöffen fällte das Gericht das Urteil. Wie nicht anders zu erwarten, wurden Hoffmanns Missetaten mit der Todesstrafe belegt. Wörtlich heißt es in der Akte: „*Ist durch die Herrn Urtheiler und Schöffen dieses löblichen Stadtgerichts alhier endlich zu Recht erkend, daß der Beklagte, so gegenwertig vor diesem Gericht stehet, seiner Mißhandlung, vielgeübten Diebstahls und wollnbrachten Mordt wegen durch den Nachrichter mit dem Rade durch Zerstoßung seiner Glieder vom Leben zum Tode gericht*". Brutalität kennzeichnete Hoffmanns Leben, auf ebenso brutale Weise wurde es beendet.

Die Hannikelbande in der Pfalz

im ausgehenden 18. Jahrhundert
von Rolf Übel

Räuberbanden haben schon immer das Interesse der Zeitgenossen wie der Nachwelt erweckt. Die großen Klassiker wie Schiller haben sich des Räubers angenommen, sei es in dem historisch belegbaren „Sonnenwirtlein", dem "Verbrecher aus verlorener Ehre", oder sei es die erfundene Gestalt des Karl Mohr in die „Räuber". Die „Rebellen wider das Gesetz", seien es Rinaldo Rinnaldini oder der sagenhafte Robin Hood, erfuhren ihre Verklärung, wie wir es bei den Raubrittern schon gesehen haben. Dies gilt vornehmlich für die „großen Räuber" des späten 18. und frühen 19. Jahrhunderts, den Hölzerlips, den Fetzer, die Odenwälder Räuberbanden und natürlich den Hans Bückler, den berühmt berüchtigten Schinderhannes. Zu gerne sah man in ihnen den Sozialrebellen, nicht den schnöden Straßenräuber. Leider waren sie nicht die Helden, die den Reichen ihr Geld raubten und es dann den Armen gaben. Viel zu oft blieben sie nur die brutalen Wegelagerer, die für wenig Beute Morde in Kauf nahmen, die Armen oft ebenso rücksichtslos ausplünderten wie die Reichen, keine geborenen Verbrecher, aber auch keine Sozialrebellen, die sich gegen die Obrigkeit auflehnten, um der Freiheit des Individuums willen.

Nun stehen alle diese Banden in keinem direkten Zusammenhang mit der Pfalz, mit der Südpfalz schon gar nicht, sieht man einmal davon ab, daß die Julchen Bläsius, des Schinderhannes Geliebte oder „Beischläferin", wie man sie damals nannte, nach ihrer Freilassung einen Sergeanten aus der Festung Landau heiratete.

Allerdings tauchte gegen Ende des 18. Jahrhunderts die Hannikelbande auch in der Pfalz auf: "Heute ist Hannikel nur noch eine lokale Größe in der Gegend um den oberen Neckar, obwohl er zu seiner Zeit weithin bekannt war", war im Katalog der großen Räuberaustellung in Karlsruhe 1995 zu lesen. Es ist Ziel dieses Berichts aufzuzeigen, wie der Hannikel auch in unserem Gebiet sein Unwesen trieb.

Das Alte Reich mit seinen über 40 Territorien im Bereich der heutigen Pfalz brachte für seine Bürger heute kaum noch nachzuvollziehende Probleme: Grenzen überall, landesherrliche Zollrechte, sorgsam überwachte Eigenstaatlichkeit, kaum Kooperation. In diesem zersplitterten, unter vielen Herren aufgeteilten Gebiet konnten sich zentrale Institutionen konsequenterweise nicht entfalten. War die öffentliche Ordnung, „die gute polizey", wie man dies damals mitunter nannte, Sache des Landesherren, so endete dessen Einfluß an der Grenze seines Gebiets. Somit war auch eine flächendeckende, effektive Strafverfolgung über die Grenzen hinweg zumindest schwierig, mitunter durch Rivalitäten sogar unmöglich.

Dies machten sich jene zunutze, denen an einer Effizienz der „zwischenstaatlichen Zusammenarbeit" am allerwenigsten gelegen sein konnte - die Nichtseßhaften und die Räuberbanden.

Was es hier nun zu berichten gibt, ist ein Beispiel für das geschickte Ausnützen der Grenzen durch die Räuber, aber auch für das effektive Zusammenspiel weit entfernter Behörden, wenn sich eine energische Persönlichkeit gefunden hatte, die die Untersuchungen vorantrieb.

Allerdings gab es zumindest im Kurpfälzischen zwei Ordnungen (die Chur- und Oberrheinische Poenal-Sanction von 1748 und ein Edikt gegen die Zigeuner von 1763), die diese zu quasi Rechtlosen erklärten und ein hartes Vorgehen duldeten - auf kurpfälzischem Gebiet. Es muß sicherlich nicht ausdrücklich gesagt werden, daß die Gesetzeskraft der Verordnungen an der Landesgrenze endete.

Aber wie schon erwähnt, es gab auch Ausnahmen. So findet sich im Stadtarchiv Annweiler ein Aktenkonvolut, das den Schriftverkehr zwischen dem Amtmann Georg Jakob Schäffer aus Sulz am Neckar und dem Vogt Koch, zuständig für Annweiler und den Zweibrückischen Teil der Gemeinschaft Falkenburg, beinhaltet und die Aktivitäten der Hannikelbande im Gebiet um Annweiler aufdecken sollte.

Die Hannikelbande war eine der bekanntesten Räuberbanden im südwestdeutschen Raum. Erreichte sie für die Nachwelt nie die Bekanntheit und Po-

Portrait des Räuberhauptmanns Hannikel.

pularität der Schinderhannesbande, so kann das Räuberleben des Hannikels doch als eines der „erfolgreichsten" im ausgehenden 18. Jahrhundert bezeichnet werden.

Die Lebensgeschichte ihres Anführers, Jakob Reinhardt, sei hier kurz umrissen. Hannikel stammte aus einem Zigeunergeschlecht, seine Mutter, Gaisin genannt, soll ihn 1742 auf offenem Feld ohne fremde Hilfe zur Welt gebracht haben. Über den Geburtsort gibt es widersprüchliche Angaben, Darmstadt wird ebenso genannt wie Schifferstadt.

Wie dem auch sei, die Gaisin ließ das Kind zehn Jahre bei einem Bauern in Darmstadt, der es zu verschiedenen Arbeiten heranzog. Um 1750 suchte er seine Mutter und fand sie in Lothringen: Zusammen mit seinem Halbbruder Wenzel zogen er und die Mutter durch das Land, vornehmlich vom Bettel lebend. Sie hielten sich überwiegend im Elsaß und in Lothringen auf.

Schon in jungen Jahren nahm Hannikel - sein Zigeunernamen bedeutet Ochse und wurde ihm wegen seiner Körperkraft gegeben - ein Vaganten- und Räuberleben auf. Zumindest teilweise war er in der Pfalz Anführer einer Gruppe, zu der auch seine Brüder und andere enge Familienmitglieder gehörten. Die Räuberei war aber nicht der einzige Broterwerb. So verdingte sich Hannikel auch drei Jahre als Jäger im Dienste des Herzogtums Pfalz-Zweibrücken.

Späterhin jedoch sollte er sein Räuberleben wieder aufnehmen; auch wenn er immer wieder versuchte, im normalen Leben Fuß zu fassen, scheiterte er an der Ablehnung seiner Umwelt gegenüber den Zigeunern.

Obwohl die Bande vor allem im Württembergischen später berühmt und berüchtigt werden sollte, hielt sie sich in den Jahren nach 1760 in der Gegend um das Hanau-Lichtenbergische Pirmasens auf.

Waren die Nichtseßhaften, egal ob Zigeuner oder andere, generell nicht gern gesehen und gelitten, so fanden sie in dem Landgrafen Ludwig IX. von Hessen-Darmstadt einen Landesherren, der sie gerne in seine neu rekrutierte Garnison in Pirmasens aufnahm. Obwohl der Landgraf Ludwig IX. den Zuzug von Familienangehörigen per Erlaß unterbinden wollte, sorgte er sich nicht mit der gebotenen Strenge um die Durchführung seiner Verordnung, denn er wußte, daß dies unweigerlich Desertionen, ohnehin ein Problem seiner Garnison, nach sich ziehen würde.

Die Hannikelbande hütete sich tunlichst, im Hessen-Darmstädtischen selbst Überfälle zu begehen, vielmehr war sie in einem Umkreis von ca. 50 Kilometern sehr aktiv. Aber auch weiter führte die Bande ihre Züge, wenngleich die Aktionen nicht immer ohne Widerstand blieben. So kam es bei dem Überfall auf einen Juden in Marienthal am Donnersberg zu einer Schießerei mit den Dorfbewohnern, bei der einige Räuber verletzt wurden.

Ihre Ausgangsbasis bildete das Amt Lemberg, und ihre Duldung durch den Landgrafen stieß auf harrsche Kritik seiner Standesgenossen, die aber auf kaum fruchtbaren Boden fiel. Die Bande blieb auch nicht ständig zusammen, vielmehr suchten einige Mitglieder immer wieder nach Arbeit und fanden sich nur sporadisch zu Streifzügen ein.

Die Landesherren der Umgebung von Pirmasens, die die Maßnahmen des Landgrafen bezüglich der Rekrutierung der Zigeuner durchaus nicht teilten, hier vor allem Kurpfalz, verfuhren in anderer Art und Weise und setzten Hu-

Zeitgenössisches Bild Hannikels.

sarenpatrouillen ein, die bei einer Schießerei in der Nähe von Eußerthal drei Bandenmitglieder erschossen. Auch Pfalz-Zweibrücken teilte das liberale Vorgehen von Hessen-Darmstadt in keiner Weise. Zudem erließen die einzelnen Landesherren Verordnungen, die sich gegen sogenannte „fremde Bettler" richteten. So sollten im Zweibrückischen die *„Mannspersonen, die zur Arbeit tüchtig, angehalten werden und auf 3, 4 bis 6 Monathe im Schubkarren gestanden (Zwangsarbeit), nach deren Entlassung des Landes verwie-*

sen werden." Die Frauen und die Arbeitsunfähigen sollten „abgeprügelt" und gleich des Landes verwiesen werden.

Obwohl sich die einzelnen Staaten durch polizeiliche Maßnahmen der Nichtseßhaften entledigen wollten, kann von einem koordinierten Vorgehen nicht die Rede sein. Schon 1760 findet sich ein Schriftwechsel zwischen der Administration der Grafschaft Leiningen - Dagsburg - Falkenburg in Heidesheim und dem Vogt Koch in Annweiler bezüglich der mangelnden Zusammenarbeit bei „Streifungen" um Wilgartswiesen und Rinnthal. Auch klagt die leiningische Seite wegen der Verstattung des Aufenthaltes von Zigeunern durch den Förster Becker in Hofstätten, woselbst sie als Gaukler gern gesehen waren, da sie die Langeweile in dem entlegenen Weiler zumindest für kurze Zeit vertrieben. Es wurde andererseits auch gerügt, daß bei einer „Streifung" die Zigeuner brutal behandelt worden waren, *„...weil man der Entweichung der Zigeuner, deren wehrlose Weiber und unschuldige Kinder, die meisten auf erbärmliche Weise blessiert, so daß einige das Leben eingebüßt."*

Es ging weniger um die Zigeuner selbst, vielmehr darum, daß der Alleingang ein *„Eingriff in die Gemeinschafts Hoheits Jura Rechten"* der Gemeinschaft Falkenburg gewesen war.

Trotzdem schrieb der zweibrückische Amtmann Koch, daß er Zigeuner gefangen und in Wilgartswiesen inhaftiert habe. Zugleich gab es Streit um die Zuständigkeiten in der Gemeinschaft, denn der zweibrückische Amtmann schrieb, *„das man wohl nach den Crais sanctionen befugt seye, selbigen den proceß zu machen"*. Aber der Amtmann mußte auch einräumen, daß die Bauern im Ort einige „Cabale" gemacht hätten und ihm die Gestellung von Wachen immer schwerer fiel.

Trotz all dieser Probleme gilt es festzuhalten, daß im Jahr 1760 einige „Streifereien" gegen Zigeuner stattfanden, seien sie nun unter den Behörden abgesprochen oder nicht.

Teilweise handelte es sich auch um sogenannte „Wilde Streifungen", die von den Husarenpatrouillen ohne Befehl, aber mit der Sicherheit der nachträglichen Duldung, durchgeführt wurden. So blieben auch Aktionen, die man nach heutigem Rechtsverständnis nur als Mord bezeichen kann, in aller Regel ohne Folgen.

Durch den stärker werdenden Verfolgungsdruck wich die Hannikelbande in andere Gebiete aus. Östlich des Rheins fand sie in den 80er Jahren des 18. Jahrhunderts in dem Amtmann Schäffer aus Sulz einen Gegner, der sie mit Nachdruck verfolgte und letztendlich die wichtigsten Mitglieder gefangennehmen konnte.

Im Jahre 1787 wurde Hannikel mit drei seiner Genossen in Sulz gehenkt.

Die Befreiung der Frauen in Wilgartswiesen.

Im Verlauf der Ermittlungen des Amtmannes Schäffer kam es zu dem schon erwähnten Schriftwechsel, der die Aktivitäten der Zigeunergruppe in der Südpfalz zwischen 1760 und 1770 erhellen sollte - zwei Jahrzehnte, nachdem sie geschehen waren. Am 11. November 1786 schickte eben dieser Georg Jakob Schäffer aus Sulz eine Protokollabschrift des Verhörs der Hannikelbande an die Vogtei Annweiler mit der Bitte *„den ganzen Vorgang, wann anderst noch Leutte am Leben, die von diesem Hergang zeugen können, alles mögliche zu erheben und mir ... zugehen zu lassen."*

Nach den Zeugenaussagen war ein Teil der Frauen und Kinder der Bande im Wald bei Eußerthal durch Husaren gefangen worden, u.a. auch die Gaisin, die Mutter des Hannikel, die man in das Zuchthaus nach Mannheim brachte, wo sie kurz darauf starb. Ein Bandenmitglied wurde angeschossen und starb nach 14 Tagen an den Wunden.

Die Familienmitglieder der Reinhardsippe haben sich seit 1763 öfters in und um Eußerthal aufgehalten und tauchen auch in den Kirchenbüchern verschiedentlich auf.

Die gefangenen Frauen brachte man nach Wilgartwiesen. Über die folgenden Ereignisse berichtet das Protokoll.

„Q. 716 Wohin die Husaren diese Weibs Leute in die Gefangenschaft geführt haben?
Rp. Nach Wilgartsweisen, einem pfälzischen Flecken, allwo sie nur 2 Tage auf dem Rathaus gesessen.
Q. 717 Warum dise nur so kurze Zeit im Arrest behalten worden.
Rp. Der Badele seye in Wilgardswiesen bekant gewesen, und habe die Wächter durch einen bekannten Mann fragen lassen, ob sie ihre Weiber nicht abholen sollen, da diese zurück sagen lassen, sie sollen nur kommen, damit sie die Wächter sich entschuldigen können, als hätte man die Weibspersonen mit Gewalt hinweggenommen.
Hierauf seyen die 2te Nacht darauf der Badele, Edlauer oder Franz, Buchewiz und der Ernst, dessen Mensch Katarina, auch eingelegen, nach Wilgardswiesen aus dem Wald aus bei Horbach abgegangen, haben ein Laiter an Rathaus angeschlagen, sind dem Wächter mit zum Fenster hinein gestellter Pistohl zugerufen: es solle sich keiner rühren, oder sie seyen alle des Todts. Den Weibs Leuten aber auf ihre Sprache: Tschali gerwuderbei i.e. sie sollen die Thüre suchen, zu verstehen gegeben, daß sie plötzlich durchgehen sollen. Auf welches die Weibs Leute, ohne im mindesten von den Wächtern angehalten zu werden, schnell zur Thür hinaus gesprungen, und sich ...fortgemacht haben.
Q. 718 Ob disfalls kein Lärm im Ort entstanden, und sie verfolgt worden.
Rp. Nein! Die Wilgardswieser seyn froh gewesen, daß die Weibs Leute auf eine solche Art durchgekommen."

Wenzel fährt fort, daß die Wächter die Frauen am liebsten schon am ersten Tag hätten laufen lassen, aber sie hätten dies unterlassen, weil sie der Obrigkeit glauben machen wollten, die Befreiung sei mit Gewalt geschehen, und dies ging nur unter Mitwirkung von Mitgliedern der Gruppe. Auf die Frage, warum er, Wenzel, und sein Bruder Hannikel nicht bei der Befreiung der Frauen mitgewirkt haben, zumal ihre Mutter sich unter ihnen befand, berichtet Wenzel von einer schon vorher stattgefundenen Schießerei mit Husaren im *„Wald im Thal hinter Horbach"*, daß ihm *„das rechte Schulter Blatt durch und durch mit einer Kugel und Hannikel in die rechte Knie Scheibe mit einer Rollkugel geschossen, daß sie lange Zeit ganz elend gewesen..."*.
Boredi, die Mutter seiner *„Beischläferin, dem Gali-Mensch, .. seye damalen von denen Husaren auch so blessiert worden, daß sie den 2ten Tag darauf zu einem Bauern Stall in Horbach den Geist hat aufgeben müssen"*.
Die Aussage des Wenzel läßt sich nicht genau datieren. Er vermutet, daß die Ereignisse 16 Jahre zurückliegen, sich also um 1770 zugetragen haben. Sollte dies stimmen, so wurden von 1760 bis 1770 mehrmals Zigeuner in Wil-

gartswiesen inhaftiert, die allerdings, und dies scheint die Regel gewesen zu sein, recht schnell wieder entkamen, soweit sie nicht auf Patrouillen trafen, sondern es mit dem einfachen Landvolk zu tun hatten.
Die Patrouillen lieferten sich allerdings regelrechte Gefechte mit den Bandenmitgliedern, mit Verlusten auf beiden Seiten. So sagte Hannikels Halbbruder Wenzel aus:
„Ob sie einen Husaren verwundtet oder zu todt geschossen haben.?
Die Wirts Leute zu Horbach hätten ihnen 8. Tag hernach erzelt, dass sie einen Husaren an dem Kopf hinaus gestreift haben.
Von welchem Schuß dies geschehen seie?
Ein Husar habe den Biplo Mensch Konrad, den Berg hinauf verfolgt, da sich Biplo umgewendet, und nach dem Husaren geschossen."
Die Stärke der Gruppe wurde mit 11 Personen angegeben, davon fünf männlich. Und die kurpfälzischen Husaren waren bei ihrem „*straif*" recht „erfolgreich".
„Ob von den Weibs Leuten durch die Husaren eine im Straif beigefangen?
Ja. Seine Mutter, die Gaisin, des Lodi Elenora, Regina, des Bachwiz Mensch, Hojo- deren Mann Mamoch vor 16 bis 18 Jaren zu Eußerthal von denen Husaren Zigeuner Misonde und Clemens bei dem Jäger, der ein Wirt seye, im Haus erschossen- des Mamochs Bruder aber gefangen genommen und nach Mannheim auf Lebens lang in Zuchthaus gesperrt worden. Der Clemens seie nicht gleich todt geblieben und er habe mit dem Hannikel 14 Tag hernach denselben aus dem Bauern Haus zu Eußerthal getragen, damit der Feldscher von dar alle Tag nach solchem sehen können." Trotzdem starb der Clemens 14 Tage später an seinen Wunden. So vermerkte der Pfarrer von Eußerthal diesen Vorfall: *„Im selben jahr 1770, am 4. Mai ist der Zigeuner Clemens Lemberger an den Verwundungen gestorben, die er am Kopf von den Husaren erhalten hat. An der daher rührenden Krankheit ist er gestorben, wohlversehen mit den Sakramenten... und am fünften Tag desselben Monats und vorgenannten Jahres in der Pfarrei St. Bernhard zu Eußerthal in jenem Teil des Friedhofs begraben, der jenen Menschen zugeteilt ist".*
Die weiblichen Gefangenen wurden von Eußerthal nach Wilgartswiesen gebracht, wo die schon geschilderte Befreiungsaktion stattfand.
Man fragte Wenzel auch nach dem Grund der Attacken durch die Husaren. Und dieser antwortete vollkommen wahrheitsgemäß. *„Er wisse keine Ursache, dann sie haben im Pfälzischen nichts angestellt. Wie ihnen die Wilgartswiser erzelten, so seye ein Jäger, der damalen bei dem Herren Forstmeister zu Falkenburg in Diensten gestanden, Ursache hiervon gewesen, weilen er von Lodi und Buchewiz verlangt, sie sollen alle beim Forsts Mei-*

ster, bei dem derselbe vorhero als Jäger Pursch gedient, einbrechen und demselben sein Gewähr entwenden, daran der Jäger nur ein einiges behalten wollte, daß ganz besonders gut gewesen sein solle."

Ob die Gründe hierfür wirklich hier zu suchen sind, läßt sich im Nachhinein schwer nachvollziehen. Allerdings! Größere Straftaten wurden auch von dem Vogt Koch nicht nach Sulz berichtet: Einzig das Verschwinden von Wäschestücken, obwohl das Schriftstück offen läßt, ob dieser Diebstahl den Zigeunern nur nachgesagt oder nachgewiesen wurde.

Nach dem Tode des Landgrafen Ludwig IX. 1790 änderte sich auch die Politik gegenüber den Nichtseßhaften um Pirmasens. Sie wurden nicht mehr als Rekruten benötigt, daher auch nicht mehr geduldet.

Schon wenige Jahre später allerdings sollten die Ereignisse der Französischen Revolution das Land überrollen. Auf den Raub einiger Räuberbanden folgte die geordnete staatliche Ausplünderung, die Ausleerung der Pfalz, durch die Franzosen 1793/94.

Gemessen an den Schrecken und Verlusten an Hab und Gut in diesen Jahren waren die Raubtaten der Räuberbanden fast schon "harmlos".

Eine öffentliche Hinrichtung
in Landau im Jahre 1828
von Rolf Übel

Zu Beginn der 80er Jahre kursierte in den Videotheken eine Kassette mit dem Titel: „Gesichter des Todes". Der Autor dieser Zeilen hat die Videokassette selbst nicht gesehen, ist aber über deren Inhalt informiert. Sie zeigt das Töten in mannigfaltiger Form: Raubtiere zerreißen friedlich äsende Paarhufer, weiße Haie machen ihrem Ruf alle Ehre, eine Mantilla vertilgt einen Frosch bei lebendigem Leib.... Dies mutet heute, da selbst die Tierdokumentationsfilme mitunter nichts weiter als eine Aneinanderreihung von Jagd- und Tötungsszenen sind, nicht sonderlich verkaufsfördernd an, vor allem, da das Genre des Splatter-Horror-Movies mittlerweile durch moderne Tricktechnik das Zerstückeln von Menschen ungleich realistischer darstellen kann. Was fehlt, ist der Tick der Authentizität, denn jeder Betrachter weiß ja, daß es Kunstblut ist, welches hier spritzt, und daß der abgeschlagene Kopf nur aus Plastik besteht.

In dem eingangs erwähnten Video fanden sich aber zwei Szenen, von denen zumindest behauptet wurde, sie seien authentisch. Die Hinrichtung eines Mannes in einem arabischen Land durch das Schwert und eines Delinquenten auf dem Elektrischen Stuhl in den USA. Ist die Wahrscheinlichkeit, daß es sich bei der Enthauptung um eine tatsächlich stattgehabte Hinrichtung gehandelt haben mag, recht groß, so kamen bei der Hinrichtung auf dem Elektrischen Stuhl doch zumindest massive Zweifel auf, denn das Filmen oder

Fotografieren von Hinrichtungen ist und war in den USA verboten. Gibt es wohl einige Fotos, die mit eingeschmuggelten Kleinkameras gemacht wurden, so gab es bald Zweifel an der Echtheit dieses Filmmitschnitts.

Nichtsdestotrotz war es vor allem diese Szene, von der immer wieder berichtet wurde, kam die Sprache auf besagten Videofilm, der dann auch bald wegen seiner Grausamkeit vom Markt genommen werden mußte.

Ist die Kassette nur einem kleinen „Publikum" bekannt geworden und kursiert sie heute bestenfalls noch als Raubkopie, so irrt man, wenn man glaubt, daß sich das Interesse an solcherlei Filmen nur bei einigen wenigen morbide veranlagten Spinnern findet.

Wie ist es sonst zu erklären, daß große amerikanische Fernsehgesellschaften schon seit einiger Zeit immer wieder Vorstöße unternehmen, um die amerikanische Justiz dazu zu bewegen, Hinrichtungen wieder öffentlich zu machen - in Form einer Fernsehübertragung. Und wurden nicht auch schon Verhandlungen mit zum Tode Verurteilten geführt, um deren Zustimmung zu erlangen. Große Geldsummen für die Hinterbliebenen ködern die Opfer, noch größere erwecken die Begierde der Fernsehanstalten.

Natürlich wird sich keiner der Verantwortlichen hinstellen und lautstark verkünden, er wünsche eine öffentliche Übertragung einer Hinrichtung, nach Möglichkeit exklusiv, um die Einschaltquoten und die damit verbundenen Werbeeinnahmen in die Höhe zu treiben.

Vielmehr wird er die Parole der Befürworter der Todesstrafe ins Feld führen: Abschreckung! Eine öffentliche Todesstrafe soll, nach Meinung vieler, noch wesentlich abschreckender wirken als eine hinter den Mauern eines Todestrakts vollstreckte.

Es scheint diesen Ehrenmännern entgangen zu sein, daß nach der Wiedereinführung der Todesstrafe in den USA die Mordrate ähnlich stark ansteigt wie die Hinrichtungsrate, so als bewirke die eine einen Anstieg der anderen.

Ein weiteres wohlfeiles Argument, daß derjenige, der tot ist, eine solche Tat wohl nicht wieder begeht, entkräftigt sich schon dadurch, daß eben diese Gesellschaft, die nun im Namen des Gesetzes hinrichtet, gleichzeitig aus dem Bodensatz ihrer Slums, ein großes Problem der USA, neue Mörder und Todeskandidaten geradezu „züchtet". Aber mit dem reinen „Kostenfaktor" läßt sich gut argumentieren, indem man einfach aufrechnet, was durch die Hinrichtung eines Gefangenen eingespart wird.

Heute kann über die Todesstrafe offen diskutiert werden. Ihre Akzeptanz nimmt in den USA zu, aber eine Wiedereinführung in den Industriestaaten Europas wird ebensowenig erwogen wie ihre Abschaffung in den meisten Ostblockstaaten. Wenngleich die Forderung der Todesstrafe für Kindesmör-

Eine öffentliche Hinrichtung in Landau

Schrecklicher Raubmord, verübt an dem königl. bayer. Administrations-Kommissär Herrn Franz Palm, gebürtig von Mannheim.

Nach Mitternacht von 15ten auf den 16ten März 1827 zu Landau im Rheinkreis war eine äußerst stürmische Nacht. Hans Johann Münzberg, Soldat bey dem k. k. 6ten Lin. Inf. Regmt. von Langheim im Würzburgischen, 33 Jahre alt, in der Wohnung des oben genannten Herrn Administrations-Kommißärs Palm, die zu zweiten Stocke nahm einen Schlaf, neben ihm eine brennende Lampe. In der Absicht sich dorten Geld und Kostbarkeiten zu bemächtigen, und da er fürchtete, sein Frevel möchte offenbar werden, so gab es wohl nicht oft ein Raum, dem entsetzlichen Gedanken des Mörders Raum wozu er sich in der mit einem Pflugschüren verachten hatte, und derselbig den Unglücklichen mit mehreren Hieben, einem rachen Menschenfeinde und Wohlthäter der Armen, und entsetzlich mit seinem Raube. Der Spitzbube wurde aber von der Gerechtigkeit erreicht, und eine graüsame That der ihn wohl verdienten Zugericht.

der und Triebtäter immer Stammtischgespräch bleiben wird und auch die deutsche Politik die Wiedereinführung bei Terrorismus zumindest andiskutierte, ist zu hoffen, daß es bei der grundgesetzlichen Abschaffung von 1949 bleibt.

Vor 150 Jahren gab es diese Frage nicht. Die Todesstrafe war in den Rechtsbüchern fast aller Staaten verankert und ihre öffentliche Vollstreckung die Regel. Öffentliche Hinrichtungen sollten abschreckend wirken, ja, man versuchte sogar noch bis in das 19. Jahrhundert eine große Zahl von Besuchern zu den Richtplätzen zu locken. Zudem waren die Exekutionen von einer Grausamkeit, die heute kaum noch vorstellbar ist. Betreiben die Staaten, die heute glauben, auf die Todesstrafe nicht verzichten zu können, zumindest noch einigermaßen humane Hinrichtungsarten - soweit dieser Begriff überhaupt gerechtfertigt ist - durch die Gaskammer, die Todesspritze oder die Guillotine, so lag das Geschäft des Scharfrichters bis zur Französischen Revolution häufig darin, die Verurteilten möglichst grausam vom Leben zum Tode zu bringen. Rädern, Verbrennen, lebendig Begraben oder auch das Sieden in heißem Wasser waren bis in das 18. Jahrhundert mitunter gebräuchliche Hinrichtungsarten.

Das Verbrechen wurde aber durch diese grausamen öffentlichen Spektakel keineswegs ausgemerzt. Signifikant ist der Bericht, daß in einer deutschen Stadt, einen Tag nach einer öffentlichen Hinrichtung eines Taschendiebs, drei weitere, die man bei dessen Hinrichtung erwischt hatte, selbst an den Galgen mußten.

Nur die Standesunterschiede in der Hinrichtungsart verschwanden. Dies hatte sich durch die Erfindung des Arztes de Guillotin in der Französischen Revolution geändert. Im Zuge der Egalité gab es keine verschiedenen Hinrichtungsarten mehr. Der Adelige, dem vorher die ehrenvollere Enthauptung vorbehalten geblieben war, starb nun genauso durch das Fallbeil wie sein bürgerlicher Staatsgenosse.

An der Öffentlichkeit der Hinrichtungen hatte die Französische Revolution aber dann doch nicht gerüttelt. Massenhinrichtungen auf dem Place de la Republique sind nicht zuletzt durch die Tagebücher der Pariser Scharfrichterfamilie Sanson überliefert.

Vor der Revolution fanden die Hinrichtungen auf den Galgenplätzen statt, an denen zumeist ein gemauerter Galgen stand und auch die anderen Hinrichtungen durchgeführt wurden.

So hatte die Stadt Landau bis 1711 einen solchen Galgenplatz besessen, der aber in diesem Jahr einer Erweiterung der Festung zum Opfer fiel und weiter nach Süden auf den Ebenberg verlegt wurde.

In der Französischen Revolution stand im Jahre 1793 eine Guillotine auf dem Rathausplatz, der damals „place d´egalité" hieß. Das Blutgerät kam aber nie zum Einsatz.

Auch die Hinrichtung, von der nun die Rede sein wird, sollte eigentlich auf dem Rathausplatz stattfinden, der damals aber nach dem bayerischen König „Max Josefsplatz" hieß. Nur sollte dieser die erwartete Masse von Menschen nicht fassen können. So verlegte man das Schauspiel auf die Horstwiesen, östlich von Landau, die ansonsten eher für Lustbarkeiten anderer Art wie Jahrmärkte oder Tanzvergnügen genutzt wurden. Tausende Menschen sollten sich an einem kalten Novembertag einfinden, um der Hinrichtung eines Raubmörders zuzusehen, der außerhalb der Wälle der Festung seinen Kopf durch das Fallbeil verlieren sollte. Der Mörder war kein Landauer. Er lebte auch nicht ganz freiwillig in der Stadt. Es handelte sich um einen Soldaten der Garnison Landau namens Johannes Wirsching.

Landau war Festungsstadt, seit die Franzosen, damals Herren der Stadt, im Jahre 1688 den für Landau unseligen Entschluß faßten, daß von 2000 Einwohnern bewohnte Städtchen durch den Festungsbaumeister Marschall Vauban zu einer *„der stärksten Festungen der Christenheit"* umbauen zu lassen. Von 1688 bis 1815 lag eine französische Garnison in Landau, 1815 kurzfristig eine österreichische und ab 1816 eine bayerische. Dies wirft ein Bild auf die wechselvollen Geschicke der Stadt, denn bis 1815 war sie französisch, wurde dann für ein Jahr österreichisch und erhielt 1816, als die gesamte Pfalz in diesem Jahr an Bayern fiel, eine bayerische Garnison.

Ein Mitglied der Garnisonstruppen, die eine Gesamtstärke von über 4500 Mann hatte, war der Soldat Johannes Wirsching.

Seine Tat erregte weites Aufsehen. Es handelte sich nicht um den Mord an einem Soldaten oder sonst jemandem, der in direkter Verbindung zu den Soldaten der Garnison stand. Sondern einer der wichtigsten Verwaltungsbeamten in der Stadt, der königlich bayerische Administrationskommissär Franz Palm, wurde erschlagen.

Die Tat wurde auch in kleinen Flugblättern verbreitet, die die Bluttat im Bild zeigten (für die des Lesens unkundigen) und in einem Text, für die, die des Lesens mächtig waren:

„Nach Mitternacht vom 15. auf den 16. März 1827 zu Landau im Rheinkreis.

Es war eine äußerst stürmische Nacht - stieg Johann Würsching, Soldat bey dem k.b. 6ten Lin. Inf. Rgmt., von Bergheim im Würzburgischen gebürtig, 33 Jahr alt, in die Wohnung des oben genannten Herrn Administrations Kommissärs Palm, der im zweiten Stocke einsam schlief, neben ihm eine bren-

nende Lampe, in der Absicht sich dessen Goldes und Kostbarkeiten zu bemächtigen, und da er fürchtete, sein Frevel möge offenbar werden, so gab er, wohl nicht ohne Kampf, dem entsetzlichen Gedanken eines Mordes Raum, wozu er sich jedoch mit einem Pflugsech schon versehen hatte, und erschlug den Unglücklichen mit mehreren Streichen, einen wahren Menschenfreund und Wohltäter der Armen, und entschlich mit seinem Raube. Die Greuelthat wurde aber von der Gerechtigkeit erforscht, und der grausame Thäter zum Tode verurtheilt und hingerichtet."

Am Tag nach der so stattgefundenen Bluttat meldeten die Herrn Johann Neumann, „königlich bayerischer Proviant und Kasernen Verwalter" und Ignatz Pilati, ein „kgl. bayerischer Administrations Aktuar", den Tod des 50jährigen Franz Xaver Palm auf dem Standesamt in Landau.

Am 18. März wurde Palm zu Grabe getragen, unter Teilnahme der Honoratioren der Stadt, des Offizierscorps und einer *„großen Menge Volks"*.

Der Festungskommandant von Braunn ließ noch am selben Tag eine Danksagung in die Zeitung setzen:

„Mit inniger Rührung erfülle ich die traurige Pflicht, den königlichen Beamten, den königlichen Herren Offizieren, dem königlichem Stadtrat, der Bürgerschaft und Garnison der Stadt und Festung Landau, für die bei der heutigen Beerdigung des königlichen Admisitrations-Kommissärs Palm gezeigte allgemeine Theilnahme, im Namen seiner Verwandten und Freund öffentich zu danken.

Landau, den 18. März 1827. Der kgl. Generalmajor, Stadt- und Festungskommandant v. Braunn".

Der Mörder hatte von dem Tage der Beerdigung seines Opfers an noch genau ein Jahr und acht Monate zu leben. Johannes Wirsching, nicht Würsching, wie in obigen Flugblatt genannt, war im Jahre 1795 in Bergheim im Untermainkreis geboren worden. Das Stigma cincr unehelichen Geburt war ihm in die Wiege gelegt. Seine Mutter stammte aus einer Bauernfamilie, die sich in eine unstandesgemäße Liaison mit einem auf dem Hof beschäftigten Tagelöhner eingelassen hatte. Die Frucht dieser Verbindung war Johannes Wirsching, der den Namen seiner Mutter trug und seinen Vater nicht kannte.

Seine Kinder- und Jugendjahre verbrachte er an seinem Geburtsort bei einem Vormund, nicht bei der Mutter, die früh verstarb. Anschließend sollte er das Schuhmacherhandwerk lernen, was er auch bis zu seinem 18. Lebensjahr tat, nach eigenem Bekunden bei einem harten Lehrherren. Die Lehre schloß er ab, als Schulbildung wurde ihm der *„gewöhnliche Unterricht an Landschulen"* erteilt, der über einige elementaren Lerninhalte nicht hinausging. Das Schreiben lernte Wirsching nur sehr unzureichend.

Ob aus Gründen der Flucht aus seinen damaligen Lebensumständen, ob aus dem Patriotismus der Befreiungskriege oder einfach aus Abenteuerlust, ist unbekannt, verließ Wirsching im Alter von 18 Jahren seine Lehrstelle und trat in den Militärdienst ein. Zuerst diente er als Freiwilliger bei den Truppenteilen des Großherzogs von Würzburg, die 1814/15 den Feldzug in Frankreich gegen Napoleon mitmachten. Von Schlachtenteilnahmen oder gar besonderen kriegerischen Leistungen ist nichts bekannt.

Obwohl Wirsching in ein würzburger Regiment eingetreten war, wurde er nach 1815 bayerischer Soldat, denn Würzburg fiel im Zuge der territorialen Verschiebungen durch den Wiener Kongreß an die Krone Bayerns, und letztlich fand sich der Soldat Wirsching im 6. bayerischen Linieninfanterieregiment in der Festung Landau.

Sechs Jahre betrug die Dienstzeit, für die er sich verpflichtet hatte, und die er ohne Tadel zu Ende brachte. Den Rang eines Korporals hatte er nicht erreichen können, weil seine Kenntnisse im Lesen und Schreiben dermaßen miserabel waren, daß das bayerische Beförderungsreglement eine solche nicht zuließ.

Nach dem Ende seiner Dienstzeit stellte sich natürlich die Frage, was mit dem nun 24jährigen geschehen sollte. Einen Beruf hatte er nicht erlernt, seine Schulbildung konnte nur als ungenügend bezeichnet werden - und durch seine uneheliche Geburt hatte er auch keine verwandtschaftlichen Bindungen.

So gab ihm das bayerische Militärrekrutierungsgesetz eine Möglichkeit, weiter als Soldat zu dienen und noch dazu Geld zu verdienen, das er als Rücklage für eine spätere Entlassung nutzen konnte.

Hatte auch Bayern zu Beginn des 19. Jahrhunderts die allgemeine Wehrpflicht eingeführt, so ist diese mit der heutigen kaum zu vergleichen. Denn zum einen wurden die Rekruten nach einem Lossystem eingezogen, und diejenigen, die es letztendlich traf, hatten die Möglichkeit, soweit über entsprechende Geldmittel verfügend, einen sogenannten „Einständer" zu verpflichten, der an ihrer Stelle den Wehrdienst ableistete. Für Gemeine und Unteroffiziersdienstgrade, die Schwierigkeiten sahen im Zivilleben wieder Fuß zu fassen, war dies die Möglichkeit, ihre Militärdienstzeit zu verlängern, um möglicherweise noch zu höheren Chargen zu avancieren.

Für einen Landauer Bürger ließ sich Wirsching als Einständer anwerben. Hatte der die ersten sechs Jahren seiner Dienstzeit ohne Tadel oder Maßregelung abgeleistet, so begannen nun recht schnell die Probleme für Wirsching. Warum der ansonsten untadelige Soldat schon bald von seinem Regiment desertierte, weiß man nicht. Aber er wurde ergriffen, desertierte erneut - diesmal blieb er drei Jahre unentdeckt, denn er hatte sich in einem französischen Regiment verdingt.

Die Gründe für die Desertionen bleiben im Dunkel, aber die Wiederverpflichtung in einem anderen Regiment zeigt, daß es die Abneigung gegen das Militär nicht alleine gewesen sein kann.

Wirsching hatte ja außer dem Soldatenhandwerk nichts anderes gelernt - und durch seine Fahnenflucht vor allem die Ansprüche auf das Einstandsgeld verwirkt.

Er desertierte auch aus dem französischen Militärdienst und machte den Fehler, sich in seiner Heimat aufzuhalten, wo er entdeckt, gefangengesetzt und nach Landau geschafft wurde. Außer der Militärstrafe wurde er unter besondere Aufsicht seiner Vorgesetzten gestellt: So *„verrichtete Wirsching seine Dienste zwar wieder pünktlich; aber sein Hang zum Wohlleben wurde seit seiner Einstehung vorherrschend bei ihm wahrgenommen"*. Dieser ihm nachgesagte Hang zeigte sich vor allem im Ausgeben größerer Geldbeträge, die er, nach ihrer Herkunft gefragt, als Erbschaften deklarierte - oder als Geschenke von Verwandten, die ja weit weg wohnten, so daß dieses nur schwer nachzuprüfen war.

Glaubt man den zeitgenössischen Berichten zu diesem Kriminalfall, so begann die Verbrecherkarriere des Wirsching im Jahre 1826, als er *„dem dahiesigen Lehrer Herrn Krell durch höchst verwegenes Einsteigen in dessen Waschkammer, die er bei öfteren Vorbeigehen an der Wohnung erspähete, eine bedeutende Quantität Wäsche entwendete und veräußerte"*.

Die Verruchtheit Wirschings zeigte sich für seine Zeitgenossen, aber erst nach dem Mord, schon in diesem einfachen Diebstahl. Im Dezember stahl er der Witwe Karr 70 Gulden und eine silberne Uhr, eine nicht unbeträchtliche Beute.

„Der verbrecherische Keim entfaltete sich jedoch in der Brust dieses Menschen bis zu einer entsetzlichen That", kommentierte ein unbekannter zeitgenössischer Chronist den Beginn seiner Laufbahn.

Den Grund für den Mord sah der Schreiber der kurzen Lebensbeschreibung des Johannes Wirsching darin, daß dieser sich das durch seine Desertionen verlorene Geld auf dem Wege des Einbruches und Raubes wieder zurückholen wollte.

Wirsching sollte die Wohnung des Opfers genau ausgespäht und sich mit dessen Gewohnheiten vertraut gemacht haben. Daß der Kommissär Palm zu den wohlhabenderen Bürgern der Stadt gehörte, brachte schon allein seine soziale und berufliche Stellung mit sich. Er lebte auch schon 11 Jahre in der Stadt und gehörte dem Kreise der Honoratioren an. Zudem wohnte er alleine, Dienstboten hatte er zwar, die lebten aber in einer Kammer im ersten Stock, während sich die Wohnung Palms im zweiten Stock befand.

Wirsching sollte später vor Gericht des vorsätzlichen Mordes bezichtigt werden. Als Hauptindiz hierfür galt, daß er das Einbruchswerkzeug, eine Pflugsech, also eine kurze Pflugschar, schon Tage vorher in den Wall in der Nähe des Hauses des Palm gesteckt hatte.

Hier ist es an der Zeit kurz über den Tatort zu berichten. Wenn das Haus, in dem der Mord geschah, auch umgebaut wurde, so steht es noch heute am Südende der Königsstraße in Landau. Es lag auf Militärgelände, innerhalb eines Holzlagers (Hangard du bois) No. 126. Der Eingang zu diesem Holzhof ist auch heute noch zu erkennen, die Torsäulen tragen noch Namen und Nummer des Festungsgebäudes.

Das Aussehen des Gebäudes im Hangard wurde wie folgt beschrieben: *„Die unterste Etage des genannten Gebäudes enthält außer einem Keller nur zwei Zimmer, und die oberste Etage besteht außer einer Küche und einem ganz kleinen Kämmerschen ebenfalls nur aus zwei an einander gränzende, durch eine Thüre verbundene Zimmer. Das erwähnte Kämmerchen, von Herrn Administrations-Kommissär Palm ausschließlich als Garderobe benutzt, hat eine eigene verschließbare Thüre; sein einziges unvergittertes Fenster gewährt die Aussicht in ein angränzendes Höfchen und in einen Nachbarhof, so wie auch auf die Königsstraße, und gerade unter ihm in einer Entfernung von 5 Schuhen befindet sich ein Dächlein, welches zwischen einer nördlichen Seite des Hofes des Hangards begränzenden und unmittelbar an der Königsstraße, unter Bildung zweier rechter Winkel, mit dem Hause zusammenkommenden 10 Schuh hohen Mauer, an dem Hause selbst angebracht ist."*

Südlich an das Gebäude schloß sich das Gelände des Löwensteiner Hofs an, an diesen der Wall der Festung. Dieser ca. sieben Meter hohe und 18 Meter starke Wall bestand aus Erde und war auf seiner Stadtseite mit Grassoden belegt und teilweise mit Büschen bewachsen. Also tatsächlich eine gute Möglichkeit, das Einbruchswerkzeug zu verstecken, um es dann in einer Nacht zu holen.

Das weiter benötigte Einbruchswerkzeug, eine kurze Leiter und ein Stück Wäscheleine, stahl er in der Nacht der Tatausführung.

Das ihm überhaupt gelingen konnte, was nun beschrieben wird, hängt sicherlich auch damit zusammen, daß es keine Straßenbeleuchtung gab, die Straßen also für heutige Verhältnisse ungemein dunkel waren, zudem das Militärpersonal nach dem Zapfenstreich außer den Wachen und Ronden in der Festung nichts mehr verloren hatte - und die kalten Märztage waren sicherlich auch nicht dazu angetan, sich im Freien aufzuhalten.

Wirsching, der an diesem Tage Wache hatte und damit nicht auffiel, begab sich nach der Ronde nicht zur Mittelwache oder zur Traverse, wo er hätte Dienst versehen sollen, sondern entledigte sich seiner militärischen Ausrüstung, die er störend empfand, und auch seiner Schuhe, was eindeutig ein Indiz dafür ist, daß an einen Einruch wohl, an einen Raubmord sicherlich nicht gedacht war.

Mit Hilfe der mitgebrachten Gegenstände überwand er die Mauer um den Hangard. Mit dem Seil, das er zu einer Schlinge band, gelang es ihm, von der Mauer aus den Fensterladenhalter zu fangen und die Leiter daran anzuhängen. Einzig das Einschlagen des Garderobenfenster verursachte etwas Lärm, den niemand hörte, der aber dazu führte, das der Chronist das Vorgehen des Wirsching als *„gränzenlos verwegen"* bezeichnete. Aber die Nacht war zudem *„regnerisch, windig und finster"*, so daß jeder Lärm sofort verweht wurde.

Wirsching drang in das kleine Garderobenzimmer ein, fand auch den Weg in das Wohnzimmer Palms, das diesem auch als Schlafzimmer diente.

„Ohne alles Geräusch ließ sich die Wohnzimmer-Thüre öffnen, und gegen Wirsching wiederholte Versicherung, daß ihm nicht nur dieses gelang, sondern daß er, ohne daß Palm erwachte, im Wohnzimmer öfters umhergehend spähete, ob die Schlüssel an den dortigen Kästen seyen, in denen er Geld vermuthete, fand sich bey der schärfsten Prüfung kein gegründeter Zweifel. Der Umstand, daß die Schlüssel nicht stacken und der Gedanke Wirschings, daß ihn seine Militärkleidung, wenn Palm erwachen sollte, verrathen würde, entschieden das Loos des Schlafenden; und er erwachte unter den Mörderhieben, die nun mit der Pflugsech Wirschings auf sein Haupt fielen, nicht wieder. Selbst dem Mörder war jedoch der Anblick des Opfers seiner Begierde schauerlich, er zog zugleich das Plumeau über das blutige Haupt."

Soweit der zeitgenössische Bericht, der sich allerdings von der ebenfalls zeitgenössischen und hier abgebildeten Zeichnung dadurch unterschied, daß auf letzterer ein sich wehrendes Opfer dargestellt ist.

Nach dem Mord durchsuchte Wirsching die Wohnung. Dabei benutzte er die Nachtlampe seines Opfers, die er entzündete. Große Reichtümer fand er nicht: einen Siegelring, Uhren und etwas Bargeld. Vor allem das Diebesgut sollte ihm schon bald zum Verhängnis werden.

Der Täter verließ das Haus, wie er gekommen war, wandte sich auf der Königsstraße nach Norden und warf nach Erreichen der Queichbrücke (sie existiert heute nicht mehr) das Mordwerkzeug ins Wasser und kehrte zu seiner Wache zurück. Zwischenzeitlich hatte er seine Monturstücke auch wieder angezogen, so daß er an seiner Wache nicht auffiel. Die Beute hatte er zuvor am Wall vergraben.

Eine öffentliche Hinrichtung in Landau

Das umgebaute Mordhaus heute.

Der Torpfosten erinnert noch an die frühere Funktion. Hangar du bois oder Holzhof der Festung.

Der Mord wurde am nächsten Tag von der Magd entdeckt, die laut schreiend die Nachbarschaft zusammenrief. Unser Zeitzeuge beschrieb die Reaktion in der Stadt: *"Die Gerüchte und Vermuthungen, welche sich schnell über diese That verbreiteten, waren zu verschiedenartig, die Umstände, unter denen die That wirklich vollzogen wurde, so außerordentlich, der Mann, der auf solche Art sein Leben enden mußte, zu allgemein bekannt, geliebt und verehrt, als daß nicht die Gemüther aller Bewohner Landaus und der Umgebung auf tiefste erschüttert werden mußten. Die 34 Militärdienstjahre Palms, und insbesondere dessen 11jähriger Aufenthalt in hiesiger Stadt sind durch sehr viel gespendete Gute geziert, und die Thränen gar mancher Armen in hiesiger Stadt, die heute noch bei seiner Erinnerung fließen, sind die schönsten Zeugnisse seines Herzens."*

Die Leichenschau ergab, daß Palms Schädel mehrfach durch Schläge zerschmettert war. Jede der acht Hiebwunden wäre alleine schon tödlich gewesen, stellte der herbeigerufene Militärarzt fest, Blutspritzer fanden sich nicht nur an der Leiche, sondern auch fast im ganzen Zimmer.

Die Behörden verfielen in einen blinden Aktivismus; Verdächtigte wurden verhaftet und wieder freigelassen; Gerüchten Bedeutung beigemessen, um diese wieder zu verwerfen. Wirsching selbst tat das, was in seiner Situation sicherlich das Vernünftigste war - nichts. Er ging seinem Dienst nach, als wäre nichts geschehen. Vierzehn Tage lang! Dann schien es ihm an der Zeit, seine Beute zu holen, die im losen Erdreich vergraben möglicherweise auch durch Zufall hätte gefunden werden können. Wirschings Fehler war der, daß er sich scheinbar hatte Mut antrinken müssen, denn er vergaß die gebotene Vorsicht, und sein *"Zimmerkommandant, Korporal Bernhard Kraus"* bemerkte, daß er etwas in sein Bett gesteckt hatte.

Kraus wartete, bis Wirsching wieder gegangen war um Bier zu holen; dann suchte und fand er im Bett die Beutestücke: *"fünfzig doppelte Louis d'or, drei goldene und eine silberne Uhr, goldene Ketten und Gehänge, dann einen Siegelring mit eingestochener Palme, und etwas später 160 Kronenthaler nebst einigen kleineren Goldstücken"*.

Die Obrigkeit versuchte nun natürlich sofort, den unverzüglich Verhafteten zu einem Geständnis zu bewegen, denn man glaubte von Anfang an nicht an einen Einzeltäter. Gegen einige Personen, die als Komplizen verdächtigt wurden, kam es zu Ermittlungen. Vor dem nach fast zwei Jahren, im November 1828 zusammentretenden Kriegsgericht mußte sich allerdings nur Wirsching verantworten, obwohl man auch nach seinem Geständnis von seiner Alleinschuld keineswegs überzeugt war.

Das Urteil lautete auf die Todesstrafe. Eine Begnadigungseingabe des Wirsching gelangte an den König, der von seinem Begnadigungsrecht allerdings keinen Gebrauch machte, nur die Ausführung der Todesstrafe durch die Guillotine anordnete, dem Zug der Zeit folgend, in der immer mehr deutsche Einzelstaaten die aus der Französischen Revolution stammende Hinrichtungsmaschine einführten. Das Schreiben über die Vollstreckung der Hinrichtung datiert auf den 19. November.

„*Seine Königliche Majestät erkennen in der Sache wieder den Johann Wirsching aus Bergtheim, Landgericht Arnstein im Untermainkreise gebürtig, Soldaten des 6ten Linien-Infanterieregiments (Herzog Wilhelm) wegen Mord und Diebstählen zu Recht.*
derselbe wird auf Grund seines Geständnisses
I. des am 16. März 1827 an dem Administrations- Commisair Palm verübten qualifizierten Mordes, dann
II. Hülfeleistung ersten Grades
a. bei dem ausgezeichneten Diebstahl an dem Eigenthume des Schullehrers Krell und
b. bei dem ausgezeichneten Diebstahle am dem Eigenthume der Witwe Karr, in Landau für schuldig erkannt und deshalb
III. zur Strafe des Todes durch Enthauptung mittelst Schwertes, mit der Schärfung vorgängiger, halbstündiger Ausstellung an den Pranger, nach Art. 5 u. 6 des ersten Theils des Strafgesetzbuches verurtheilt
IV. Die civilrechtlichen Ansprüche sind Erben und sonstigen Damnicierten vorbehalten.
V. Die Entstehung über den Kostenpunkt bleibt einstweilen ausgesetzt
Laut allerhöchstem Rescripte dd. 12. Oktober l.J. haben Seine Majestät auf den Allerhöchstselben erstatteten Vortrag keine Beweggründe zur Begnadigung des wegen Raubmordes und ausgezeichneter Diebstähle abgeurtheilten Soldaten Johann Wirsching gefunden, sich jedoch aus allerhöchster Gnade zu beschließen bewogen gesehen, daß Wirsching's Hinrichtung mit dem Fallbeile, nicht mit dem Schwerte, weil bei demselben die Gefahr obwaltet, daß der Verurtheilte länger leide, geschehen soll.
Auf die Allerhöchst bestimmte Art wurde die von Johann Wirsching verwirkte Todesstrafe wirklich an selben vollzogen.
Amtlich bekannt gemacht
Landau, den 19. November 1828
vom Königl. Bayer. 6ten Linien Infanterieregiment (Herzog Wilhelm)
als Untersuchungsbehörde
Freiherr von Horn
Oberst und Regimentscommandant Popp

Regiments-Auditor, Inquirent und Referent des Prozesses Pirrong Adjunkt"
Dies war die amtliche Verlautbarung über den Tod Wirschings. Natürlich berichtete auch die Landauer Presse ausführlich über dessen letzten Gang, wie die folgenden Zeilen belegen:
Am Freitag, den 21. November 1828 berichtete das Landauer Wochenblatt der Redakteure und Verleger Georges und Prinz über die Hinrichtung.
„Landau, den 18. November 1828
Hinrichtung des Raubmörders Johann Wirsching.
Unsere Stadt hat heute das gräßliche Schauspiel der Ausstellung und Hinrichtung des Raubmörders Johann Wirsching gesehen. Je größer die Theilnahme war, die wir alle dem höchst tragischen Ende des verehrten k. Administrationskommissairs Palm nahmen, um so größer war auch das allgemeine Interesse, diesen Menschen den Lohn seiner Unthat empfangen zu sehen. Bereiths am 10. des Monats war das obristrichterliche Urtheil hier eingetroffen. Das selbiges aber die durch das Kriegsgericht ausgesprochene Hinrichtung mit dem Schwerte in eine Hinrichtung mit dem Fallbeil umwandelte: so konnte dem Verbrecher sein Schicksal nicht eher bekannt gemacht werden, bis die Guillotine von Zweibrücken hergeschafft worden, und das aus dem Grunde, weil ihm zwar das Gesetz drei Tage von der Publikations des Urtheils bis zur Vollstreckung gestattet, es ihm jedoch freisteht, diese Frist bis auf 24 Stunden zu verkürzen.
Johann Wirsching hatte sich schon längst in sein Schicksal ergeben, aber jetzt die Bestätigung seines Todesurteiles nicht mehr erwartet. Er hat gleich nach abgelegtem Geständnisse die aufrichtigen Merkmale der Reue sehen lassen. Oft äußerte er, daß ihm nichts so leid thue, als daß er gerade einem so braven, rechtschaffenen und allgemein geachtetem Manne das Leben genommen. Die Welt müsse ihn verabscheuen, sein Verbrechen könne ihm nicht verziehen werden, er habe den Tod verdient.
Als ihm aber noch nach ausgesprochenem Todesurtheile, dessen Vollzug er mit Ungeduld entgegen sah - als ihm jetzt noch durch die Allerhöchste Huld und Gerechtigkeit ein Vertheidiger zugestanden wurde, da fieng selbst gegen seinen Wunsch die Hoffnung zum Leben wieder an, in seinem Herzen Wurzeln zu schlagen. Ich sage, gegen seinen Wunsch, denn er erklärte den beiden um seiner Verteidigung willen bei ihm zugelassenen Herren Advokaten ausdrücklich: er wolle keine Vertheidigung, er habe einen entsetzlichen Mord begangen - er verdiene nichts, wie den Tod. Es wäre ein Ungerechtigkeit, wenn man ihn begnadigen wolle. Demohngeachtet äußerte er sich seit dieser Zeit mehrmals: er glaube bestimmt, daß er nun nicht mehr hingerichtet, wohl aber zum Zuchthaus verurtheilt werden würde.

Am Montag den 17ten in der Frühe kam der Scharfrichter Kraul von Zweibrücken mit seinen beiden Kollegen Kalm von Metz und Wolf von Saarlouis nebst der Guillotine hier an. Um 10 Uhr versammelte sich das Regiments Kriegsgericht in der Auditoriats Kanzlei; Johann Wirsching wurde aus seinem Gefängnis dahin abgeführt. Bei seinem Austritte aus dem Kerker schien er über den Anblick der vielen sich herzu drängenden Menschen etwas bestürzt zu sein: eine Ahnung seines Schicksals schien seine Seele zu durchzittern. Doch augenblicklich erholte er sich wieder und gieng festen Tritts, jedoch mit niedergeschlagenen Augen durch die Menge. Ich kann die Augen nicht aufschlagen vor den Menschen, äußerte er am Nachmittag, denn ich schäme mich meiner schwarzen That. Er hörte sein Urtheil mit vieler Fassung, und rief gleich aus: "Wozu drei Tage? Vier und zwanzig Stunden sind genug: ich bin schon lange vorbereitet." Als der anwesende Arzt ihm etwas stärkendes unter die Nase halten wollte, sagte er: „O, ich bin nicht so schwach!" Hierauf bestätigte er noch einmal alle von ihm gemachten Aussagen und unterschrieb mit fester Hand. Dann wurde er wieder in sein Gefängnis zurückgeführt, und befragt, ob er nichts essen oder trinken wolle? Ich habe eben gegessen, gab er zur Antwort, aber eine gute Bouteille Wein möchte ich einmal wieder trinken. Diese wurde ihm sogleich gereicht. Um 12 Uhr erschienen die beiden Herren Kaplane und bothen ihm den Trost der heiligen Religion an, wurden aber von ihm mit Roheit zurückgewiesen. Von 2 bis 4 Uhr nachmittags hatte das Publikum bei ihm Zutritt. Alles bemühte sich, ihn zur Annahme des religiösen Zuspruchs zu bewegen, aber vergeblich, er blieb hartnäckig und roh. Er erzählte, es habe ihm nie an Courage gefehlt, schon als Kind von 7 Jahren habe er, um einer Züchtigung seiner Mutter zu entgehen, ohne sich zu fürchten, eine ganze Nacht auf dem Thotenhofe im Beinhause zugebracht. Als man ihn fragte, ob er bey der Anhörung des Todesurteils nicht erschrocken sey, gab er zur Antwort: „Wenn das Urtheil nur auf 2 Jahre Zuchthaus gelautet hätte, dann würde ich erschrokken seyn, und mir die Knie gezittert haben, denn ich fürchte das Leben und nicht den Tod. - ich will nicht mehr leben mit dem Bewußtsein meines schrecklichen Verbrechens! Und dennoch verwarf er mit Roheit zum zweiten Mal Abends um 6 Uhr und zum dritten Mal um Mitternacht den Zuspruch der beiden Geistlichen, so dringend, so rührend auch die ehrwürdigen Diener Gottes auf sein moralisches Gefühl zu würcken suchten. Aber es war nicht der gänzliche Mangel an Religion, die diese Härte, diese Unzugänglichkeit für geistige Hülfe in ihm erzeigte, ein alter Groll gegen einen geistlichen Hirten, der seinerseits auf einem bloßen Mißverständnis und falscher Ansicht beruhte, schien sein Herz gegen die Diener - nicht gegen die Religion zu verschließen, wie wir gleich sehen werden. Er hatte sich zum Abend-

essen Hasenbraten, gebratene Tauben und Endivien Salat nebst einer Bouteille Wein bestellt. Dieses verzehrte er um 6 Uhr Abends mit dem größten Appetit, den Wein trank er aber nur zur Hälfte aus. Was die Gewohnheit nicht thut, sagte er, ich weiß die Zeit, wo die Gewohnheit, wo ich zwanzig Schoppen trank, ohne betrunken zu werden, und jetzt wirft mich eine Bouteille nieder; darum will ich auch jetzt nicht mehr trinken, ich will ans Sterben denken. Hierauf trat er, der so eben die Geistlichen mit Hohn vertrieben hatte, an den Tisch, wo man das Bild des Gekreuzigten mit drei brennenden Kerzen aufgestellt hatte, und sagte, indem er mit den Fingern auf jede einzelne Kerze hindeutete, mit Rührung und andächtiger Miene, da ist ja Gott Vater, Gott Sohn und Gott heiliger Geist! Was brauch ich denn mehr. Und dennoch mußten um Mitternacht die Geistlichen wieder unverrichteter Sachen weichen. Wird Johann Wirsching bei dieser Hartnäckigkeit verharren? Nein, Gott hat ihn noch gefunden, das Soldatenherz mußte erschüttert werden, der Unterschied des Rockes mußte dem Starrsinn des Unbeugsamen sanfteren Gefühlen öffnen - ein Kleid ihn noch in den letzten Stunden in die Arme der geheiligten Religion führen.

Johann Wirsching hatte am 18ten in der Frühe um 1/2 6 Uhr eben seinen Kaffee und darauf einen Schoppen Bier getrunken, als man ihm befahl, seine militairischen Kleider abzulegen und ihm dagegen den Verbrecher-Kittel darreichte. Das traf das alte Soldaten-herz! Wie vom Schlage gerührt stand er da, seine Knie zitterten, sein Mund bebte - zum erstenmal faltete er die Hände und sein Blick hob sich nach oben. Ich bin, sagte er, zwar ein großer Verbrecher, als daß ich es nicht für unschicklich halten sollte, daß ein Geistlicher nur mit mir spricht, aber ich bitte doch darum, sie jetzt kommen zu lassen. Beide Herren Kaplane waren bald bei der Hand, und nach ihrer Versicherung hat Johann Wirsching alle Pflichten seiner Religion erfüllt und starb als Christ und Gottesverehrer. Er genoß noch 2 1/2 Stunden lang den geistlichen Zuspruch und die Hülfe in seinem Arrest-Lokale.

Unterdessen hatte sich die Garnison auf dem Maximillian-Josephs-Platze in einem offenen Quarré aufgestellt. Wirsching wurde durch ein Detachement dahin geführt.

Die Gerechtigkeit straft nicht, um sich zu rächen - sie straft zum warnenden Beyspiele für andere. Ein großer Theil dieses schönen Zwecks wurde schon hier erreicht. In langsam feierlichem Schritt, in der Mitte der aufgepflanzten Bajonette ging der furchtbare Mörder im Armen-Sünderhemde mit bloßem Haupte durch die Straßen von der weißen Kaserne nach dem Platze, den Blick voll Andacht auf das Embléme seiner letzten Hoffnung - auf das Bild des Gekreuzigten heftend, das er mit beiden Händen emporhielt, ihm zur Seite die beiden ehrwürdigen Geistlichen im Gebeth. Es war ein ergrei-

fender, ein zur Mitandacht erhebender Anblick - man sah manche Thräne im Auge des Landmannes zittern.

Im offenen Quarré wurde er vor das versammelte Kriegsgericht gestellt, und ihm das Thodes-Urtheil durch den Auditor vorgelesen, der Stab über ihm gebrochen und die Stücke zu seinen Füßen geworfen.

Hierauf setzte sich das Exekutions-Bataillon in Colonne und begab sich zum sogenannten Vendee-Platz (dem heutigen Kleinen Platz). Wirsching folgte dem Bataillon in der Mitte seiner Eskorte und beiden geistlichen Herren - wie vorher - das Cruzifix emporhaltend. Dort war der Schandpfahl aufgerichtet. Nun wurde Wirsching dem Nachrichter übergeben. Dieser befestigte ihm auf Brust und Rücken zwey schwarze Tafeln, worauf die Worte standen: geschärfte Todesstrafe. Man band ihm die Hände mit einem Stricke auf dem Rücken zusammen, und so wurde er von zwey Scharfrichtern unter den Armen unterstützt die breiten Stufen hinauf auf die 12 Fuß hohe Bühne geführt und dort mit einem Strick an den Pfahl gebunden. Dabey sah man deutlich, daß Johann Wirsching anfieng, seine Kräfte zu verlieren. Das Gefühl der Schande drückte ihn nieder.

Es war ein erschütternder, ein gräßlicher Anblick! der Mensch fühlt sich gedemüthiget bey einer solchen schrecklichen Erniedrigung seines Mitmenschen! Dort seht hin, Eltern! seht, was Mangel an Erziehung und Unterricht - was eure unverzeihliche Fahrlässigkeit thut. Johann Wirsching, der schon im Jahre 1812 Soldat wurde, hat die ersten sechs Jahre wie ein braver Mann gedient, er wäre Korporal geworden, wenn nicht seine zuwenig Kenntnisse im Lesen und Schreiben dieses unmöglich gemacht hätten. Wäre er zur Schule angehalten worden, hätte er nur erträglich Lesen und Schreiben gelernt, so wäre er vielleicht ein geachteter Feldwebel oder Sergeant. Dort steht er jetzt! seine geistige Kraft hat ihn noch nicht ganz verlasen - er hat noch Gefühl für seine Schande, darum senkt sich der starre verzweiflungsvolle Blick zur Erde - aber seine physischen Kräfte unterliegen dem Seelenleiden, seine Knie sind gebogen, er stemmt den Rücken mühsam an den Pfahl an, um nicht umzusinken, er steht nicht, der Strick des Nachrichters hält ihn noch empor. Noch einmal, Eltern - dort seht hin! Durch unsere humane Regierung wird euch jetzt der Unterricht eurer Kinder so sehr erleichtert - es ist nur eure Schuld, wenn sie solchen nicht geniesen.

Jetzt begiebt sich langsamen Schrittes der Scharfrichter auf die Bühne, bindet den Unglücklichen vom Pfahle los, und faßt ihn unter die Arme, um ihn herunter zu führen; aber an der Treppe sieht er sich ängstlich nach seinen Gehülfen um, denn J. Wirsching kann kaum noch einen Fuß gehen: kein Gehülfe erscheint, da sammelt der Arme die letzten Kräfte, steigt langsam herab, wobey man ihn noch zu seinem Führer sagen hört: Wenn Sie nur nicht fallen, ich falle nicht! Nun gieng es in derselben Ordnung zum deutschen Thor hinaus auf den Horst, wo die Maschine aufgerichtet war. Bis zur Heuwage gieng der Verbrecher noch zu Fuß; dort ließ er sich bereden, mit beiden geistlichen Herren einen Wagen zu besteigen, und man sah ihn bis zum Richtplatz andächtig bethen. An der Treppe zum Schafott wurde er mühsam vom Wagen gehoben - jetzt schien der Todeskampf - das allgemeine Loos der Sterblichen sein Recht geltend zu machen. Beim Ersteigen der fatalen Treppe, wobey er von beyden Scharfrichtern unterstützt wurde, ließ er sich sehr hinten überhängen. Doch schien er sich noch einmal zusammen zu nehmen, als er vor dem Brette stand, und angeschnallt wurde: aber in dem Augenblicke, wo man das Brett umlegte, sah man ihn deutlich ohnmächtig werden, denn er ließ den Kopf so herabhängen, daß das Gesicht über das Brett geschleift wurde und der Kopf sich zur Seite bog; welches auch den Scharfrichter veranlaßte, ihm beim Einschieben des Kopfbrettes am Schopfe zu fassen und etwas in die Höhe zu heben. Nun noch ein Augenblick . und Johann Wirsching hatte aufgehört zu seyn.

Rechnung des Scharfrichters
Für Reisegebühr und sonstige Vergütung 33 fl 36 kr
Für Auslagen an Sand, Kleyen, Sägemehl 1 fl 36 kr
Für das Aufstellen des Schandpfahls 56 kr
Für kleine Reparationen 2 fl 18 kr
Fuhrlohn 84 fl
Rechnung des Zimmermeisters
Für Aufschlagen des Gerüsts 18 fl 40 kr
Reisgebühr und Bemühungen 16 fl 48 kr
Gesamtkosten 157 fl 54 kr.

Die faktische Darstellung des Raubmordes ist für 6 kr in der Buchdruckery zu haben."

Der Zeitungsschreiber zeigt deutlich die Tendenz seiner Zeit. Obwohl der Verbrecher immer noch als zum Tode Verdammter gesehen wurde, dem die gerechte Strafe nicht entgehen sollte, so wurde doch hinterfragt, was den Menschen zum Verbrecher macht. Den von Geburt schlechten Menschen wollte man nicht sehen, er paßte nicht zu dem aus der deutschen Klassik erwachsenen Menschenbild. Für den Zeitungsautor war alles klar - und einfach! Die schlechte Bildung, die der junge Wirsching genossen hatte, genügten ihm als Begründung für dessen Lebenslauf - und Wirschings Ende diente gleichzeitig als Appell an die Eltern, ihren Kindern die nach der Französischen Revolution in den deutschen Staaten verbesserte Schulbildung ange-

Eine öffentliche Hinrichtung in Landau

Der Pranger.

Die Guillotine in den Horstwiesen.

deihen zu lassen. Der Versuch einer Erklärung liest sich recht nett, gibt auch Einblicke, welchen Stellenwert der Bildung im „Bildungs"-Bürgertum beigemessen wurde, zeigen aber in keinster Weise, daß sicherlich dies nicht die einzige Möglichkeit gewesen wäre, Wirschings Tat zu verstehen. Soziale Aspekte, die Spezifika des militärischen Lebens und anderes mehr liegen scheinbar außerhalb der Welt des Berichterstatters.

Tod im Wiesental
von Eckhard Braun

A uch in diesem Beitrag wird Blut fließen. Gleichwohl handelt es sich nicht um eine Schilderung spektakulärer Vorgänge. Die Trivialität der äußeren Ereignisse ist im Gegenteil sogar besonders frappierend. Das zeigt auf der anderen Seite jedoch, wie wenig diese äußeren Ereignisse mit jenen oft genug auch in den Akten von Justiz oder Medizin dunkel bleibenden, eigentlichen Ursachen zu tun haben müssen, die schließlich eine bestimmte Wirkung hervorbringen. Einer der größten Trugschlüsse in der menschlichen Geistesgeschichte ist ja der Irrglaube, mit einer Kommentierung der äußeren Lebensumstände sowie der Bedingungen und Abläufe im menschlichen Bewußtsein und Unterbewußtsein, die ohnehin je nach Zeitgeist und individueller Neigung des Vornehmenden gewichtet werden, auch das eigentliche Geheimnis des Seelischen offenlegen zu können.

Es leben noch zu viele Angehörige desjenigen, der im negativen Sinn die Hauptperson dieser wahren Geschichte abgegeben hat, und es leben auch noch Zeugen. Zwar nicht solche der wie gesagt im Dunkeln bleibenden, eigentlichen Ursachen oder der hervorgebrachten, in Blut manifestierten Wirkung, aber doch der vorausgegangenen äußeren Ereignisse. Die Veröffentlichung von Namen oder Aktenzeichen wäre also nicht zu verantworten.

Die Kenntnis der geschilderten, in der Abfolge um Jahre auseinander liegenden Geschehnisse in einem südpfälzischen Dorf und des Schlußpunktes, der zur Zeit seiner frühen Jugend gesetzt wurde, und auch einen ersten Eindruck des zu Beginn umrissenen Spannungsfeldes verdankt der Verfasser den späteren Erzählungen seines Großvaters mütterlicherseits. Dieser war weder aktiv in die äußeren Ereignisse verwickelt noch näher mit der Hauptperson dieser Schilderung bekannt. Es gibt auf dem Dorf jedoch ein lange fortwirkendes, besonderes Zusammengehörigkeitsgefühl der Angehörigen benachbarter Jahrgänge, die gemeinsam die Bank der Volksschule mit ihren Gemeinschaftsklassen gedrückt und die großen Ereignisse im Leben, seien es Kriege oder Hochzeiten, gewissermaßen als Gruppe auch gemeinsam erlebt haben.

Den äußeren Rahmen der Geschehnisse bildete also ein südpfälzisches Dorf. Nicht in der wohlhabenden Vorderpfalz gelegen, sondern im Wasgau, Pirmasens und dem Westrich zu. Mehrheitlich katholisch, ursprünglich nur von karger Landwirtschaft und kleinem Gewerbe geprägt, war es mit dem anbrechenden 20. Jahrhundert wie viele Dörfer der Region um Pirmasens durch die Schuhindustrie zu bescheidenem Wohlstand gekommen. Zwei Kriege und zwei Inflationen in weniger als fünfzig Jahren, nach dem Kaiserreich die Weimarer Republik, das Dritte Reich und dann die Bundesrepublik: Das Dorf hatte auch diesem Jahrhundert seinen Tribut an Menschenopfern, an Mut und Opportunismus, an Gleichgültigkeit und Überlebenswillen gezahlt. Um das Jahr 1960 herum, in der Zeit, als es zum Schlußpunkt der zu schildernden Geschehnisse kam, war die unmittelbare Nachkriegszeit auch im Dorf R. materiell bewältigt und alles Vorhergegangene nicht weiter und in nicht bösartigerer Absicht als anderswo verdrängt worden. Wer lebte, arbeitete wie schon die Generation vor ihm in einer der Schuhfabriken. Die meisten taten das, Männer und Frauen. Man heiratete, zeugte Kinder, baute ein Haus, feierte in pfälzischer Großzügigkeit seine Feste und starb schließlich. Noch gab es ein Kino, und das Fernsehen wurde langsam ebenso selbstverständlich wie das Auto und die elektromechanische Waschmaschine. Man wählte konservativ. Nur Pirmasens war „rot", Gewerkschaft war ein Fremdwort. Diese Facetten, in denen sich auch schon die nur wenig später zum Ausbruch kommende Krise andeutet, der Niedergang der Schuhindustrie und damit die Krise einer ganzen, wirtschaftlich monostrukturierten Region, haben jedoch nur wenig mit den Geschehnissen und ihrem Endpunkt zu tun. Das muß betont werden! Einige Merkmale der realen Zeit lieferten nur gleichsam einige Versatzstücke oder Farbtupfer dazu. Diese Bestandteile dürfen in der Rückschau nicht als Fakten von gravierender Bedeutung oder als Kondensationspunkte zukunftsgerichteter Ahnungen fehlinterpretiert werden. Um es noch einmal zu wiederholen: Die eigentlichen Ursachen dessen, was geschah, bleiben im Dunkeln, und die Trivialität der äußeren Ereignisse ist frappierend.

In jedem Dorf lebten früher Außenseiter; eine Gruppe von Dorfbewohnern, die der Dorfgemeinschaft nicht angehörten. Die heute zu beobachtende Lockerung des dörflichen Gemeinschaftsgefüges hat der Außenseiter-Rolle einen Teil des früheren Stigmas genommen, ohne das Phänomen ganz zu beseitigen. Doch dies, und auch die Bildung neuer Randgruppen, ist hier nicht das Thema.

Bleiben wir bei der Beschreibung der dörflichen Außenseiter in der Vergangenheitsform: Da war an erster Stelle der Trinker, der demonstrativ auf die geregelte Arbeit pfiff, der die anderen mit Ernst und Fleiß nachgingen. Er verkörperte beispielhaft das asoziale Element unter denen, die zu den Außenseitern gerechnet wurden. War er so weit herabgekommen, daß ihm die harte Arbeit in der Schuhfabrik oder im Forst auch physisch unmöglich geworden war, konnte er noch weniger Mitleid erwarten. Fabrikarbeiterstolz ist nicht weniger hart als Bauernstolz.

Da war der Kinderreiche, der sich zwar des pfarrerlichen Wohlwollens erfreuen konnte und natürlich nicht als Asozialer galt, der es aber auch nicht fertigbrachte, ein eigenes Haus zu bauen und als ständig zur Miete Wohnender zu den Außenseitern gerechnet wurde. Denn gerade der Hausbau, das Eigenheim, war nach dem Zweiten Weltkrieg auf dem Dorf das typischste Symbol des bundesdeutschen „Wirtschaftswunders".

Da war die weit über die natürliche pfälzische Kommunikationsfreude hinaus klatschsüchtige, absichtlich Zwietracht säende Frau. Der Ruf, das böseste Maul im Dorf zu sein, konnte noch nicht einmal durch Haus und Hof, durch die so wichtige Reputation in materieller Hinsicht, ausgeglichen werden.

Da war der Kleingewerbler, der „Knäppler" geheißene kleine Schuhproduzent, der im Keller oder Anbau seines Hauses arbeitete. Seine Selbständigkeit wurde in seltsamer Eintracht weder von den großen Fabrikherren, noch von deren Arbeitern ernst genommen.

Da war der mit wohligem Schauder bestaunte Kirchenfeind und „Rote", dem es einmal blühen würde, wie ein Hund verscharrt zu werden.

Da waren nicht zuletzt die Geizigen, von denen die hochgeachtete Tugend der Sparsamkeit in eine Todsünde verwandelt wurde, die fast ebenso schlimm war wie Kirchenfeindschaft und „rote" Anfechtungen.

Zu den von Stammtisch und Verein geächteten Außenseitern zählten zum Teil aber auch ledige Männer, die jenseits der Jünglingsjahre und frei vom kirchlich geforderten Gebot des Zölibats waren, mochte sich ihre Lebenssituation ansonsten noch so in der Norm bewegen. Denn Junggesellentum und zwangsläufige moralische Bedenklichkeit in den Augen der Mitmenschen, oft natürlich nur der blanke Neid, gingen nicht nur damals und gehen nicht nur in der Pfalz und im Dorf Hand in Hand.

Tyrannen in ihren eigenen vier Wänden oder heimliche Trinker zählten nicht zu den Außenseitern.

Schon um eine weitere Fehlinterpretation zu vermeiden, die die eigentlichen und im Dunkeln bleibenden Ursachen mit der Laterne der Sozialkritik aufhellen zu können meint, muß nun betont werden, daß das Dorf R. keineswegs im gesellschaftlichen Sinne krank war. Weder nach dem Maßstab derjenigen Zeit, die nun über dreißig Jahre zurückliegt, noch nach unserem heutigen. Es gab, wie immer und überall, arm und reich, Arbeiter und Fabrikherren, weniger oder mehr Zufriedene. Fleiß, Ehrlichkeit, Offenheit, Sauberkeit sind keine Sekundärtugenden, sondern Ausdruck einer Existenz, die sich ihres eigenen Wertes bewußt ist. Daß dieses Bewußtsein gerade auf dem Dorf leicht in Dünkel und Engstirnigkeit umschlagen kann, es tat und tut, wie zum Beispiel die Generation des Verfassers erleben mußte, als sich die Frage nach dem Besuch eines Gymnasiums auch für Arbeiterkinder stellte, ist zu selbstverständlich, als daß dieser Umstand hier stichhaltige Erklärungsmodelle bieten könnte.

Daß auch um das Jahr 1960 herum noch viele Haustüren im Dorf unverschlossen blieben, daß auch der Geiz ein Grund zur Ächtung war, charakterisiert die Zeit und die Mehrheit der Zeitgenossen hinreichend genug. Viel zu tun hatte der damals in R. noch bestehende Gendarmerieposten nicht.

Neben den Außenseitern, und streng von diesen zu unterscheiden, hatte jedes Dorf auch „seine" sogenannten Originale. Dieser Typ Mensch ist der zwischenzeitlich eingetretenen Lockerung des dörflichen Gemeinschaftsgefüges leider fast völlig zum Opfer gefallen. Die verwendeten Anführungszeichen bedeuten: die Gemeinschaft akzeptierte die von solchen Menschen verkörperten Ausprägungen jenseits der allgemeinen Norm. Mehr noch, sie betrachtete die voll in die Gemeinschaft eingebundenen Vertreter dieses Typs als Ausdruck einer gewissen dörflichen Besonderheit, die den eigenen Ort von den Nachbardörfern abhob.

Einige Beispiele für das Holz, aus dem die alten Originale geschnitzt waren: Da war der schrullige Schullehrer, schon jahrzehntelang im Dienst und Gegenstand mancher Anekdote im Rang eines Erbstückes.

Da war der lautstarke Gemeindediener, dessen Stimmkraft, Schellengeläut und Sprachgewandtheit jede „Bekannt - machung!" zur kleinen Sensation geraten ließ.

Da war die beliebte, aber etwas eitle Krämersfrau, die sich nun „Kauffrau" nennen lassen wollte.

Da war der Organist, dessen immerwährende, die Tempi der Lieder betreffende Fehde mit dem Pfarrer und dem Chor bereits Legende war.

Da war der Förster, dessen Rauhheit ebenso sprichwörtlich war wie seine Gutherzigkeit.

Da war der lokale Dichter, dessen Verse man voller Stolz im Gemeindeblatt fand, ohne daß der in der Schuhfabrik oder im Holzwald ausgeübte Brotberuf des Musenjüngers unter derlei Zeitvertreib gelitten hätte.

Bei aller strengen Scheidung zwischen den Außenseitern und den gleichsam offiziellen, eingebundenen Originalen der Dorfgemeinschaft gab es auch in R. damals jedoch noch einen Typ von Mensch, den man einer Zwischenkategorie zuordnen könnte, wenn diese Bezeichnung nicht schon zu stark wäre. Diese Art setzte sich so gut wie ausschließlich aus Männern zusammen und ist ebenso wie die dörflichen Originale heute aufgrund des Strukturwandels in manchen ihrer Ausprägungen weitgehend verschwunden.

Kein exzessives Trinken, kein nicht mehr tolerierter Zug in ihrem ganzen Auftreten schloß diese Männer aus der in solchen Beziehungen streng richtenden Dorfgemeinschaft aus. Sie arbeiteten in ihrer überwiegenden Mehrzahl lohnabhängig, gehörten weder dem eingesessenen Gewerbestand noch der mißtrauisch betrachteten Gruppe der „Knäppler" an. Sie sangen im Chor, spielten ein Instrument, waren Mitglieder des Turnvereins, verheiratet, wie es sich gehörte. Sie verhielten sich auf den ersten Blick nicht anders, als so viele andere auch. Sie galten als frohe, gemütliche Naturen.

Und doch war da etwas, das diese Männer keineswegs zu Außenseitern, aber doch anders als die anderen machte:

Nicht wenige spielten Schifferklavier. Aber da war immer einer, der wurde mit seinem Instrument geradezu identifiziert, weil es keine Gelegenheit gab, bei der er nicht aufspielte.

Viele tranken beträchtlich, ohne deswegen gleich Säufer zu sein. Aber da war immer einer, auch er kein Säufer, der regelmäßig einen Schoppen Bier, ein Viertel Wein, einen Schnaps mehr trank als die anderen.

Viele rauchten. Aber da war immer einer, der die teuren Zigaretten mit dem Goldreif auf dem Mundstück, der statt eines Stumpens die dicke Zigarre rauchen mußte, ohne daß er zu den Honoratioren gehörte.

Mancher legte noch vor wenig mehr als dreißig Jahren im Wald die scheußlichen Drahtschlingen und amüsierte sich über die Aufregung von Gendarmerie und Förster. Diese Leute fühlten sich so wenig als ein im Strafgesetzbuch miterfaßter Fall, wie sie Armut und Hunger zu ihrem Tun zwangen. Aber da war immer einer, der zu oft von billigem Hasenpfeffer oder Rehbraten sprach und der zu oft mit den Augen zwinkerte.

Nicht wenige betrachteten den illegalen Griff zu Axt und Säge, um eine Fuhre Brennholz oder Bauholz für den Eigenbedarf zu besorgen, oder um sie nicht aus Not, sondern für gutes Geld in der Vorderpfalz zu verkaufen oder gegen Wein zu tauschen, als ein Unterfangen, das mit dem walddörflichen Moralkodex auch lange nach der Überwindung der feudalen Obrigkeitsverhältnisse noch völlig im Einklang stand. Aber da war immer einer, der noch einen Ster mehr als andere „schwarz" machen mußte.

Viele hatten aus dem Krieg Handfeuerwaffen über Kapitulation und Entwaffnung hinübergerettet oder bedienten sich in nahen französischen Geschäften. Schwarzbestände können durch kein noch so strenges Waffengesetz ausgetrocknet werden. Aber da war immer einer, der nicht nur in der Neujahrsnacht „scharf" schoß, sondern ständig mit Schußwaffen herumhantierte.

Mehr als einer schmiedete, drechselte oder knüppelte Verse zu allen möglichen Anlässen. Aber da war immer einer, der ständig versuchte, zu reimen, ohne daß er deswegen auf das Podest eines lokalen Dichters gelangt wäre.

Zum offiziellen dörflichen Original stiegen diese Männer nie auf. Mindestens ein Teil der eben genannten Züge macht unschwer deutlich, weshalb sie dazu auch nicht geschaffen waren und weshalb im Unterschied zum Verschwinden der dörflichen Originale kein Bedauern darüber angebracht ist, daß manche dieser Verhaltensmuster heute nicht mehr zu beobachten sind. Es reicht, daß die Gattung desjenigen, der immer ein Glas mehr als die anderen trinken muß, in der Pfalz und anderswo noch in voller Blüte steht, daß sich das anders sein als die anderen zur Freude der Banken und Autohäuser heute zum Beispiel auch im Protzen mit der neuesten Version einer beliebten überrheinischen Nobelmarke äußert.

All sein Tun war bei dem hier geschilderten, damaligen Typ Mensch im übrigen auch keineswegs darauf gerichtet, den Rang eines offiziellen dörflichen Originals zu erwerben. Der konnte ohnehin von niemand erworben werden, der wurde einem vielmehr von den anderen verliehen. Noch nicht einmal der dorfbekannte ständige Reimer reimte auf dieses Ziel hin. Ebenso wie diejenigen, die ihrem jeweiligen „Sport" in seinen harmlosen wie in seinen dem Strafgesetzbuch nach illegalen Aspekten maßvoller nachgingen, tat auch derjenige, der in dieser Hinsicht anders war als die anderen, das, was er tat, lediglich „aus Spaß an der Freude".

Mit bloßer, vordergründiger Geltungssucht kann dieses anders sein als die anderen Mitglieder einer Gemeinschaft, der man, was seitens des einzelnen wie der Gruppe außer Frage stand, zugehörte, nicht erklärt werden. Die dörfliche Gemeinschaft verstand sich damals trotz der mehr oder weniger ausgeprägten Ego-Pflege ihrer einzelnen Mitglieder noch als Kollektiv mit den traditionellen Anführern Pfarrer, Bürgermeister, Lehrern und Fabrikherren.

„Schwarzholz" machen im Pfälzer Wald.

Die damalige Sozialgruppe Dorf ist in ihrer zum Teil sogar heute noch gegebenen Stabilität nicht zu vergleichen etwa mit einer Gruppe von Jugendlichen unserer Zeit. In einer solchen Gruppe kann bis hin zu selbstmörderischen und gemeingefährlichen Aktionen im Straßenverkehr ein dauernder Kampf geführt werden, der die zum größten Teil harmlosen Mutproben und Wettbewerbe, die zur unvermeidlichen und natürlichen Bildung einer Rangfolge früher üblich waren, weit in den Schatten stellt. Die eigentlichen Ursachen, die hinter den äußeren Ereignissen stehen, bleiben jedoch, im Dunkeln.

Nicht alle, aber viele Männer des hier skizzierten Typs gerieten übrigens mit den Jahren in ruhigeres Fahrwasser und gaben auf, was sie in der geschilderten Weise von den übrigen Dorfgemeinschaft unterschieden hatte. Wem die auf gut pfälzisch „Naupen" genannten Andersheiten nicht von selbst einschliefen oder wer sie „aus Spaß an der Freude" wachhielt, der trieb sie eben weiter. Geldbußen oder gar eine Kommandierung zu den „Schwarzen Husaren" nach Zweibrücken, eine Strafhaft, waren jedoch Kuren, die als Konsequenzen dieses Treibens nur in den seltensten Fällen nötig wurden. Wenn, dann meist aufgrund der Schlingenlegerei, die in keiner Weise als sogenanntes Kavaliersdelikt zu werten ist, oder wegen Holzfrevels. Erstaunlich wenige von denen, die immer ein Glas mehr als die anderen tranken, verkamen zum Säufer und damit zum Außenseiter der niedrigsten Stufe. Das ist ein starkes Indiz für die damalige Stabilität der Dorfgemeinschaft.

Und vor Hans Weber, der Name ist aus den schon genannten Gründen verfremdet, richtete die bodenständige Gemeinschaft, die innerhalb der großen Kulisse den realen Rahmen seines Lebens bildete, durchaus keine Windmühlen auf. So wenig, wie es für alle anderen welche gab, die wie er oder auch wie mein Großvater, einer seiner Altersgenossen, damals in der Dorfgemeinschaft von R. lebten. Das Sein, welches auch Hans Webers Bewußtsein mitbestimmte, war ungeachtet der äußeren Umwälzungen, die sich in den Jahrzehnten seines Lebens vollzogen, die Selbstverständlichkeit der Einbindung in die dörfliche Gemeinschaft.

Hans Weber war also kein Außenseiter. Niemand in seiner Familie war das: Arbeit in der Schuhfabrik, Kirchgang, Hausbau, Ehe und Familie. Hans Weber war auch kein Original. Aber er gehörte zu denjenigen, die in der geschilderten Weise anders waren als die anderen Mitglieder der Dorfgemeinschaft. Und er vereinte viele dieser Züge auf sich: Er war kein Säufer, aber anders im Trinken, er war anders im Bezug auf das Ziehharmonikaspiel, das Fallenstellen und im Bezug auf Schußwaffen, und er war auch anders als die anderen, was das Reimen anging - aber er reimte eben viel und gern und gab seine Verse auch häufig in Wirtschaften und Familienfeiern zum Besten, oft von den Gästen mit Belustigung oder Spott, teilweise auch mit Begeisterung aufgenommen

Früh an einem Herbstmorgen finden Leute, die mit einem Kuhwagen aufs Feld unterwegs sind, um Kartoffeln auszumachen, Hans Weber in einem engen Wiesental in der Nähe des Ortes auf dem Rücken liegend. Hemd und Jacke sind in Bauchhöhe blutbeschmiert, Blut ist auch unter dem Rücken hervorgetreten. Hans Weber ist tot.

Während zwei Personen bei der Leiche zurückblieben, eilten zwei andere in das etwa eine halbe Stunde Fußweg entfernte Dorf und alarmierten den Gendarmerieposten und den Arzt.

Aus dem Bericht des Gendarmeriepostens R. an die vorgesetzte Dienststelle:

„Der eingetroffene Arzt stellte den bereits vor einigen Stunden erfolgten Tod des Weber durch Verbluten nach innen und außen fest, ausgelöst durch eine Schußverletzung (Totenschein liegt gesondert bei als: Anlage 1). Die Kugel durchschlug Magen, Darm und Rücken, ebenso den leeren Rucksack, den der Tote trug, und trat wieder aus. Sie konnte nicht gefunden werden. Weber muß einen schweren Tod gehabt haben, wie er für einen Bauchschuß typisch ist. Die Füße hatten die Grasnarbe bis zum eigentlichen Erdboden aufgerissen, die Hände Grasbüschel ausgerissen.

Neben der Leiche des Weber lagen Oberteil und Griffstück einer alten, nicht gut gepflegten Pistole 08 im Kaliber 9 mm Parabellum, wie sie früher von der Wehrmacht benutzt wurde (nicht gemeldet). Das Magazin mit sieben Patronen, Anzahl durch Seitenschlitz sichtbar, wurde in der rechten Jackentasche des Weber gefunden. Das Oberteil der Waffe war ordnungsgemäß durch Drehen des Riegels gelöst und vom Griffstück getrennt worden. Das Patronenlager enthält eine abgefeuerte Hülse. Diese ist längs gerissen und mit ihrem vorderen Teil noch im Patronenlager steckend. Ihr Material besteht aus lackiertem Stahl (alle Gegenstände hierorts im Diensttresor verwahrt).

Gendarmerieposten hierorts hat sich nachfolgende Meinung gebildet: Es handelt sich bei der im Patronenlager sich befindlichen Hülse sowie bei den noch im Magazin befindlichen Patronen eindeutig um deutsche Kriegsfertigung, die ursprünglich nur für MPI und P 38 bestimmt war. 08 verwendete zur Vermeidung von Funktionsstörungen wenn möglich stets Munition mit Messinghülsen. Vermutlich zündete die weit über zehn Jahre alte Patrone beim Versuch des Abfeuerns nicht. Eine Verformung der Patrone oder Verschmutzung des Patronenlagers verhinderte, daß sie durch Betätigen des Kniegelenks zu entfernen war. Bei der Betätigung des Kniegelenkes rutschte aber der sehr abgenutzte Auszieher unter der Rille am Hülsenende der sich im Patronenlager befindlichen Patrone hervor. Die Waffe war also wieder gespannt. Weber löste höchstwahrscheinlich das Oberteil vom Griffstück, um die Patrone von vorn mittels eines dünnen Zweiges oder entsprechendem aus dem Patronenlager herauszudrücken.

Bei abgenommenem Oberteil und Patrone im Patronenlager kann jedoch ein Schuß durch versehentliches Berühren der etwas hervorstehende Abzugsstange der Pistole 08 ausgelöst werden.

Nach Aussage der Ehefrau des Weber, Anna Weber, verließ ihr Mann am gestrigen Abend gegen 8 Uhr, als es bereits dunkelte, das Haus. Sie sagte weiter aus, es sei nicht ungewöhnlich gewesen, daß ihr Mann erst sehr spät, auch erst morgens zurückgekommen sei. Das sei seine Sache gewesen. Über die Gründe wisse sie nichts zu sagen (liegt gesondert bei als: Anlage 2). Da nach Feststellung des Arztes der Weber bei seinem Auffinden erst einige Stunden tot war, vollzog sich das Auseinandernehmen der Pistole und das unbeabsichtigte Auslösen des Schusses mit aller Sicherheit im Dunklen.

Daß der Pistolenschuß trotz der Nachtzeit nicht sehr weit hörbar war und auch die mutmaßlichen Schmerzens- und Hilfeschreie des Weber nicht gehört wurden, ist schon auf die Entfernung zurückzuführen, die zwischen der Fundstelle der Leiche in einem engen, von Wald umstandenen Tal und dem Ort liegt. Zudem befindet sich dieser jenseits einer ausgedehnten Hochfläche mit Baumgärten (Skizze liegt bei als: Anlage 3).

Ein Unfall aufgrund unsachgemäßer Handhabung der Pistole 08 ohne Fremdverschulden, wie beschrieben, gewinnt aufgrund der zum Hergangszeitpunkt vorauszusetzenden Nachtzeit also noch mehr an Wahrscheinlichkeit. Daß die Herbstnacht von gestern auf heute eine relativ helle, sichtige war, wie der Gendarmerieposten bei seinem Kontrollgang feststellte, ist für die Beurteilung der grundsätzlichen Situation bedeutungslos.

Für Mord oder ein anderes Tötungsdelikt durch Fremdverschulden spricht nach Untersuchung des hiesigen Gendarmeriepostens nichts. Auch Selbstmord ist nach Kenntnis der Lebensumstände des Weber nach Meinung des hiesigen Gendarmeriepostens sicher auszuschließen.

Die Frage, warum und worauf Weber eigentlich schießen wollte, läßt sich nicht mit letzter Sicherheit klären. Untersuchungen um den Fundort der Leiche lassen jedoch folgenden Schluß zu: Der von Gendarmerieposten R. hinzugezogene Förster H. entdeckte im Buschwerk etwa fünf Meter vom Fundort der Leiche entfernt eine mittels Eisenpflock im Erdboden befestigte Drahtschlinge. Noch nicht völlig eingetrocknete Blutspuren, Scharrspuren und Haare am Boden deuten nach Aussage des Försters H. (liegt gesondert bei als: Anlage 4) darauf hin, daß sich in dieser Schlinge kein Hase oder ähnliches Kleinwild, sondern ein Reh verfangen hat. Diesem sollte, so ist anzunehmen, ein Fangschuß gelten. Nach Aussage des Försters H. (siehe

Anlage 4) stand ebenso wie andere Hiesige auch der Weber schon immer im Ruf, zu wildern. Der Umstand, daß der Tote einen leeren, mit Zeitungspapier ausgeschlagenen Rucksack trug, erhärtet diesen Verdacht.

Die Einvernahme der beiden bei der Leiche zurückgebliebenen Personen sowie derjenigen, die Arzt und Gendarmerieposten benachrichtigt hatten, brachte bezüglich des Verbleibs des vermutlich in der Schlinge verfangenen und nunmehr verschwundenen Rehs keinerlei Ergebnisse (liegt gesondert bei als: Anlage 5). Weshalb von Unbekannt nicht auch die Schlinge entfernt wurde, hat seinen Grund mit Sicherheit darin, daß es Förster H. nur unter Mithilfe von uns beiden Gendarmeriebeamten sowie eines weiteren Mannes gelang, den spiralförmig auslaufenden Eisenpflock aus dem Erdboden zu ziehen (siehe Anlage 4).

Im Haus des Weber wurden im Kohlenkeller ein Karabiner 98k, ein an Rohr, Vorder- und Hinterschaft abgesägter weiterer 98k, eine französische Doppelflinte im Kaliber 16 (sämtliche nicht gemeldet) sowie Munition entdeckt und beschlagnahmt. Die Frau des Weber erklärte, nichts davon gewußt zu haben, das sei Sache ihres Mannes gewesen (siehe Anlage 2). Bei der aufgefundenen Pistolenmunition 9 mm Parabellum und bei der Gewehrmunition 8x57 handelt es sich ausschließlich um deutsche Kriegsfertigung wie oben beschrieben. Die Schrotpatronen sind wie die Doppelflinte französischer Herkunft (alle Gegenstände hierorts im Diensttresor verwahrt, Aufstellung liegt gesondert bei als: Anlage 6).

Die Leiche des Weber wurde in sein Haus verbracht. Vorbehaltlich einer weiteren Untersuchung durch die Kriminalpolizei wurde eine Bestattung vorläufig untersagt."

Die kriminalpolizeiliche Untersuchung des Fundortes der Leiche von Hans Weber und eine nur kurze gerichtsmedizinische Untersuchung seiner auf dem Ehebett aufgebahrten sterblichen Überreste ergaben nichts, was die Justiz zu weiterer Aktivität veranlaßt hätte. Die Fingerabdrücke, die von den beiden Teilen der wie die anderen Waffen und die Munition beschlagnahmt bleibenden alten Pistole 08 sowie von deren Magazin abgenommen wurden, stimmten mit denen von Hans Weber überein.

Auch eine erneute Einvernahme seiner Ehefrau und derjenigen, welche die Leiche im Wiesental gefunden beziehungsweise dann bei ihr gewartet hatten, bis die alarmierten offiziellen Organe eingetroffen waren, blieb ergebnislos. Eine Haus- und Stalldurchsuchung bei den Entdeckern der Leiche ergab keine Hinweise auf eine Verwertung des in der Schlinge gefangenen Wildes. Hans Webers Frau war eine Mitwisserschaft um den illegalen Waffenbesitz ihres toten Mannes nicht nachzuweisen.

Man schloß sich der bereits vom Gendarmerieposten R. geäußerten Ansicht an, erkannte im gewaltsamen Todesfall Hans Weber auf „Tod durch Unfall" und gab die Leiche zur Bestattung frei.

So wurde der tote Hans Weber am dritten Tag, wie es der Brauch war, kirchlich begraben. Es war eine sogenannte „große Leiche". Am offenen Grab wurde Hans Webers frohe, gemütlich Natur gerühmt. Der Chor sang. Ein Schifferklavier spielte „Auf einem Seemannsgrab..."

Da zu jener Zeit die Sitte des offiziellen Leichenschmauses in katholischen Dörfern noch als „protestantische Pietätlosigkeit" galt, verteilten sich die Trauergäste nach dem ersten Sterbeamt in die Wirtschaften des Ortes. Zahlreiche Gläser wurden auf Hans Weber geleert.

Am nächsten Tag zeigte es sich, daß das Dorf R. einem, der in der geschilderten Weise anders als die anderen Mitglieder der Dorfgemeinschaft gewesen war, auch noch ein anderes Epitaph gesetzt hatte. An der Dorflinde vor der Kirche hing ein Zettel. Er blieb lange hängen, wer ihn schließlich entfernte oder ob Regen und Wind ihn mit sich nahmen, ist ungeklärt.

Mit großen Druckbuchstaben stand auf dem Zettel in Mundart geschrieben:

D<small>E</small> W<small>EBER</small>-H<small>ANS</small>, <small>DE</small> D<small>ICHTER</small>,

<small>IM</small> W<small>ISSEDAL, DO LICHT ER</small>!

KRIMINALBERICHTERSTATTUNG IN PFÄLZISCHEN LOKALBLÄTTERN DER KAISERZEIT

„Mögen sich durch diese Mitteilungen
andere zur Vorsicht veranlaßt sehen."
von Bernhard Kukatzki

Während der Mensch von heute durch Zeitungen, Boulevardblätter, Illustrierte, Radio, öffentlich-rechtliche und private Fernsehen der mit „sex and crime-stories" vollgeschüttet wird, war der Mensch des späten 19. und frühen 20. Jahrhunderts bei Berichten über Verbrechen auf Mundpropaganda und ein seit der Mitte des 19. Jhdts. aufstrebendes Lokalblattwesen angewiesen. Eingebettet in einer bunten Mischung aus Nachrichten und Notizen über Ernteerfolge, Nachrufe, Gemeinderatssitzungen, Unglücksfälle oder Immobilienverkäufe konnte der bis ins das späte 19. Jhdt. fast ausschließlich männliche Leser auch drastische Schilderungen von Verbrechen und Verbrechern aus seiner Heimat lesen. Daten- oder Opferschutz waren unbekannte Begriffe, Täter und Opfer, auch bei Sexualstraftaten, in der Regel mit vollem Namen genannt. Seriöse Recherche war nicht immer an der Tagesordnung und die ungeprüfte Übernahme von Meldungen aus anderen Zeitungen eine gängige Praxis. Nicht selten mußten auch Meldungen korrigiert werden, weil sie sich als Gerüchte oder als Übertreibungen erwiesen.

Gewerbefreiheit und das freiheitliche Reichspressegesetz von 1874 trugen zu einem starken Aufschwung des Pressewesens bei. Kann man heute auf dem pfälzischen Zeitungsmarkt fast von einer Monopolstellung einer einzelnen Zeitung sprechen, gab es in der Kaiserzeit eine Unzahl pfälzischer Zeitungen. Der Landauer Anzeiger, die Speierer Zeitung, das Pirmasenser Wochenblatt, der General-Anzeiger oder der Rehbach-Bote sind nur einige Titel dieser untergegangenen reichen Presselandschaft. Und der Stoff aus dem die Kriminalitätsberichterstattung ist ging ihnen für die Pfalz nicht aus. In einen Artikel in der Nr. 243 der Speierer Zeitung aus dem Jahr 1902 wird notiert: „Speier, 18. Okt. Ueber die Kriminalität der Pfalz plaudert eine uns zugehende, die einschlägigen Verhältnisse des ganzen Reiches umfassende Zusammenstellung wieder einmal recht unangenehme Dinge aus. ... Inbezug auf gefährliche Körperverletzungen ist immer noch Bayern mit 18.105 Fällen (gegen 53.596 in ganz Preußen) im Reiche obenan; die größten Kontingente stellen wiederum die Kreise Oberbayern mit 3769, Pfalz mit 3528 und Niederbayern mit 2539 Verurteilungen. Aehnlich unerquicklich liegen die Verhältnisse inbezug auf Betrügereien." Die Kriminalität in der Pfalz wäre nach dieser Statistik größer als in anderen Regionen des Kaiserreiches gewesen - nach den Ursachen kann hier nicht geforscht, wohl aber ein Querschnitt durch fast 50 Jahre pfälzische Mords- und Diebsgeschichten gegeben werden. Die Zeitungsberichte zeigen uns die Kriminalität in all ihren Facetten - man begegnet tragischen und traurigen Schicksalen, komischen und ins Skurrile reichenden Ereignissen. Diese Geschicht(ch)en von Kindsmord, Prügeleien, Messerstechereien und Diebstählen, kunstvollem Betrug und raffiniertem Schwindel, tragen dazu bei, den Alltag und die Lebensbedingungen in der Pfalz in den Extremen plastisch werden zu lassen. Von daher sind diese Verbrechensnotizen von sozial- und mentalitätsgeschichtlichem Interesse. Nicht zuletzt sind sie aber auch für den heutigen Leser spannende Lektüre. Der Berliner Strafverteidiger Stefan König schreibt: „Der Anblick von Verbrechen erfüllt uns mit Entsetzen und Anteilnahme, er eröffnet uns Abgründe von Verzweiflung und Leidenschaft. Er hat, wie Max Alsberg, einer der großen Strafverteidiger der Weimarer Zeit, meinte, einen besonderen Reiz durch seine ´starke Durchsetzung mit romantischen und irrationalen Elementen´."

TOTSCHLAG UND MORD

Dürkheim, 27. Juni. Gestern wurde in unserer nächsten Nähe, bei Seebach, ein furchtbares Verbrechen gegangen. Ein noch junges Ehepaar war in solchen Unfrieden gerathen, daß die Frau den Bund dadurch factisch löste, daß sie zu ihrer Mutter zurückkehrte und bei ihr lebte. Mißtrauen in die eheliche Treue der Frau soll der Grund der Zerwürfnisse gewesen sein. Gestern nun arbeitete die junge Frau auf dem Felde, nahe den Steinbrüchen bei Seebach, da trat der Gemiedene an sie heran und nach kurzem Wortwechsel stach er die Frau nieder und schlug die noch Lebende mit der Hacke völlig todt. Die Leiche soll in furchtbarer Weise zugerichtet sein. Nicht weniger als fünfzig Stiche weise sie auf, und einen zerschlagenen Schädel. Das 1/2 Jahr alte Kind hatte die Mutter mit im Felde. Der Mörder ist entflohen und konnte bis jetzt noch nicht wieder eingebracht werden. (D. A.)

Anzeiger 148/1873

Landstuhl, 29. Sept. Gestern Abend um 8 1/2 Uhr brachte der 22jährige Peter Herbst von Mackenbach seiner Geliebten Elisabetha Dick von Oberarnbach auf der Ortsstraße daselbst einen Schnitt in die Kehle bei, in Folge dessen der Tod sofort eintrat. Als die Gendarmerie den Thäter in Mackenbach abholen wollte, tödtete er sich in seiner Wohnung durch einen Terzerolschuß in den Mund. Motiv soll Streitigkeiten gewesen sein. (Pf. P.)

Anzeiger 227/1873

Landau, 4. Dez. Die des Kindsmords beschuldigte ledige Barbara Oefler von Freimersheim wurde am 2. Dezember hier verhaftet. Dieselbe ist in ihrer Handlungsweise in allen Punkten geständig und hatte außer diesem getödtete Kind schon weitere drei uneheliche Kinder, wovon jedoch eines gestorben ist. Die am 2. Dezember vorgenommene Section der Leiche ergab, daß das Kind gelebt hat und in Folge von Erstickung gestorben ist, was mit der Angabe der Beschuldigten, daß sie dem Kinde dem Hals zugedrückt habe, auch vollkommen übereinstimmt.
Anzeiger 283/1873

Schauernheim (bei Mutterstadt), 20. Juli. Gestern wurde ein hiesiger Einwohner, der Leinweber Böckler, von seinen eigenen Söhnen erschlagen. Eifersucht war die Ursache. Der Alte nämlich war zum zweitenmal verheirathet, und als die junge Frau mit Zwillingen niederkam, beschuldigte er die Söhne eines sträflichen Verhältnisses mit der Stiefmutter; in dem hierauf entstandenen Wortwechsel schlug der eine Sohn dem Vater mit einem starken Besenstiel in das Genicke, was den Tod des Alten zur Folge hatte. (Bgztg.)
Landauer Anzeiger 169/1875

Speier, 8. Mai. Wir haben heute die traurige Aufgabe einen Mord zu verzeichnen, der in unserer Nähe verübt wurde. Der Waldhüter Martin Witt, 45 Jahr alt, von Schifferstadt, wurde gestern Nachmittag 2 Uhr in der Schifferstadter Gemeindewald Abtheilung „Gay" todt auf dem Gesichte liegend aufgefunden. Neben ihm lag ein brauner Filzhut und ein Gewehrhahn mit einem Schaftfutter von der Waffe des Thäters. Witt hatte einen Schuß in die Herzgegend und einen Schlag auf den Hinterkopf erhalten. Hieraus sowohl als aus den Stocksplittern, die in der Nähe der Leiche gefunden wurden und von dem Stocke des Witt herrühren, läßt sich schließen, daß ein hartnäckiger Kampf der Katastrophe vorausging. Man glaubt, daß 2 oder 3 Thäter den Mord vollführt haben. Während Witt sich mit einem derselben herumraufte, hat ein anderer ihm mit einem Gewehr den Schlag versetzt. Die Mörder sind bis jetzt unbekannt, doch darf man hoffen, daß die verschiedenen vorgefundenen Gegenstände zur Ermittelung derselben führen werden.
Speierer Zeitung 108/1876

Schifferstadt, 9. Mai. Der im hiesigen Wald erschossene Waldhüter Witt ist gebürtig aus Dirmstein und war früher reitender Gensdarm in Speyer. Als der That verdächtig wurden bereits 4 Personen verhaftet, darunter drei Gemeinde-Angehörige von Schifferstadt. Spuren von Stockschlägen im Gesichte und an anderen Körpertheilen der Verhafteten geben diesem Verdachte eine positive Unterlage. Noch ist es aber bis jetzt nicht gelungen, den Eigenthümer des braunen Filzhutes zu ermitteln, der bei dem Ermordeten gefunden wurde. Die That selbst soll bereits am Samstag Morgens 1/2 6 Uhr begangen worden sein, um welche Zeit Leute, welche sich in der Nähe des Ortes, an dem das Verbrechen begangen wurde, befanden, einen Schuß und Schreien gehört. Allgemein ist das Bedauern, das man den Hinterlassenen des braven Mannes entgegenbringt, der in Ausübung seiner Pflicht ein so schreckliches Ende gefunden hat.

Anzeiger 109/1876

Zu dem Mord im Schifferstadter Walde wird dem „Pf. Kur." geschrieben: „Witt war ein pflichtgetreuer Bediensteter, wie es nur wenige giebt, und zeichnete sich während seiner langen Dienstzeit durch seine Rechtlichkeit und sein solides Wesen aus. Mit rastlosem Fleiße und einem seltenen Muthe suchte er seine Pflicht zu erfüllen, und daß das häufige Wildern in der Umgegend von Schifferstadt nicht abnahm, war nicht seine Schuld. „So lange man den gesetzlichen Sinn der Bewohner nicht von anderer Seite zu heben versteht, ist all´ meine Mühe umsonst", das waren oft die Worte des braven Mannes, und sein furchtbares Ende in den besten Lebensjahren hat die Wahrheit dieser Behauptung nur zu sehr bewiesen. Von dem Forstfrevel zu dem Feld- und Wilddiebstahle, von diesem zum gewaltigen Einbruch und schließlich zum Morde, das ist gar oft die Stufenleiter menschlicher Verirrungen, wenn einmal der strenge Sinn für Recht verloren gegangen ist und keine bessernde Hand bis in die Familie der Verwahrlosten einzugreifen versteht. Was aber, ihr lieben Jagdgenossen und ihr alle über den Mord Empörten, ist unsere Aufgabe? An dem frischen Grabe des bei gewissenhafter Pflichterfüllung Gefallenen stehen die weinenden Hinterbliebenen, denen so früh der Ernährer genommen wurde. O gewiß, Ihr sucht, wenn auch nur durch kleine Gaben, welche die Redactionen unserer pfälzischen Blätter gerne in Empfang nehmen werden, eine Theilnahme zu beweisen." (Die Expedition dieses Blattes ist zum Empfange milder Gaben bereit.)

Anzeiger 114/1876

Neuhofen, 26. Mai. Wie ich von gut unterrichteter Seite erfahre, ist der Eigenthümer des in der Hand des ermordeten Waldhüters Witt gefundenen Hutes in der Person des gleich Anfangs verhafteten Schifferstadter Wilderers Imo ermittelt. Der von hier verhaftet gewesene Keller ist bereits aus seiner Haft entlassen. (Pf. P.)

Anzeiger 124/1876

Der Gemeinderath von Schifferstadt hat folgende Prämien ausgesetzt: 100 M. dem Finder des Gewehres, womit der Forsthüter Witt ermordet wurde; 50 M. dem, der im hiesigen Walde oder Felde einen Wilderer, mit einem Jagdgewehre versehen, mit Erfolg zu rechtskräftigen Bestrafung anzeigt; 20 M.

dem, der einen Wilddieb dahier auf dem Stellen von Schlingen betrifft und zur Strafe bringt.

Anzeiger 125/1876

Jockgrim, 7. Sept., Morgens 7 Uhr. Heute Nacht wurde der hiesige Feldschütz Metz, ein sehr braver dienstfleißiger Mann, auf dem Felde todtgeschlagen. Vermuthlich liegt hier ein Racheakt vor, von Seiten solcher, die Metz in letzter Zeit wegen Obstdiebstahls protokollirt hatte. An der Leiche des Metz wurden 9 Messerstiche constatirt, sowie daß ihm die vordere Hirnschale mit einer Hacke eingeschlagen worden sei.

Speierer Zeitung 210/1878

Jockgrim, 9. Sept. Die gestern an dem erschlagenen Feldschützen vorgenommene Section hat folgendes Resultat ergeben: Metz hat 47 Wunden an Kopf und Hals anscheinend von verschiedenen Instrumenten herrührend und zwei Messer-Schnittwunden an der linken Hand. Eine größere Stich- oder Schneidwunde hat Metz am Hals unweit des rechten Ohrs. Dieselbe klafft ungefähr 4 - 5 cm. in der Länge und 3 cm. in der Breite. Als dieser scheußlichen That sehr verdächtig wurden gestern Abend Franz Ochsenreuther II., ein Mann von 36 Jahren und heute seine beiden Brüder verhaftet, da bei ihnen körperliche Verletzungen vorgefunden worden waren, deren Ursprung sie nicht nachweisen können. Metz hinterläßt eine Frau mit 2 Kindern von 2 1/2 und 7 Jahren in sehr dürftigen Verhältnissen. Möge die Mildthätigkeit der Landsleute auch hier sich bewähren.

Speierer Zeitung 211/1878

Meckenheim, 18. Februar. Gestern Abend wurde unser friedlicher Ort durch eine grausige That in nicht geringe Bewegung versetzt. Bei dem Krämer Jakob Bach war Nachmittags der Kaufmann Emanuel Scharff von Landau (Firma Scharff und Söhne) um zunächst längst verfallene Beträge in Empfang und ev. neue Bestellungen entgegen zu nehmen. Bach machte, wie gewöhnlich Ausflüchte und fing an, was er auch bei früherer Anwesenheit des Scharff stets gethan, von einem Faß Oel zu reden, das er von Völker in Edenkoben bezogen habe und das durchaus nichts tauge. Dabei baten Bach und seine Frau mit auffallender Zudringlichkeit, Scharff möge doch einmal in den Keller, in dem eben Bach stand und einen Reifen aufklopfte, hinabkommen und das Oel untersuchen. Scharff antwortete, daß er ja schon früher wiederholt gesagt, er kümmere sich nicht um Waare, die er nicht geliefert habe. Als aber das Ehepaar Bach mit Bitten nicht nachließ, das Oel, das fortwährend ´koche´, zu untersuchen, begab sich Scharff in den Keller, der klein und niedrig ist. Kaum war das geschehen, so zog Bach ein Terzerol hervor, deutete nach den auf einem Faß bei einem Licht liegenden Rechnungen und sagte in drohendem Tone: ´Da quittirst Du!´ Im selben Augenblicke wurde von der Frau des Bach die Fallthüre des Kellers zugeworfen. Scharff, ein kräftiger Mann, verlor die Geistesgegenwart nicht, und wies das Verlangen Bachs mit Entschiedenheit zurück. Da krachte ein Schuß und eine Kugel fuhr dem bedrohten Kaufmann dicht an der linken Brustseite vorbei, Uebverzieher und Rock durchlöchernd. Darauf entstand ein entsetzlicher Ringkampf. Mit eiserner Kraft hielt er die Hände des Mörders umspannt und wider Willen mußte dieser die Treppe hinauf seinem Gegner folgen. Mit unbeschreiblicher Anstrengung gelang es dem der Erschöpfung nahen Scharff, die Fallthüre, die nicht verschlossen war, auf welche sich aber Bach´s Frau und Schwiegermutter gestellt hatten, aufzudrücken. Hierauf stieß der den Mörder in den Keller zurück, warf die Weiber auf die Seite und erreichte die Thür, die eben ein Kind zuschließen wollte. Das Kind wurde hinweggedrängt und im nächsten Augenblick befand sich Scharff auf der Dorfstraße. Fat athemlos trat derselbe bei dem Ortsvorstand ein, dem er das Geschehene anzeigte. Wie im Lauffeuer verbreitete sich die Nachricht von der schrecklichen That im Orte. Die Verhaftung Bach´s erfolgte noch am späten Abend. (Land. Tagebl.)

Pirmasenser Wochenblatt 30/1882

Die Meckenheimer Mordgeschichte Scharff contra Bach stellt sich nach einer Erklärung des Letzteren in einem ganz anderen Lichte dar. Vor Allem entbehrt es der Wahrheit, daß der Beschuldigte Bach verhaftet wurde, im Gegentheil, derselbe hat gegen Scharff wegen Vergewaltigung seiner (des Bach) Ehefrau, die heute noch bettlägerig ist und ärztlich behandelt wird, dem Bürgermeisteramt Anzeige erstattet.

Pirmasenser Wochenblatt 33/1882

Meckenheim, 20. Dez. Die Untersuchung in der Sache Kaufmann Emanuel Scharff von Landau und Krämer Joh. Bach von hier ist niedergeschlagen worden. (Scharff sollte in des letzteren Keller angegriffen und lebensgefährlich bedroht worden sein, falls er gewisse Rechnungen nicht quittiren wolle, während Bach behauptet, Scharff habe im Keller einen Angriff auf die Ehefrau Bach gemacht.)

Pirmasenser Wochenblatt 204/1882

Mußbach, 14. April. Unsere sonst so ruhige und stille Gemeinde befindet sich in großer Aufregung, denn als gestern der hiesige Leichenbeschauer und Bader Wanzer die Leiche des Tagners Moses Deutsch besichtigte, nahm er an derselben wahr, daß Deutsch keines natürlichen Todes gestorben sein kann. Ueber die Todesursache sind verschiedene Gerüchte und wollen wir vorderhand, um Niemand nahe zu treten, uns jeder Andeutung über dieselben enthalten. Der Untersuchungsrichter sowie der Staatsanwalt von Frankenthal treffen heute Nachmittag hier ein. (Pf. Pr.)

Pirmasenser Wochenblatt 62/1882

Mußbach, 15. April. Nachdem der kgl. Untersuchungsrichter von Frankenthal gestern hier an kam, um über die Todesursache des Moses Deutsch von hier die nöthigen Erhebungen zu pflegen, wurde heute früh durch zwei Gensdarmen von Neustadt dessen Stiefbruder, der Handelsmann Benjamin Deutsch von Mußbach, als des Todschlags dringend verdächtig verhaftet. Moses Deutsch hatte bei seinem Stiefbruder Benjamin Wohnung und Kost und soll derselbe sich bei letzterem gerade nicht der besten Behandlung zu erfreuen gehabt haben. (Pf. Pr.)

Pirmasenser Wochenblatt 63/1882

Obrigheim, 8. Jan. Ueber die hiesige Mord-Affaire berichtet die ´Pf. Pr.´: Der Thäter Spengler Bohn von Kindenheim befand sich, von einer Begräbnißfeier zurückkehrend, in der Mohr´schen Wirtschaft zu Obrigheim, wo derselbe, ein großer kräftiger, aber ebenso furchtsamer und abergläubischer Mensch seine Geistergeschichten, unter anderen, daß er schon ein Gespenst eine Strecke Weges auf dem Rücken getragen, zum besten gab. Einige Burschen, darunter der inzwischen verstorbene Schuster Witt, wollten denselben nun abermals in Furcht und Schrecken jagen und zeigten sich ihm in der Bockenheimer Hohl als Gespenst, woselbst ihm einer derselben mit einem weißen Hemde bekleidet, auf den Rücken sprang. Bohn schoß hierauf mit einer Schrotladung auf seine Peiniger und traf den Witt so unglücklich in den Unterleib, daß derselbe gestern seinen Wunden erlegen ist. Das Ganze sollte blos ein harmloser (?) Scherz sein, hat aber einen tragischen Ausgang genommen. Bohn, welcher in Untersuchungshaft genommen wurde, ist heute wieder auf freien Fuß gesetzt worden.

Pfälzer Zeitung 9/1889

Dürkheim, 30. Sept. Der Wurstmarkt sollte leider nicht ohne Opfer vorübergehen. Heute Nachmittag gingen die beiden ledigen Maurer-Gesellen Friedr. Korter und Wilh. Hoffmann von hier auf die Wurstmarktswiesen und kehrten in einer Kaffeebude ein, woselbst es zwischen diesen und einem Musikanten der Menagerie Sonntag zum Streit kam. Hierbei ließ sich der Musikant hinreißen, dem F. Korter einen Messerstich in die Herzgegend zu versetzen, welcher dessen sofortigen Tod herbeiführte. Die Leiche wurde 8 Uhr abends in das Leichenhaus gebracht. Hoffmann erhielt ebenfalls mehrere Stiche, so daß für denselben ärztliche Hilfe in Anspruch genommen werden mußte. Der Mörder wurde sofort in polizeilichen Gewahrsam gebracht.

Landauer Anzeiger 229/1891

Haßloch, 13. Sept. Die 20jährige Tochter von Tagner Georg Volkmer wurde heute verhaftet, weil sie ein von ihr auf freiem Feld geborenes Kind liegen ließ, so daß dasselbe verhungern mußte. Die Leiche ist schon stark in Verwesung übergegangen, daß nicht das Geschlecht zu erkennen ist. Heute Mittag wurde auf dem Gemeindehause die Sektion der Leiche vorgenommen. Die Kindsmörderin hat eingestanden, daß das Kind gelebt hat. Sie zeigt nicht die geringste Reue über ihre That.
Speierer Zeitung 214/1898

Mundenheim, 26. Juni. Eine unerhört scheußliche That wurde hier begangen. Gestern Nachmittag sahen hiesige Einwohner einen den Eindruck eines Handwerksburschen machenden Mann in Begleitung der 9jährigen Tochter eines hiesigen Fabrikarbeiters, die ein Bündel trug, gegen Maudach zugehen. Das Kind kehrt nicht wieder hierher zurück. Heute Nachmittag wurden die hiesigen Schulkinder aufgestellt, um die Mundenheimer Gemarkung nach der Vermißten abzusuchen. Da wurde denn das Mädchen halbwegs Maudach in einem Kornacker, zwei Gewannen von der Chaussee entfernt, tot mit aufgeschlitztem Leibe aufgefunden. Auch vielfache Spuren sonstiger Mißhandlungen waren vorhanden. Der unmenschliche Thäter, nach Aussage der Leute ein etwa 40jähriger Mann mit dunklem Vollbart, hatte wahrscheinlich das Kind durch eine Geldspende bewogen, ihn zu begleiten und sein Bündel zu tragen. Das Mädchen folgte ahnungslos und fiel so der tierischen Mordlust des Unmenschen zum Opfer. Möge es der Polizei gelingen, dieses Scheusals in Menschengestalt bald habhaft zu werden.
Landauer Anzeiger 147/1899

Ludwigshafen, 11. April. Der gemeldete Selbstmord des Tagners Streidel in Mundenheim hat sich als ruchloser Mord aufgeklärt. Der 49 Jahre alte Streidel, der Vater von 7 Kindern ist, wurde von seinem 39 Jahre alten Bruder Adam Streidel, zuletzt Heizer, gebürtig aus Rheingönheim, durch einen Schlag auf den Kopf betäubt und dann von ihm, um den Anschein des Selbstmordes zu erwecken, die Strangulation an dem Bewußtlosen vollzogen. Der Thäter Adam Streidel lebt seit etwa Jahresfrist von seiner Frau getrennt und unterhielt mit der Frau seines Bruders ein sträfliches Verhältnis. Die Frau des Toten hat dieses Verhältnis, das auch den Anlaß zu der That gab, offen zugestanden. Der Brudermörder wurde verhaftet und nach Frankenthal abgeführt.
Speierer Zeitung 85/1901

Neustadt, 6. April. Bezüglich des Todes des Tagners Philipp Franz Rämmele hat die Untersuchung ergeben, daß sich Rämmele nicht selbst erhängt hat, sondern daß er mittelst eines Handtuches erdrosselt und mit diesem dann an einen Nagel am Thürpfosten gehängt wurde. Als der That verdächtig erscheint die Ehefrau Rämmeles und ein junger Mann aus Königsbach, welcher mit der Rämmele schon seit längerer Zeit in intimen Beziehungen stand. Als sie heute früh vor die Leiche ihres Mannes geführt wurde, konnte sie sich eines Lachens nicht enthalten, was für die Thatsache sprechen dürfte, wie wenig Anhänglichkeit die Frau zu ihrem Manne hatte, welcher hier als ein äußerst solider Mann geschildert wird.

Speierer Zeitung 83/1903

Dürkheim, 23. Febr. Am Sonntag Abend erschoß ein bei Metzgermeister Scheuer dahier beschäftigter Metzgerbursche seine Geliebte, die bei Gutsbesitzer Friedrich hier in Diensten stand und hierauf sich selbst. Ueber die Beweggründe dieser entsetzlichen Tat schwirren hier allerhand unkontrollirbare Gerüchte. Doch dürfte feststehen, daß das Mädchen, welches als sehr brav geschildert wird, nicht freiwillig mit ihrem Geliebten den Tod teilte, sondern ihrem Mörder heftigen Widerstand entgegengesetzt haben mag, wie schwere Kratzwunden im Gesicht, die zerrissene Kleidung des armen Dienstmädchens dartun. Beide stammen aus Württemberg. Näheres wird die gerichtliche Untersuchung ergeben.

Pfälzer Zeitung 53/1904

Landau, 26. März. In dem Graben des Bauplatzes Ecke der Schlachthofstraße und des Nordrings wurde heute morgen die 31 Jahre alte Zeitungsträgerin Klara Brauner ermordet aufgefunden. Bis jetzt ist festgestellt, daß die Ermordete einen Stich im Unterleib erhalten hat, so daß die Eingeweide herausgetreten sind und teilweise an der Fundstelle herumlagen. Als der Tat dringend verdächtig wurde der Ehemann der Ermordeten, Joseph Brauner, gebürtig aus Albersweiler, in Haft genommen.

Speierer Zeitung 73/1905

Ludwigshafen, 26. April. Gestern abend zwischen 6 und 7 Uhr kam es zwischen dem 20 Jahre alten Ernst Pfisterer und dem gleichalterigen Karl Schwarzwälder in einer Wirtschaft in der Mundenheimerstraße wegen einer Kellnerin zu Streitigkeiten. Schwarzwälder schlug dem Pfisterer mit der Hand ins Gesicht, worauf dieser ihn aufforderte, draußen vor der Wirtschaft die Sache ins Reine zu bringen. Auf der Straße schlug Schwarzwälder dem Pfisterer abermals ins Gesicht, worauf dieser einen Dolch zog und seinem Gegner mitten ins Herz stach. Schwarzwälder fiel sofort tot nieder. Pfisterer ging flüchtig, konnte aber noch in der Nacht verhaftet werden.

Landauer Anzeiger 97/1907

Hayna, 17. Juni. Am Sonntag morgen 6 Uhr wurde die 27jährige Dienstmagd Maria Horn aus Hayna mit fast vollständig durchschnittenem Halse tot aufgefunden. Die Untersuchung bot zunächst keine Anhaltspunkte, erst gestern abend wurde der etwa 28 Jahre alte Franz Weigel, der Dienstherr der Ermordeten, wegen Mordverdachts verhaftet, mit dem letzten Zuge von Winden nach Landau verbracht und in das dortige Untersuchungsgefängnis eingeliefert. Weigel hat ein Geständnis abgelegt. Er vollbrachte die Tat in seiner Scheune mit einem Tranchiermesser und legte zu der Leiche, um Selbstmord vermuten zu lassen, ein Tischmesser und eine Sichel. Bald nacher meldete er selbst dem Bürgermeisteramt und Leichenbeschauer seinen angeblichen Fund. Die Leichenöffnung ergab, daß der Schnitt mit einem andern Messer, als dem aufgefundenen, ausgeführt worden sein mußte. Weigel ist vermögend; vor drei Wochen starb seine Frau, die ihm ein Mädchen von zwei Jahren zurückließ. Mit der Ermordeten stand er in intimem Verkehr; es wird ihr von ihren früheren Herrschaften ein gutes Zeugnis ausgestellt. Schwer getroffen sind der noch lebende Schwiegervater und die Eltern des Weigel.

Landauer Anzeiger 139/1907

Germersheim, 27. Juni. Gestern nachmittag hat der Kanonier Heinrich des 2. Fuß-Artillerie-Regiments seine Geliebte, die ledige 19 Jahre alte Dienstmagd Elise Jung aus Kaiserslautern, die zurzeit hier in Dienst stand, in den Glacisanlagen durch drei Schüsse getötet. Die Leiche der Jung wurde gestern abend 10 Uhr ins Garnisonslazarett verbracht. Der Mörder ist verhaftet. Nach einem bei der Jung gefundenem Zettel wollten beide gemeinsam sterben, doch scheint Heinrich zu feig gewesen zu sein, seiner Geliebten in den Tod zu folgen. Der Beweggrund zur Tat ist unbekannt.

Landauer Anzeiger 147/1907

Ludwigshafen, 26. März. Ein gräßlicher Doppelmord ereignete sich heute Vormittag 11 Uhr im Hause Dammstraße 49. Der 25 Jahre alte Taglöhner Friedrich Schlindwein aus Bellheim hatte ein Verhältnis mit der 22jährigen Anna Niedermayer von hier, das die Eltern des Mädchens jedoch des Lebenswandels des jungen Mannes wegen nicht billigten. Das Mädchen löste aus diesem Grunde das Verhältnis. Heute Vormittag 11 Uhr drang nun Schlindwein in die Wohnung der Familie Niedermayer ein, zog nach einem kurzen Wortwechsel zwischen dem Mädchen und dessen Mutter einen Dolch hervor und stieß ihm dem Mädchen ins Herz. Mit einem Aufschrei brach es tot zusammen. Dann versetzte der Mörder der Mutter des Mädchens einen Stich in den Hals, und auch sie brach tot zusammen. Der Mörder stellte sich selbst der Polizei; er hatte sich bereits gestern Nachmittag zur Polizei verfügt, um eine viermonatige Gefängnisstrafe abzubüßen. Sein Wunsch, die Strafe antreten zu dürfen, wurde ihm abgeschlagen. Kurz nach dem Mord heute früh erschien er wieder auf der Polizei und verlangte abermals, seine

Gefängnisstrafe antreten zu dürfen. Als ihm wieder eine abschlägige Antwort zuteil ward, sagte er: ´Ich habe aber noch mehr gemacht, ich habe meine Geliebte und deren Mutter erstochen.´ Dann wurde er sofort in Haft genommen.

Speierer Zeitung 73/1909

Lambrecht, 30. Nov. Auf der nahen Sattelmühle wurde gestern nachmittag beim Ausheben der Abortgrube der Wirtschaft von S. Klein die Leiche eines neugeborenen Kindes gefunden. Die Dienstmagd des Wirtes Klein, eine von ihrem Manne getrennt lebende Frau, wurde als die Mutter des Kindes ermittelt und noch gestern abend wegen Kindsmords verhaftet und in das Gefängnis nach Neustadt abgeführt. Heute weilte das Untersuchungsgericht von Frankenthal hier zur Feststellung des Tatbestandes. Der Kindsmord soll bereits vor 8 Tagen geschehen sein.

General-Anzeiger 283 III / 1912

Kusel, 15. März. In Elzweiler hat eine von ihrem Manne getrennt lebende Frau ihr neugeborenes Kind getötet und die Leiche im Schweinestall unter dem Stroh versteckt, wo sie von der Gendarmerie gefunden wurde. Ein Polizeidiener aus dem gleichen Orte, der als der Vater des Kindes bezeichnet wird, wurde als der Mittäterschaft verdächtig in Haft genommen.

Pirmasenser Zeitung 65/1915

Körperverletzungen, Misshandlungen und Prügeleien

Aus dem Gossersweiler Thal. In Nr. 164 der ´Pfälzer Zeitung´ wird berichtet, daß es in Stein zu einer Wahlschlägerei gekommen sei, bei welcher ein Nationalliberaler mit Messerstichen, angeblich nicht ungefährlich, verwundet worden ist. Zur Steuer der Wahrheit diene Folgendes: Richtig ist, daß am Wahltage in Stein Schlägereien und Verwundungen vorkamen. Es wäre aber irrig, zu glauben, im Interesse der Wahl sei dieses geschehen. Daß die conservativ-patriotische Partei zu solchen Mitteln hier keineswegs zu greifen braucht, sieht Jeder ein, der die Verhältnisse hier im Thal nur oberflächlich kennt. Wenn von 280 Wählern blos 7 bis 12 nicht patriotisch wählen, so ist das doch wohl ein sicheres Zeichen, daß der sogenannte Liberalismus hier eigentlich gar keinen Boden hat. Sollten überhaupt die, welche sich im Gossersweiler Thal liberal nennen, zum eigentlichen Liberalismus zählen, dann bekommt man einen merkwürdigen Begriff von der liberalen Partei. Die Unordnungen kamen außer dem Wahllocale vor und wurden wie gewöhnlich durch Wortwechsel veranlaßt. Die Verwundungen, welche leider vorkamen, waren keineswegs gefährlich.

Pfälzer Zeitung 22. Juli 1875

Johann Höhl, 55 J. a., Wagner von Speier, befand sich am 27. Juni abhin mit Simon Hirsch in der Schreiner´schen Wirtschaft allda. Beide würfelten mit mehreren Gästen und Höhl mußte, da er verlor, 3 Schoppen Bier bezahlen, welche gemeinschaftlich getrunken wurden. Als Hirsch einem Nichtbetheiligtem ein Glas zubrachte, brauste Höhl auf, fing Disput an und warf dem Hirsch ein Schoppenglas in das linke Auge, was dessen vollständigen Verlust zur Folge hatte. Für dieses Verbrechen erhielt er in Frankenthal 1 Jahr 6 Monate Zuchthaus.

Speierer Zeitung 234/1877

Vom Klingbach, 1. Dezbr. Der kath. Seelsorger zu Billigheim ließ sich am verflossenen Sonntag in der Kirche während der Christenlehre vom Zorn zu einer Handlung hinreißen, die nicht blos den Unwillen der näher Betheiligten, sondern auch auch das lebhafteste Mißfallen der übrigen Kirchenbesucher hervorrief. Der Geistliche mißhandelte nämlich einen sonntagschulpflichtigen Knaben derart, daß derselbe blutete, der Boden der Kirche blutig wurde und auch das weiße Chorhemd des Priesters Blutflecken davon trug. Es machte diese Scene auf die Anwesenden den peinlichsten Eindruck und mehrere verließen sogleich die Kirche.

Pirmasenser Wochenblatt 193/1881

Hördt, 25. Jan. Gestern Morgen gegen halb zehn Uhr kam, wie dem ´L. A.´ geschrieben wird, der 63jährige Lumpensammler J. Daub von hier in die Behausung des 26jährigen Tagners J. Häberle, um einen kleinen Betrag, den ersterer schon seit zwei Jahren zu gut hatte, zu erheben. Häberle warf den Daub, als dieser seine Forderung geltend machte, zum Hause hinaus und versah sich mit einem Prügel. Als Daub es wagte, ins Haus zurückzukehren, wurde ihm von seinem Gegner ein Unterarm so abgeschlagen, daß er nur noch an der Haut hing. Aerztliche Hülfe war schon um 12 Uhr zur Stelle. Auch hat die Gendarmerie den Thatbestand des Vorfalles bereits zu Protokoll gebracht.

Pirmasenser Wochenblatt 18/1882

Vor Kurzem wurde ein Gerichtsvollziehergehilfe, der bei dem Handelsmann Aron Weil in Otterstadt eine Pfändung vorzunehmen hatte, von diesem und seiner Familie, sowie von einem Nachbarn derselben thätlich angegriffen. Der herbeigeholte Bürgermeister verweigerte dem Beamten nicht allein jede

Hilfeleistung, sondern beschimpfte ihn auch. Die Sache kam am 27. April vor das Schöffengericht Speyer zur Verhandlung. Der Bürgermeister schützte Unkenntniß vor, worauf der Richter bemerkte, er solle dann einfach abdanken. Der Amtsanwalt zitirte treffend den Ausspruch eines pfälzischen Bürgermeisters: 'Um Bürgermeister zu sein, bedarf es keiner Kenntnisse, man braucht nur reich zu sein,' und dies sei hier der Fall. Der Bürgermeister wurde also wegen Dienstbeleidigung zu 30 Mark, Isaak Weil zu 21 Tagen, Moritz Weil zu 14 Tagen, der Vater Aaron Weil zu 3 Tagen, der Nachbar Peter Strebel zu 6 Tagen Gefängniß und die Ehefrau Weil zu 5 Mark Geldbuße wegen Widerstands gegen die Organe der Staatsgewalt unter Annahme mildernder Umstände verurtheilt. Der Bürgermeister hat 1/3, die Uebrigen 2/3 der Kosten zu tragen. (Pf. K.)

Pirmasenser Wochenblatt 72/1882

Kaiserslautern, 28. März. Gestern ereignete sich dahier das gräßliche Unglück, daß ein kleines Kind infolge Branntweingenusses verstorben ist. Die sechsjährige Magdalena Imhoff befand sich gestern Nachmittag in der am Ende der Eisenbahnstraße stehenden Schnapsbude, vom Volksmund sehr bezeichnend 'Gifthütte' genannt, und wurde ihr dortselbst von einem anwesenden Erwachsenen Branntwein gereicht, von dem das Kind auch ziemlich viel, etwa 1/4 Schoppen, trank, was heute Nacht, wie festgestellt wurde, den Tod des armen Opfers zur Folge hatte. (Pf. Pr.)

Speierer Zeitung 75/1885

Schallodenbach, 10. Nov. Das 14 bis 15 Jahre alte Dienstmädchen einer Familie auf dem Wickelhof bei Schallodenbach war vor einigen Tagen beauftragt, das kleine Kind zu wiegen, über welcher Arbeit es jedoch einschlief. Die mit Nähen am Tische beschäftigte Frau gerieth deshalb in Zorn, warf mit einer Scheere nach demselben und traf es so unglücklich ins Gesicht, daß das eine Auge vernichtet wurde. Da der Gendarmerie bereits Anzeige erstattet wurde, so dürfte die Frau diese Folgen ihres Jähzorns schwer büßen müssen.

Anzeiger 264/1886

Bobenthal, 11. April. Gestern Nachmittag geriet die 30 Jahre Anna Wiesenthaler, geb. Goppert, Ehefrau von Ludwig Wiesenthaler, mit ihrer 58 Jahre alten Schwiegermutter wegen des Kartoffelsetzens auf dem Felde in Streit und warf ihr einen Ziegelstein so unglücklich hinters Ohr, daß die Frau zusammenstürzte und gleich darauf starb. Der Mann der Ehefrau Wisenthaler arbeitet im Preußischen und ist nicht zuhause; sie haben fünf Buben, wovon der jüngste ein halb Jahr alt ist. Das Untersuchungsgericht war heute zur Aufnahme des Thatbestands hier. Die Frau wurde bis jetzt nicht verhaftet.

Landauer Anzeiger 85/1893

Neustadt, 3. Sept. Ueber das Renkontre zwischen dem Weinkommissionär Jean Rehm aus Landau und dem Kohlenhändler Samuel Seligmann, von dem wir schon berichtet, wird noch geschrieben. Die beiden waren wegen geschäftlicher Differenzen in Streit geraten. Im Verlauf des Streites, der sich in der Wohnung des Seligmann abspielte, ergriff Rehm seinen mit einem Hirschhorngriff versehenen Stock und schlug den Seligmann nieder. Er hat auf dem Kopf in der Hirnschale ein Loch in der Größe eines Markstückes und liegt lebensgefährlich krank darnieder. Die zu Hilfe eilende Frau Seligmann warf Rehm mit solcher Wucht zur Seite, daß sie gleichfalls eine Verletzung am Kopfe davontrug. Nach der That besuchte Rehm noch zwei Weinwirtschaften in der Vorstadt und erzählte dort den Vorgang. In der zweiten Wirtschaft wurde er verhaftet.

Speierer Zeitung 205/1898

Kindenheim, 25. Okt. Den Lesern wird der Lustmord, den vor nahezu zwei Jahren der Mörder Weyand in der Nähe von Darmstadt verübte, noch genügend bekannt sein. Nach der gerichtlichen Verhandlung kam W., da er als geistesgestört erkannt wurde, in das Gerichtskrankenhaus in Frankenthal, wo er vor 3 - 4 Wochen ausbrach. Es wurden immer höhere Belohnungen auf seine Festnahme gesetzt, aber es gelang nie, seiner habhaft zu werden. Seit einigen Tagen soll er sich nun hier aufhalten und verschiedentlich gesehen worden sein. Ein kleines Mädchen sagte sogar aus, der Gesuchte habe schon zweimal bei dessen Eltern - Verwandte des W. - zu Mittag gegessen. Die allgemeine Aufregung ist also leicht verständlich und kam auf bedauerliche Weise zum Ausbruch. Zwischen 12 und 1 Uhr heute Mittag kam nämlich ein taubstummer Wanderbursche durch unsern Ort, der sich durch allerlei Zeichen verständlich zu machen suchte. Man sah aber in dem Unglücklichen den wahnsinnigen Mörder W., und ein vorübergehender, von hier gebürtiger Spenglermeister lief nach Hause, holte seinen Revolver und wollte den vermeintlichen W. festnehmen, indem er ihm den Revolver vorhielt. Der Taubstumme grief in die Seitentasche des Rockes, um seine Legitimationspapiere hervorzuholen. Dabei stieß er immer stärkere Laute aus, was die Leute, die indessen scharenweise mit Mistgabeln und dergleichen Geräten herbeigeeilt waren, für Wutausbrüche des angenommenen Wahnsinnigen hielten, so daß sie schließlich alle auf den Bedauernswerten einschlugen und ihn unter heftigem Widerstand nach dem Gemeindehause brachten, wo sich dann schließlich der Irrtum aufklärte. Zum Unglück sah der Wanderbursche dem W. aber auch sehr ähnlich, und wenn man die große Erregung, in der sich jeder unseres Dorfes befindet, in Betracht zieht, ist der Vorfall gewissermassen zu entschuldigen - dem armen Taubstummen aber nimmt niemand die derben Schläge ab.

Speierer Zeitung 251/1898

Frankenthal, 5. Sept. Zu Anfang Mai ds. Js. paßte der 39 Jahre alte Maurer Christian Wiebelskircher von Maxdorf seinem Schwager Christian Schäfer im Weisenheimer Wald auf und als Schäfer in die Nähe kam, warf er ihm einen Strick mit Schlinge um den Hals und suchte ihn dann aufzuhängen. An dem Widerstand des Schwagers scheiterte jedoch die Ausführung und begnügte sich Wiebelskircher schließlich damit, seinen Schwager körperlich zu mißhandeln. Die Strafkammer verurteilte heute den Missethäter zu 4 Monat 8 Tage Gefängnis.

Speierer Zeitung 207/1898

Frankenthal, 9. Juni. In heutiger Strafkammersitzung hatte sich der 40 Jahr alte Rechtsanwalt Escales von Frankenthal, bis vor zwei Jahren K. Amtsrichter in Ludwigshafen, wegen Vergehens der Körperverletzung, begangen am 24. März an dem geschäftsleitenden Vorstande der Amtsgerichtsschreiberei Ludwigshafen, K. Amtsgerichtssekretär Heist in Ludwigshafen, zu verantworten. Beide Herren standen noch von der dienstlichen Stellung des Angeklagten her auf sehr gespanntem Fuß, so daß selbst kein gegenseitiger Gruß mehr stattfand. Wegen dienstlicher Geschäfte kam Rechtsanwalt Escales im Monat Februar auf die Gerichtsschreiberei, ohne anzuklopfen. Zu seinen Geschäften hatte er einen Bogen Papier nötig, den er aus einem Regale nahm; der Angeklagte will darum gebeten haben, was Sekretär Heist aber nicht bestätigte. Wegen dieses Papiers entstanden persönliche Auseinandersetzungen. Als Rechtsanwalt Escales später auf der Gerichtsschreiberei Platz nahm, um ein Schriftstück anzufertigen, kam es, weil er nicht um Erlaubnis gebeten, nochmals zu Auseinandersetzungen, wobei Heist das Benehmen von Escales als nicht anständig bezeichnete. Betreffs dieser Aeußerung strengte Escales gegen Heist Privatklage an. Das Amtsgericht entsprach diesem Antrag nicht und auch die Strafkammer schloß sich auf erhobene Beschwerde wegen dieses Beschlusses dem Amtsgericht an. Von nun an sann Rechtsanwalt Escales auf Genugthuung. Am 25. März kam er mit Heist im Amtsgerichtsgebäude zusammen, woselbst er ihm eine Ohrfeige gab. Heist setzte sich zur Wehre und gab Escales einen Stockschlag auf den Kopf, während Escales mit seinem Stock auf Heist einschlug. Escales erachtet in seinem Handeln und der sofortigen Erwiderung von Heist eine Kompensation, bei dem weiteren Handeln will er in Notwehr gehandelt haben. Das Gericht erachtete in dem Handeln von Escales ein Vergehen teils einfacher, teils qualifizierter Körperverletzung und verurteilte ihn unter Annahme mildernder Umständezu 300 M. Geldstrafe oder 30 Tagen Gefängnis und zu den Kosten des Verfahrens.

Landauer Anzeiger 133 II/1899

Dahn, 26. Juli. Gestern spielte sich hier in einer fahrenden Siebmacherfamilie ein Akt der Bestialität ab. Das Familienoberhaupt legte den Verdienst in Getränken an, statt ihn zur Ernährung der Familie zu verwenden. Die Vorwürfe, welche ihm deshalb von der Ehehälfte zu teil wurden, beantwortete der Mann mit einem Axthieb auf den Schädel der Frau, so daß sie ärztliche Hilfe in Anspruch nehmen mußte. Außerdem sprach der zärtliche Gatte und Vater die Absicht aus, seine ganze Familie kalt zu machen. Seine alsbald erfolgte Verhaftung machte allen weiteren Ausschreitungen zunächst ein Ende.
Landauer Anzeiger 173/1899

Eußerthal, 13. März. Heute gerieten die beiden Fabrikarbeiter Franz Cavalar und Ludwig Johann von Eußerthal auf dem Wege zur Arbeit nach Albersweiler in Streit und schlug Johann mit seinem emaillierten Kännchen dem Cavalar mit solcher Wucht in das Gesicht, daß C. bis heute noch bewußtlos ist. Johann wurde verhaftet. Die Prophezeiung seines Lehrers beim Abschied aus der Sonntagsschule, daß er schon nach einem Jahre mit dem Gerichte und Gefängnis nähere Bekanntschaft machen werde, hat sich also noch rechtzeitig erfüllt.
Speierer Zeitung 16.3.1903

Schöffengerichts-Sitzung Dahn, 14. April. Josephine Mudat geb. Fröhlich, geb. 1875, Ehefrau von Peter Mudat in Bundenthal, mißhandelte den sechs Jahre alten Eduard Fröhlich, Sohn des Maurers Johs. Fröhlich, durch Schläge mit dem Stocke und dem Riemen einer Peitsche auf den Kopf, über das Gesicht und auf die Hand, weil der kleine Fröhlich mit anderen Kindern vor ihrem Hause spielend einige Male auf ihrer Treppe auf- und absprang. Die Angeklagte wurde zu 20 M Geldstrafe oder 5 Tagen Gefängnis verurteilt.
Landauer Anzeiger 88/1909

Niedersimten, 27. April. Eine entsetzliche Bluttat ereignet sich nach dem 'Pirm. Anz.' hier. Der Tatbestand ist folgender: An einem Schlagmast erwarb sich der 25 Jahre alte Fabrikarbeiter Anton Caron eine Rose. Der 31 Jahre alte Fabrikarbeiter Johann Heß wollte ihm die Rose von seinem Rock abnehmen, was sich Caron verbat. Beide gerieten nun in Streit, wobei Heß dem Caron mit einem Totschläger auf den Kopf schlug, so daß der Angegriffene zusammenbrach. Dies sah der 21 Jahre alte Jakob Schäfer und eilte in die Wirtschaft von Meyer, um die Brüder Carons zu holen. Diesen, Christian und Karl Caron, schloß sich noch Gottfried Hauter an. Alle versahen sich mit gehörigen Prügeln, begaben sich an den Tatort und schlugen so unmenschlich auf Heß ein, daß dieser bewußtlos zusammenbrach. Ein Auge ist ihm ausgeschlagen. Abends gegen 9 Uhr ist er, ohne das Bewußtsein wiedererlangt zu haben, gestorben. Die Täter wurden von der Gendarmerie verhaf-

tet und nach Pirmasens verbracht. Gestern mittag weilte das Untersuchungsgericht hier und nahm den Tatbestand auf.
Landauer Anzeiger 97/1909

Niedersimten, 28. April. Ueber die schon gestern berichtete Bluttat erhält der ´Pirm. Anz.´ noch folgenden Bericht: Schon seit geraumer Zeit haben Streit und Schlägereien in der Wirtschaft Mayer einen bedenklichen Umfang erreicht, so daß man allgemein auf keinen guten Ausgang rechnete. Sonderbarerweise konnte es den eifrigen Bemühungen der Gendarmerie nicht gelingen, die immer wieder und wieder Hauptbeteiligten Gebrüder Karo der Strafe zuzuführen. Vorgestern fand nun das Treiben der Brüder seinen denkwürdigen Abschluß. Nachdem schon am Vormittag in der Wirtschaft Mayer ein kleines Gefecht mit Biergläsern stattgefunden hatte, kam einer der Gebrüder Caro (Anton) gestern nachmittag vor der auf dem sogenannten Schäferplätzchen zurzeit aufgestellten Schiffsschaukel mit dem etwa 30 Jahre alten ledigen Fabrikarbeiter Johann Heß wegen einer geringfügigen Sache in Streit, wobei Heß dem Karo mit einem Gummischlauch einige Hiebe versetzte. Voll Wut und Zorn rief Karo seine Brüder aus der Wirtschaft um Hilfe, während seine Geliebte ihren Bruder, einen gewissen Jakob Schäfer, zur Hilfe sandte, zu denen sich noch einige Helfershelfer gesellten. Alle hieben jetzt mit armsdicken Prügeln auf Heß ein, so daß er bewußtlos vom Platze getragen werden mußte. Zufällig kam die 68 Jahre alte gebrechliche Mutter des Heß zu der Schlägerei hinzu und ersuchte die Burschen flehentlich, ihren Sohn doch in Ruhe zu lassen. Doch weil sie gerade an der Arbeit waren, so hieben die Helden auch auf die alte Frau ein; dabei wurden ihr unter anderem die Unterlippe vollständig zerrissen. Heß ist gestern abend 9 Uhr gestorben und hat das Bewußtsein nicht mehr erlangt. Die Gendarmerie verhaftete gestern nachmittag noch die Gebrüder Anton und Christ. Karo und Christian Schäfer, während heute morgen die Verhaftung des ebenfalls in die Angelegenheit verwickelten Gottfr. Hauter erfolgte.
Landauer Anzeiger 98/1909

Edenkoben, 2. April. Am zweiten Ostertag Abend drangen über 10 junge Burschen aus Edesheim in den Saal ´Zum Löwen´ hier ein, und weigerten sich, Eintrittsgeld zu zahlen. Als sie darauf von einem Verwandten des Wirtes aufgefordert wurden, den Saal zu verlassen, schlugen sie mit Spazierstöcken so heftig auf denselben ein, daß er bedeutende Verletzungen am Kopfe davontrug.
General-Anzeiger 85 II/1912

Kleinbockenheim, 25. Okt. Seit der Weinlese leben die Landwirte Georg Messer von hier und Jean Arras von Großbockenheim, welche Besitzer nebeneinanderliegender Weinberge sind, wegen einer von Arras gegen Messer erhobenen Anschuldigung im Streit. Am Donnerstag wollte es nun ein unglücklicher Zufall, daß die Genannten auf einem Feldwege aus entgegengesetzten Richtungen mit ihren Fuhrwerken zusammentrafen und sich gegenseitig ausweichen gehabt hätten. Dazu fand sich jedoch angeblich keiner der Beteiligten bereit, infolgedessen es zu Auseinandersetzungen zwischen ihnen kam, in deren Verlauf Messer zu Tätlichkeiten überging und seinem Gegner Arras einen eisernen Wagenstorren in die Seite schlug, wie außerdem der ebenfalls dabei befindliche 18jährige Sohn des Messer, namens Karl, auf Arras eingehauen haben soll. Arras wurde schwer verletzt nach Hause transportiert und soll namentlich mehrere Rippenbrüche davongetragen haben. Da der Zustand des Betroffenen zu ernstesten Besorgnissen Anlaß gibt, wurden am Samstag Vater und Sohn Messer durch die Gendarmerie Grünstadt verhaftet und in das dortige Amtsgerichtsgefängnis abgeführt.

Pfälzischer Kurier 250 / 1915

Flucht und Gefängnisausbruch

Speier, 4. Sept. Wie wir vernehmen, sind seit Kurzem nach und nach zehn jugendliche Sträflinge aus der hiesigen königl. Besserungsanstalt entsprungen. Der Schlosser ist deshalb beschäftigt, die Eisenstäbe der Oeffnungen zu vermehren.

Anzeiger 206/1873

Germersheim, 1. März. Großes Aufsehen erregte heute Morgen in unserer Stadt die Kunde, daß über Nacht 2 Soldaten, die im Arrestlokale der Franziskanerkloster-Kaserne in Untersuchungshaft sich befanden, entflohen seien. De eine derselben, ein Cheveauxleger, war inhaftirt worden wegen Versuchs der Desertion, der andere, weil er die Regimentskasse in Metz um 400 fl. leichter gemacht hatte. In dieser Nacht nun hatten die beiden Arrestanten dadurch die Flucht sich ermöglicht, daß sie die Schrauben an den Thürbeschlägen lostrennten und dann in ein anstoßendes Zimmer sich durchdrängten, von wo sie durch ein gitterfreies Fenster an zusammengeknüpften Leintüchern vom oberen Stockwerke sich hinuntergleiten ließen und nun das Weite suchten. Wie zum Hohne fragten sie beim Stadtthore nach den wachehaltenden Posten, wie viel Uhr es wäre. Dieser hielt sie für Civilisten und antwortete ihnen ganz unbefangen, es sei gerade 3/4 auf 2 und ließ sie passiren. Sobald heute Morgen die Sache bekannt wurde, ist nach allen Seiten hin telegraphirt worden, um die beiden Flüchtlinge wieder einzufangen, mit welchem Erfolge, wird die Zukunft lehren. (Rh.)

Anzeiger 54/1875

Kirchheim a. d. Eck, 19. Febr. Der vor zwei Jahren aus dem Kaiserslauterer Zuchthaus entsprungene Hornung von Ramsen, welcher seitdem im ganzen Eisthal sein Wesen à la Schinderhannes getrieben hatte, wurde gestern durch den Stationskommandanten Oster von Wattenheim hier bei der Familie Luy entdeckt. Er trat barfüßig, barhaupt und in Hemdärmeln vor den Bürgermeister, der ihm bemerkte, er solle sich anziehen. Hornung entfernte sich darauf hin, zog es aber vor, in seinem Anzug, statt denselben zu vervollständigen, das Weite zu suchen; er lief quer über die Felder am Bahnhof und Jedermann wich ihm aus, weil man einen Irrsinnigen zu sehen glaubte. Oster machte sich sofort an seine Verfolgung und erreichte ihn, obwohl der Schlingel einen guten Vorsprung hatte, noch vor Nacht am Freinsheimer Kirchhof, worauf er ihn mit dem letzten Zuge nach Grünstadt in Nummer Sicher brachte. - Hornung konnte natürlich sein Wesen so lange nur durch die Unterstützung von Hehlern treiben, die er in Freinsheim, Tiefenthal, hier etc. hatte. Bei Luy z. B. fand man ganze Stücke Leinwand, eine Menge Weißzeug etc.; so auch, wie es heißt, in Tiefenthal. Erst ganz vor Kurzem hatte Hornung noch einen Wäschediebstahl in Herxheim a. Berg verübt. - Man erzählt sich von Hornung allerhand Stückchen: so habe er sich öfter, ohne erkannt zu werden, auf Kirchweihen amüsirt, sogar mit Gendarmen getrunken. Den Kindern, die seiner Zeit ihren bei´m Bau der Eisthalbahn beschäftigten Angehörigen Essen brachten, hat er solches öfter abgenommen. Vor einem Jahr band er einmal eine Frau bei Ebertsheim an einen Kilometerstein, wo sie ziemlich lang ausharren mußte, bis sie erlöst wurde. (Kur.)

Speierer Zeitung 43/1878

Kaiserslautern, 15. März. Entsprungen ist gestern Nachmittag 5 Uhr der 36 Jahre alte, hier eine Zuchthausstrafe verbüßende Sträfling Johann Emmel, Steinhauer von Gimmeldingen. Er war im Laufe des gestrigen Nachmittags bei den Ausbesserungsarbeiten der Zuchthausmauer beschäftigt gewesen; er ist 1,67 Meter groß und trägt Sträflingskleider.

Landauer Anzeiger 64/1893

Landau, 9. März. Der wegen Brandstiftung in Untersuchungshaft befindliche Heinrich Hoffmann von Essingen, der vergangene Woche einen Fluchtversuch unternahm, machte nun jetzt am Samstag Mittag an dem Gefängniswärter Kaub einen Mordversuch. In dem Moment, als Kaub die Zelle verlassen wollte, fiel Hoffmann über ihn her und versuchte ihn zu erwürgen, wobei er ihn stark im Gesicht verletzte und ihm halb den Bart ausriß. Durch herbeigeeilte Hilfe konnte Hoffmann bald überwältigt werden. - Vor ein paar Tagen gelangte ein Brief in die Hände des Gerichts, welchen Hoffmann über die Gefängnismauer einem Bekannten zugeworfen hatte, in welchem er seinem Bruder Anweisung erteilte, Feuer zu legen und so den Verdacht von ihm abzuwälzen.

Landauer Anzeiger 58/1896

Ludwigshafen, 21. Aug. Im hiesigen Amtsgerichtsgefängniß wurde heute früh der Gefängniß-Verwalter Schanzenbächer, als er die Zellen revidieren wollte, von dem Sträfling Daniel Heß überfallen, aber nach mehreren Minuten heftigen Ringens gelang es dem Gefängnißverwalter, den Heß zu überwältigen und in eine Zelle zu sperren. Heß hatte in der Nacht während des Gewitters seinen Ofen abgebrochen und ist dann durch das Feuerloch in den Gang geschlupft. Damit der Gehilfe des Verwalters letzteren während des Ueberfalls nicht zu Hilfe eilen konnte, verstopfte Heß zuvor das Schlüsselloch mit einem Holzkeil.

Speierer Zeitung 194/1898

Pirmasens, 10. Aug. Ueber den Ausbruch des wegen Diebstahls inhaftierten 28 Jahre alten Zwickers Ernst Wünsch aus dem Amtsgerichtsgefängnis wird noch berichtet: Er hatte den Fuß seiner eisernen Bettstelle abgebrochen, den er als Brecheisen benutzte, um die erste Zellenthüre zu öffnen. An der zweiten Thür erweiterte er das Guckloch, durch welches er entschlüpfte. Im Gefängnishofe erstieg er das Dach und die Mauer, von welcher er durch einen Sprung in den Garten in Freiheit gelangte. Von dem Entflohenen, der bereits eine mehrjährige Zuchthausstrafe wegen Einbruchsdiebstahls verbüßte, hat man keine Spur.

Speierer Zeitung 186/1902

Kaiserslautern, 15. Mai. Einen tollkühnen Sprung machte heute abend ein Gefangener, der durch den hiesigen Gefangenenführer in Ludwigshafen abgeholt worden war. Trotzdem der Mann stark gefesselt war, gelang es ihm, in der Nähe von Hochspeyer die Tür des Abteils zu öffnen und während der vollen Fahrt hinauszuspringen. Verletzungen trug er anscheinend nicht davon, denn es gelang nicht, ihn einzufangen, obwohl man den Zug sofort zum Stehen brachte. Der Ausreißer ist der berüchtigte Fahrradmarder Lorenz Wagner, Reisender aus Mutterstadt, der kürzlich erst vier Jahre Zuchthaus erhielt.

Landauer Anzeiger 121/1907

Zweibrücken, 26. Sept. (Flucht von Sträflingen.) An einer Baustelle am Fasanerieberg war gestern Nachmittag eine Abteilung Sträflinge der Gefangenenanstalt unter Aufsicht beschäftigt. Gegen 4 Uhr benutzten fünf der Gefangenen plötzlich die Gelegenheit, um in langen Sprüngen das Weite zu suchen und in der Richtung Luitpoldpark - städtische Fasanerie die Flucht zu ergreifen. Nunmehr begann eine wilde Jagd auf die Flüchtlinge. Eine Abteilung Aufseher der Anstalt nahm mit einem Polizeihund die Verfolgung von der Landauerstraße aus auf. In der Fasanerie beteiligten sich u. A. auch die dort untergebrachten leichtverwundeten deutschen Soldaten. Der Obmann Baster der Bahnschutzwache Tschifflick stellte mit geladenem Karabiner drei der Flüchtlinge in einem Gebüsch und konnte auch 2 von ihnen festnehmen, der dritte sprang über die hohe Mauer der Fasanerie auf die Landstraße, wo er von den Wärtern ergriffen wurde. Schließlich waren die schweißüberströmten Ausreißer wieder alle gefangen; sie haben nur noch kurze Zeit zu sitzen und werden ihre anscheinend durch die Kriegsereignisse verursachten Freiheitsgelüste durch Disziplinarstrafen zu büßen haben.
Pfälzische Volkszeitung 267 (Mittags-Ausgabe)/1914

Betrug und Schwindel

Neustadt. Ein Schwindler lieh vor ungefähr 14 Tagen von einem Wirthe in Mußbach 10 fl., wofür er eine Geldrolle mit angeblich 200 fl. in Versatz gab, mit dem Bemerken, daß er die Rolle nicht anbrechen wolle. Als derselbe jedoch nicht zurückkehrte, schöpfte der Wirth Verdacht und öffnete die Rolle. Statt des gehofften Geldes fand er aber darin - ein rundes Stück Eisen.
Anzeiger 69/1873

Landau, 27. März. Der mehrfach erwähnte Schwindler, der zuletzt in Mußbach einen Wirth prellte, wo er sich für einen amerikanischen Weinhändler ausgegeben, ist durch die k. Gendarmerie in Hinterweidenthal in der Person des schon mehrfach wegen Betrugs und Diebstahls bestraften Johann Boheim aus Hergersweiler (Kanton Bergzabern) verhaftet und ins hiesige Bezirksgerichtsgefängniß eingebracht worden.
Anzeiger 73/1873

Kirchheimbolanden, 8. Oct. In der Nähe unserer Stadt hat eine Bauersfrau mehrere Wochen hindurch große Milchfälschungen zur Ausführung gebracht, indem sie die reine Milch mit der doppelten Quantität Wasser vermischte und dieser Flüssigkeit, um ihr die weiße Milchfarbe zurückzugeben, feingeriebene Thonerde zusetzte. Erst nach einiger Zeit bemerkten die Abnehmer dieser gefälschten Milch beim Kochen den weißen Satz der Thonerde und veranlaßten eine Untersuchung. Die Frau sieht ihrer Bestrafung entgegen.

Anzeiger 239/1873

Schifferstadt, 13. Novbr. Auch bei uns circulirt falsches Geld. Gestern kam ein Mann hier in einen Laden, um Einkäufe zu machen und wollte mit einem 20 Mark-Stück bezahlen. Doch die Verkäuferin - vorsichtig wie sie war - machte von ihrem Rechte Gebrauch, ließ das Geldstück auf den Tisch fallen und sieh, das Ganze sprang in Stücke. Der arme Mann hat den Schaden, da er nicht weiß, woher er es bekommen. (Rhpf.)

Speierer Zeitung 268/1877

Kaiserslautern, 9. Juli. Eine Hochstaplerin ist in unserer Stadt gewiß etwas Seltenes und doch hat eine solche seit Monaten ihr Unwesen hier getrieben, und gar manche Familien, darunter recht unbemittelte, um ihr ganzes Hab und Gut gebracht. Dieselbe gab an, aus Roxheim durch die Ueberschwemmung vertrieben worden zu sein, und erklärte sich später bei den Leichtgläubigen als uneheliche Tochter des Königs von Württemberg und Besitzerin des Schlosses Solitude, auf dem sie geboren sei. Im Laufe der letzten Woche verschwand die ´hohe Dame´, ohne eine Spur zu hinterlassen. Der kgl. Staatsbehörde wurde Anzeige gemacht. (Pf. Vztg.)

Speierer Zeitung 158/1883

Leimersheim, 24. März. In verflossener Woche trieb sich ein gut gekleideter Mann in Neupfotz herum, sich für einen Arzt ausgebend, der von Wiesbaden komme. Er ließ sich von einem Kranken zum andern begleiten, um ihnen helfend beizustehen, verordnete verschiedene Medikamente, die sich als unnütz erwiesen. Anscheinend war er ein billiger Arzt, denn das Recept kostete nur 50 Pf. Er hat ungefähr 12 bis 15 Kranken seine heilsame Cur verordnet und ist dann verduftet.

Pfälzer Zeitung 84/1889

Billigheim, 5. April. Dieser Tage erschien ein Fremder in einer hiesigen Gastwirtschaft. Er gab vor, als Hilfsbeamter auf hiesige Bahnstation versetzt worden zu sein, habe auch bereits eine Wohnung gemietet u. s. w. Da er eine Bahn-Dienstmütze trug und auch sein Auftreten ein angemessenes war, dachte niemand etwas Arges. Am folgenden Tag empfahl sich der Mann auf Französisch und der Wirt war um die Zechschuld geprellt. Seine Angaben waren natürlich Schwindel. Auch einige Pumpversuche soll er hier gemacht haben. Der Unbekannte ist ziemlich groß, hat blonden Schnurrbart und dürfte etwa 30 Jahre alt sein. Mögen sich durch diese Mitteilung andere zur Vorsicht veranlaßt sehen.

Landauer Anzeiger 80/1894

Wachenheim, 13. Febr. Im vorigen Jahre war dahier ein junger Mann, namens Michael Hirsch, als israelitischer Religionslehrer, Schächter und Friedhofsaufseher thätig, war aber eines Tages mit Hinterlassung zahlreicher Schulden spurlos verschwunden. Wie ´Pf. Bl.´ melden, wurde nun Hirsch in Simmern als Betrüger verhaftet. Wie Pastor Partitsch in Oldenburg, hatte sich H. die nötigen Zeugnisse selbst angefertigt.

Landauer Anzeiger 39II/1896

Landau, 14. Okt. Einem Schwindler kam gestern die hiesige Polizei auf die Spur. Der Betreffenden versuchte seine Kunst mit Bettelbriefen, die er bei sich trug und an mitleidige Herzen verteilte. In diesen Briefen gab er an, er sei israelitischer Lehrer, habe durch einen Schlaganfall die Sprache verloren, seine linke Seite sei gelähmt, und da er bloß von der Gemeinde angestellt gewesen sei, habe er auch keinen Pensionsanspruch. Als angeblich israelitischer Lehrer hatte er es hauptsächlich auf seine Glaubensgenossen abgesehen; einem von diesen kam jedoch die Sache verdächtig vor und er machte der Polizei Anzeige, der es auch alsbald gelang, den Missethäter festzunehmen. Außer einem Barbetrag von über 9 M. ist er im Besitze einer Anzahl verschiedener Ausweispapiere, die auf die Namen Julius Benario, Karl und Jakob Fischer sowie Julius Strauß lauten, mit Unterschriften und Siegeln, die alle gefälscht zu sein scheinen. Nach seiner Angabe heißt er Julius Strauß, ist 38 Jahre alt, geboren zu Preßburg in Ungarn und will Schreiber sein. Es scheint aber zweifelhaft, daß der angegebene sein richtiger Name ist. Der Betreffende, der vielleicht sonst als Verbrecher gesucht wird, hat jedenfalls unter den falschen Namen auch anderwärts dieselben Schwindeleien verübt wie hier.

Landauer Anzeiger 241/1899

Neustadt, 10. Mai. Der durch seine Komposition „O Pfälzer Land wie schön bist Du" bekannte Schriftsteller Eduard Jost wurde auf Requisition der Staatsanwaltschaft Naumburg a. S. dahier verhaftet. Wie verlautet, soll sich Jost verschiedene Betrügereien zu Schulden haben kommen lassen.

Speierer Zeitung 111/1900

Schifferstadt, 6. Okt. Ein heiteres Stückchen trug sich gestern auf dem Mannheimer Markte zu. Beim Nachprüfen des Gewichtes durch die Polizei schlug auch einer hiesigen Marktfrau das böse Gewissen. Als die Polizei in ihre Nähe kam, ergänzte sie das Gewicht ihrer zu knapp gewogenen Butter mit einem Zweimarkstück, das sie in die Butter einschob. Eine daneben stehende Frau bemerkte dies und verlangte im Beisein der Polizei die so preiswert gewordene Butter, die ihr auch, jedoch etwas zögernd, ausgehändigt wurde. Trotz der hohen Butterpreise kann die Käuferin mit diesem Einkauf zufrieden sein, und die Verkäuferin kann sich diesen Vorgang zur Lehre nehmen.

Speierer Zeitung 233/1906

Schifferstadt, 1. Mai. Vor einigen Wochen wurde laut ´Pf. Pr.´ eine junge Dame, angeblich aus Mannheim, bei verschiedenen Familien vorstellig mit dem Bemerken, sie sei Malerin und wolle sich auf der internationalen Kunstausstellung in Mannheim den Titel ´Hoflieferant´ erwerben. Dazu benötige sie 300 gut gemalte Bilder von Leuten aus der Nähe Mannheims. Leute, die dazu gewillt sind, würden unentgeltlich nach einer Photographie gemalt. Damit aber die Gemälde richtig zur Geltung kämen, lasse sie dieselben gleich einrahmen. Für einen Rahmen müßten 3 bis 5 M im voraus bezahlt und außerdem ein Schein unterschrieben werden. Durch die Unterschrift wurde, wie sich später herausstellte, der Kauf eines Bildes bestätigt. Gestern kamen nun zum Teil die ´Gratisgemälde´ aus Berlin - nicht Mannheim - unfrankiert mit 7 bis 8 M Nachnahme für das Stück an. Zum größten Erstaunen der Besteller sind die Bilder dermaßen schlecht, daß sie mit den betreffenden Leuten kaum Aehnlichkeit haben. Ebenso minderwertig ist die Einrahmung. Der Fall bietet Veranlassung, wiederholt auf derartige schwindelhafte Anträge aufmerksam zu machen und davor zu warnen.

Landauer Anzeiger 102/1907

Bergzabern, 15. Jan. In letzter Zeit wurde der im hiesigen Bahnhof aufgestellte Automat durch betrügerische Hände beraubt, indem durch Einwerfen von in der Größe der Einwurfsöffnung hergestellten runden Blechstücken und fremden und wertlosen alten Kupfermünzen diesem Waaren entlockt wurden. In dem Apparat fand man eine Handvoll solcher Gegenstände vor. Die Gendarmerie hat die Sache in Händen und ist auch dem Täter bereits auf der Spur.

Landauer Anzeiger 13/1913

Ludwigshafen, 19. Sept. Festgenommen wurde gestern hier der am 23. April 1892 zu Kaiserslautern geborene Schneider und Stuhlflechter Jakob Fath, der in äußerst geriebener Weise den verwundeten Krieger vortäuschte und es verstand, die Mildtätigkeit einer Anzahl von Personen schändlich zu mißbrauchen, um von dem Ertrag herrlich und in Freuden zu leben. Bei seinem Vorgehen trug Fath feldgraue Infanteriemütze, im übrigen Zivilkleidung, hatte rechte Hand und linken Fuß verbunden und stellte sich an einem Stocke gehend, hinkend. Sehr zustatten kam ihm dabei eine bei einer Schlägerei erlittene Messerverletzung der Hand, die er als Säbelhieb bezeichnete. Er besuchte bessere Häuser und Wirtschaften, wo er in der Regel vorgab, er habe seiner Mutter schon sehr oft vergeblich um Geld geschrieben und nun müsse er wieder fort, ohne einen Pfennig Geld in Händen zu haben. Fath versuchte durch Fernsprecher von auswärts bei Familien, von denen ihm bekannt war, daß sie einen Sohn im Felde haben, unter dem Vorgehen, er sei deren Sohn, Geldbeträge zu erschwindeln.

Landauer Anzeiger 226/1914

EINBRUCH, DIEBSTAHL UND RAUB

Dürkheim, 19. Sept. Der neulich eingefangene Briefmarder, Schustergeselle Doppler aus Essingen, scheint schon mehr zum Geschlechte der Hamster zu gehören. Denn außer den Briefdiebstählen sind demselben vorderhand nicht weniger als 12 andere Diebstähle nachgewiesen und von ihm eingestanden: 2 Foulardtücher, wollene Strümpfe, Spazierstöcke, 700 Cigarren, ein Terzerol, Vorderblätter mit Gummizügen, Hammer mit Kneipe, Zuschneidemesser und zwei paar lederne Sohlen. Von diesen Diebstählen sind einige mittelst Einbruchs verübt und wird deshalb der Dieb sich wohl vor den Geschworenen zu vertheidigen haben. (D. A.)

Anzeiger 219/1873

Kaiserslautern, 18. Aug. (Spitzbuben) Die Sicherheit des Eigenthums in hiesiger Stadt ist in letzter Zeit in bedenklicher Weise bedroht worden. Nachdem vor Kurzem, im Café Carra, im Maschinenhause auf dem Bahnhof und in der Conditorei von Bissinger eingebrochen worden war, ohne daß man bis heute eine Spur von dem Thäter hat, geschah dasselbe in der Nacht vom letzten Donnerstag auf Freitag in dem Laden des Kaufmann Franz Schmitt gegenüber dem Gasthaus zum Schwanen, wobei verschiedene Waaren, wie Käse, Cigarren, Punschessenz ec. entwendet wurden. - In der verflossenen Nacht nun wurde schon wieder ein Einbruchversuch bei Herrn Banquier Joseph Kehr gemacht. Der Spitzbube kroch zwischen 12 und 1 Uhr durch ein Kellerloch von der Nebengasse aus in den Keller und begab sich durch die offen gelassene Kellerthür in den Hausflur. Nachdem er sich in der Küche mit Speis und Trank zu seinem weiteren Vorhaben gestärkt und ein großes Tranchirmesser von dort zu seiner Unterstützung mitgenommen, machte er an der Comptoirthür sowohl, wie an derjenigen Thür, welche durch den eisernen Kassenschrank zugestellt ist, mit Brecheisen und Bohrer, die er bei sich führte, den Versuch, durchzubrechen. Er wurde jedoch gestört. Ein Vorübergehender hatte ihn nämlich in´s Kellerloch hineinsteigen sehen; derselbe weckte die Nachbarschaft, welche den Spitzbuben denn auch in der Küche essen sah, und benachrichtigte die Polizei. Unterdeß waren auch Herr Kehr und seine Leute munter geworden, und der Dieb, von dem Geräusch verscheucht, ging wieder in den Keller und versteckte sich. Die herbeigeeilten Polizeidiener durchsuchten mit Herrn Kehr das ganze Haus, bis sie den Dieb endlich im Keller auf einem hölzernen Gestell, welches zum Aufbewahren von Obst bestimmt ist, versteckt fanden und verhafteten. Er war ein 20jähriger Bursche, gab an, aus Grünstadt zu sein und Schulz zu heißen. Die Frage, ob er Complicen habe, verneinte er und antwortete auf die Frage, was ihn zu der That getrieben: 'Er habe sich 100 Gulden holen wollen, um nach Amerika zu gehen.´- Es ist nicht unwahrscheinlich, daß derselbe auch bei den früheren Einbruchsversuchen betheiligt ist. (Kais. Ztg.)

Anzeiger 193/1874

Speier, 19. Nov. Am 18. Abends gegen 6 Uhr wurde ein hiesiger junger Kutscher, der einen Herrn nach Philippsburg gefahren hatte, auf dem Rückweg zwischen Rheinhausen und hier von einem ihm Unbekannten gefragt, ob er mit nach Speier fahren könne. Der Kutscher erlaubte ihm, in die Chaise zu steigen. Dann fiel der Unbekannte über den Kutscher her und jagte diesen in den anliegenden Wald und untersuchte die Chaisenkistchen in der Meinung, es sei Geld darin. Es wollte nämlich mit dieser Chaise ein Handelsmann, der eine bedeutende Baarschaft bei sich hatte, nach Speier fahren. Derselbe entschloß sich aber plötzlich anders und blieb in Rheinhausen über Nacht. Dem Thäter ist man bereits auf der Spur. Pferde und Chaise kamen allein, der Kutscher später nach Hause. (Pf. P.)

Speierer Zeitung 273/1874

Ludwigshafen, 11. Febr. Die hiesige städtische Polizei ist einer jugendlichen Diebsbande (fünf Schüler im Alter von 12-14 Jahren), die in Gemeinschaft ihr Handwerk getrieben, auf die Spur gekommen. Dieselben haben seit Wochen in zwölf verschiedenen Verkaufslocalen Wurst, Butter, Lebkuchen, Häringe, Cigarren, Schreibhefte, Filzschuhe, Halsbinden etc. gestohlen. Einige davon waren sogar bemüht, für das im elterlichen Haus nothwendige Hühner- und Gänsefutter Sorge zu tragen, zu welchem Zweck dieselben in die Getreidemagazine eingedrungen, die Fruchtsäcke aufschnitten, die ausgelaufenen Körner auffaßten und in nicht unbedeutenden Quantitäten nach Hause trugen. (Ludw. A.)

Anzeiger 38/1875

Lambsheim, 14. Aug. Am verflossenen Samstag, Abends zwischen 9 und 10 Uhr, wurden 4 Personen von Haßloch durch die beiden hiesigen Feldschützen und den Pächter der Fischerei bei unbefugtem Krebsfange ertappt und zwei davon verhaftet, die anderen zwei entkamen, sind indessen auch protokollirt. Bereits gefangene 70 Stück Krebse wurden nebst circa 25 Netzen, welche sie bei sich trugen, confiscirt. (Fr. W.)
Speierer Zeitung 189/1878

Pirmasens, 26. Sept. Es scheint in hiesiger Stadt eine ganze Taschendiebsbande zu existiren, denn bereits vergeht kein Markt wo nicht Geldbörsen etc. gestohlen werden. Bei der gestern von den Gebrüdern Knie stattgehabten Kunstvorstellung (Seiltänzer) wurde zwei Töchtern eines hiesigen Schuhfabrikanten nachgestellt; bei dem herrschenden Gedränge gelang es auch den Taschendieben die eine Uhr, welche an einer seidenen Schnur befestigt war, auszuführen, während die der Schwester, an einer goldenen Kette hängend, durch die Ungeschicklichkeit des Diebes nur des Glases und Zifferblattes beraubt wurde.
Pirmasenser Wochenblatt 154/1881

Jockgrim, 15. Nov. Gestern trat bei einer hiesigen Familie zur Mittagszeit ein Handwerksbursche in die Stube ein mit der Bitte um ein bischen Essen, welcher auch willfahrt wurde. Nach Entfernung desselben wurden 1 Paar noch gute Schuhe im Werthe von 5 - 6 M. vermißt. Man machte sich auf die Sohlen und traf den ehrbaren Burschen unweit Wörth mit den Schuhen an. Trotz allen Bittens wurde derselbe in Wörth der Polizei übergeben, welche ihn nach Kandel spedirte, wo er in Untersuchungshaft genommen wurde.
Pirmasenser Wochenblatt 185/1881

Altrip, 4. Jan. Kleine Ursachen können oft große Wirkungen im Gefolge haben, wie zu ihrem Leidwesen auch die Händlerin Wilhelmine Hoock von hier gestern vor der Strafkammer in Frankenthal erfahren mußte. Dieselbe stahl im vergangenen September den Gebr. Marx in Rheingönheim eine Quantität Kohlen im Werthe von etwa 40 Pfg., ein Vergehen, welches ihr laut Urtheilsspruch 3 Monate Gefängniß eintrug.
Speierer Zeitung 5/1882

Wörth a. Rh., 10. Juli. Gestern in der Frühe wurde der hiesige 25 Jahre alte Tagner Valentin Hahn als des Raubes verdächtig verhaftet und nach Kandel transportirt. Wie man vernimmt, hätte Hahn den Taubstummen Jakob Pfirrmann von hier am Sonntag Abend nach 8 Uhr, nachdem sie vorher in einer Wirthschaft mit einander gezecht hatten, vor das Dorf in das Feld gelockt, daselbst in einen Acker geworfen und ihn dann auf ihm knieend seines Geldes, welches in einem Portemonnaie in der Hosentasche stack, beraubt. Pfirrmann, des Schreibens kundig, machte hievon Anzeige und das Geld nebst Portemonnaie wurden bei Hahn gefunden. (L. Anz.)

Speierer Zeitung 160/1883

Landau, 20. Aug. Die Strafkammer des hiesigen Landgerichts sah sich gestern in die traurige Nothwendigkeit versetzt, über zwei total verkommene Subjekte ein Urtheil von solcher Höhe zu fällen, wie es wenigstens hier nur sehr selten vorkommt. Als Angeklagte erschienen der schon vier Mal vorbestrafte Hafner Georg Dötzsch von Altdorf in Mittelfranken, und der sogar schon 16 Mal vorbestrafte Schneider Jacob Schneider von Weingarten. Auf der Plassenburg, wo sie gemeinsam eine Zuchthausstrafe abgebüßt, hatten sie sich kennen und ihre Talente würdigen gelernt. Als sie sich nach wiedererlangter Freiheit in Würzburg trafen, machten sie sich nach der Pfalz auf, um hier ihr Glück zu versuchen. In Edenkoben feierten sie zunächst noch das Schützenfest mit, dann aber ging es wieder ans Geschäft, d.h. sie stahlen in der Nacht vom 8. zum 9. Juli dem Bäcker und Wirth Reinach von Oberlustadt dessen Pferd aus dem Stall und verschwanden mit demselben spurlos. Am folgenden Tage stellte ein Mann, der sich Müller von Landau nannte und der seinen Knecht bei sich hatte, beim Bürgermeister und Wirth Kern in Arzheim ein Pferd ein, das er nach kurzer Zeit dem Handelsmann Abraham von dort um den Preis von 600 M. zum Kaufe anbot. Als dieser nicht gleich auf den Handel eingehen wollte, verlangte er 500, 400, 300, 100, zuletzt nur 30 M. für den Gaul. Die Sache kam nun aber dem Bürgermeister denn doch zu verdächtig vor und er erklärte den Müller sammt dem Knecht plötzlich für verhaftet. Der Knecht entsprang zwar, wurde aber in Godramstein schon wieder festgenommen. Aus dem Müller entpuppte sich dann später der Dötzsch und aus dem Knecht der Schneider. Von der Strafkammer des hiesigen Landgerichts wurden beide zu je 10 Jahren Zuchthaus, dem höchsten Strafmaß, verurtheilt. (Bztg.)

Speierer Zeitung 195/1883

Landau, 27. Juli 1886. Philipp Laux, 23 J. a., Kochlöffelmacher von Waldhambach, aus Untersuchungshaft vorgeführt, stahl am 6. November v. Jrs. auf dem Speicher des von seinen Eltern bewohnten, dem Ackerer Joh. Peter Schuhmacher von da gehörigen Hauses zum Nachtheile des genannten Schuhmacher etwa einen halben Zentner Hopfen im Werthe von 21 M, den er andern Tags an Essigsieder Dörner in Landau um 10 M 60 Pfg. verkaufte, während er die auf 4 M gewerthete Bettzieche, in welcher sich der Hopfen befand, dem Trödler Hirsch allda um 1 M käuflich überließ. Ebenso stattete er dem Wohnhause der Elisabetha Merkel, Ehefrau des in Amerika sich aufhaltenden Egid Weiß von Waldhambach, am 12. März abhin, Abends von 9 Uhr, einen Besuch ab und entwendete aus der offenen Speicherkammer 4 Stück Dürrfleisch im Werthe von 24 M, welches er bei Wirth Jung in Weißenburg um 7 M 50 Pfg. versilberte. Als ihn Gendarm Schäfer von Landau am 15. ds. Mts. wegen dieser beiden Diebstähle festgenommen und zur Vernehmung dem Herrn Untersuchungsrichter vorgeführt hatte, wiedersetzte sich Laux auf dem Transport in das Gefängniß diesem Bediensteten und verweigerte das Mitgehen. Heute erhielt er eine Gesammtgefängnißstrafe von sechs Monaten und die Kosten.

Anzeiger 173 II / 1886

Landau, 13. Dez. Ein höchst frecher Diebstahl wurde am Samstag Abend dahier verübt. Der Trödler Elkan Henle, Ecke der Judengasse und Königsstraße, hatte nämlich in seinem Schaufenster außer verschiedenen anderen Gegenständen auch eine goldene Damenuhr liegen. Dieselbe stach einem Unberufenen derart in die Augen, daß derselbe ein kleines Loch in das Schaufenster einstieß und fragliche Uhr mit sich gehen hieß. Wegen des dortigen regen Verkehres muß der Diebstahl sehr rasch ausgeführt worden sein, denn Niemand merkte etwas davon.

Anzeiger für den Landgerichts-Bezirk Landau 291 II/1887

Kirrweiler, 10. Dez. Als heute eine Zigeunerbande hier durchfuhr, erkannten der ´Ggt.´ zufolge hiesige Einwohner, daß das vor den zweiten Wagen gespannte Pferd dasjenige des Musikers Abel sein könne, von dem vor einiger Zeit berichtet wurde, daß es dem Besitzer auf der Queichheimer Kirchweihe gestohlen worden ist. Die Zigeuner wurden angehalten, und das Pferd wurde ausgespannt und lief geradewegs ohne Führer in die Stallung seines früheren Gebieters. Der betreffende Zigeuner wurde in Haft genommen. (Wie man uns mitteilt, heißt der Verhaftete Johann Winterstein und ist Schirmflicker aus Reichenbach in Baden.)

Landauer Anzeiger 291 II/1892

Speier, 3. Jan. (Diebstahl) Den umsichtigen Bemühungen der hiesigen Schutzmannschaft gelang es, zwei Diebinnen, verheiratete Frauen von hier, zu ermitteln, welche bei Einbruch der Dämmerung vor den Schaufenstern hiesiger Geschäfte ausgelegte Sachen wegnahmen. Die vorgenommenen Haussuchungen ergaben ein förmliches Warenlager von Puppenchaisen, Thürvorlagen, Schlittschuhen, Schuhen, Schultaschen, Muffen etc. Ein Teil der gestohlenen Gegenstände war von den Spitzbübinnen zu Weihnachtsgeschenken an Verwandte benutzt worden.

Speierer Zeitung 2/1893

Dahn, 14. Febr. Heute Nacht wurde beim Metzger Johannes Schantz, der vergessen hatte, seine Laden zuzumachen, eine Scheibe an seinem Ladenfenster herausgeschnitten und ein Schwartenmagen im Werte von etwa 2 M. gestohlen.

Landauer Anzeiger 39/1894

Ludwigshafen, 17. Mai. Eine interessante Gerichtsverhandlung fand gestern vor dem Amtsgericht statt. Angeklagt waren zwei Zigeuner, welche kürzlich bei Mundenheim einer anderen Zigeunerbande 500 M aus dem Wagen mittelst Einbruchs stahlen und dann bei Lambrecht verhaftet wurden. Beide Männer, gewisse Gomman aus Ungarn, erhielten je fünf Monate Gefängnis. Die Schwiegermutter der beiden Angeklagten hatte bereits vor der Verhandlung an den Bestohlenen zur Schadloshaltung zwei Pferde im Werte von 700 M abgetreten, um dadurch den Gang der Verhandlung zu beeinflussen, was selbstverständlich wirkungslos war. Das gestohlene Geld ist bis jetzt nicht wieder gefunden, dagegen ist der Einbruchsdiebstahl sicher nachgewiesen. Bei der Verkündung des Urteils brach, wie die 'Pf. Pr.' berichtet, die ganze Zigeunergesellschaft in Wehklagen aus und ließ sich nur durch Anwendung von Gewalt aus dem Gerichtssaal entfernen.

Landauer Anzeiger 116/1896

Landau, 2. Okt. Ein frecher Diebstahl wurde kürzlich hier entdeckt. Das kath. Pfarramt hatte bei der vor etwa 2 Jahren erfolgten Uebernahme der Augustinerkirche einen neuen Opferkasten anbringen lassen und war ihm von dem Lieferanten desselben versichert worden, daß der neue Opferkasten 'Diebessicher' sei. Im Vertrauen auf diese Versicherung war eine Entleerung des Opferkastens bisher unterlassen worden und hatte man gehofft, bei der vor mehreren Tagen vorgenommen Entleerung eine größere Summe (man spricht von etwa 100 M.) vorzufinden. Aber groß war die Enttäuschung, als man den Opferkasten öffnete und darin fast nichts fand. Ein am Boden festgeklebtes Fünfzigpfennigstück und einige Pfennige bildeten den ganzen Inhalt. Beim Nachsehen wurde die Wahrnehmung gemacht, daß dem Opferkasten von diebischer Hand augenscheinlich verschiedene Besuche abgestattet, die Einwurfstelle mit einem Werkzeug vergrößert und der Inhalt mittels Leimruten entwendet worden war, wie verschiedene Spuren von aufgefundenem Vogelleim bezeugten. Die von der Polizei angestellten Nachforschungen haben bis jetzt zu keinem Ergebnis geführt.

Speierer Zeitung 229/1898

Neustadt, 19. Aug. Ein hiesiger Metzger, welcher mit seinem Fuhrwerk auf einer Geschäftstour im 'Gäu' sich befand, wurde in der Nähe von Freisbach von 4 Wegelagerern überfallen. Dieselben hatten es jedenfalls auf die größere Barschaft, welche der Metzger bei sich führte, abgesehen. Nach heftiger Gegenwehr mit Revolver und Stock konnte sich der Metzger die Strolche vom Halse halten. Durch den Tumult auf dem Wagen erschreckt, raste das Pferd davon und so kam der Metzger aus dem Bereiche der Wegelagerer.

Speierer Zeitung 193/1902

Mutterstadt, 6. Febr. Beinah mußte heute eine Hochzeit ohne Kuchen und Wein etc. stattfinden. In der Nacht von Freitag auf Samstag nämlich wurden die Hochzeitskuchen (13 Kuchen) usw. gestohlen, teils auch ungenießbar gemacht. Die Diebe wurden in ihrer Arbeit gestört, sonst hätten sie wohl noch mehr angestellt. Hoffentlich ist dieses kein böses Vorzeichen für die Zukunft des jungen Paares. Die Täter sind schon durch die hiesige k. Gendarmerie ermittelt und festgenommen und sind es, wie ja auch vermutet wurde, die Tagner Johs. Lorch, eine hier bekannte, aber nicht gern gesehene Persönlichkeit, Wilhelm Schorr und der Schlosser Ludw. Müller, alle von Mutterstadt. Letzterer war derjenige, der durch das Kellerloch eingekrochen war und den beiden anderen die Kuchen herausgereicht hatte. Nicht allein wegen dem Diebstahl, sondern mehr wegen der Rohheiten wäre eine ganz gehörige Strafe von großem Nutzen.

Pfälzer Zeitung 39/1904

Schifferstadt, 15. Aug. Der bei der Firma Ludwig und Max Mayer hier angestellte Kaufmann Rheinheimer fuhr gestern Abend zwischen 8 1/2 und 9 Uhr per Rad von einer Geschäftstour von Waldsee zurück und hatte etwas über 200 Mk. Bargeld bei sich. Oberhalb des Kohlhofes wurde er von drei Unbekannten überfallen und vom Rade geworfen. Zwei der sehr zerlumpt gekleideten Personen verlangten unter Vorhalten eines Revolvers und Dolches sein Geld oder das Leben, während der dritte ihm das Rad zu entreißen suchte. Auf die Hilferufe Rheinheimers kamen zwei vom Felde heimkehrende Männer herbei, worauf die Gauner flohen. Die Polizei verfolgt bereits das unsaubere Kleeblatt, und es wäre zu wünschen, wenn sie dasselbe habhaft machen könnte.

Speierer Zeitung 189/1905

Iggelheim, 17. Juni. Das 15jährige Mädchen des schwer erkrankten Ziegeleiarbeiters Joh. Georg Reiser hierholte am Donnerstag nachmittag auf dem Bureau der Vereinigten Ziegelwerke Speyer einen Lohnrest seines Vaters im Betrage von 26 M 98 Pfg. Auf dem Heimwege, abends gegen 1/2 8 Uhr, begegneten ihm laut ´Neust. Ztg.´ auf der Straße zwischen Schifferstadt und Iggelheim zwei Vagabunden, die es festhielten und ihm den ganzen Barbetrag raubten. Als das Mädchen die Strolche bat, sie möchten ihm doch den Lohn lassen, da die Familie, deren Ernährer dem Tode nahe sei, ihn nötig habe, mißhandelten die Unholde die Beraubte noch und suchten das Weite.

Landauer Anzeiger 140/1907

Schönau, 9. Jan. Der Schneidigkeit unserer Gendarmen gelang es heute, einen guten und lohnenden Fang zu tun und zugleich unsere ganze Gegend von den Brandschatzungen eines Brüderpaares zu befreien, das, wie wir schon früher mitteilten, seit geraumer Zeit in Felsklüften und Walddickichten ein Leben wie Rinaldo Rinaldini führte und durch Diebstähle und Einbrüche die Gemüter in beständiger Aufregung hielt, so daß die abenteuerlichsten Gerüchte oft die Luft durchschwirrten. Joseph und Alexander Lezelter, aus dem Weiler Gebüg stammend, im elsässischen Dorfe Obersteinbach herangewachsen, gingen seit vorigen August jeder Arbeit und jeder grünen Uniform scheu und mit Erfolg aus dem Wege; dafür scheuten sie nachts keine Mühe und keinen Weg, um in weitem Umkreise mit schöner Unpareilichkeit gründliche Nachforschungen in Geflügelställen, Rauchfängen und Speisekammern abwechselnd im Reichsland und in der Pfalz vorzunehmen; auch zeigten sie sich als entschiedene Gegner des Alkohols und vertilgten ihn darum in jeder Form und Menge, um dann im Besitze der nötigen Bettschwere die öden Tage in ihrem jeweiligen Biwak zu verträumen, bis der gestirnte nächtliche Himmel sie zu neuer Tätigkeit trieb.

Diese Idylle wurde heute durch des Telephons Tücke jäh gestört. Als die beiden Herren heute im Morgengrauen das Dörfchen Hirschthal mit schweren Schnappsäcken auf den Schultern durchzogen, erkannte sie der dortige Müller Mischler. Die telephonisch verständigte Gendarmerie, durch Ortsbürger unterstützt, schritt sofort mit Erfolg zur auf den Spuren, die in den nahen Bergwald führten. Durch die gute Verpflegung etwas korpulent geworden, schwer keuchend unter der Last von Brotlaiben und Schinken, die unlängst in Wörth in der dortigen Gendarmeriewohnung ihre Beute geworden, wurde Joseph am steilen Berghang gestellt und trotz Drohens mit scharfgeladenem Revolver dingfest gemacht; sein Bruder Alexander entwand sich unter Verlust des Mantels den Händen seiner Verfolger und unternahm trotz des hohen Schnees einen gründlichen Dauerlauf, der ihn bald außer Sicht brachte. Hoffentlich gelingt es der sofort unternommenen Streife mit Hunden, ihn baldigst mit seinem Bruder wieder zu vereinen.

Landauer Anzeiger 8/1908

Vom Trifels, 24. April. Dem Burgwirt statteten in der Nacht von Dienstag auf Mittwoch unerwünschte Gäste einen Besuch ab. Sie erbrachen die Tür der Unterkunftshalle, schlugen Scheiben ein, nahmen aus dem erbrochenen Schranke Eßwaren, Decken und Kleidungsstücke, zerstörten einen Schoko-

laden-Automaten und richteten noch an anderen Sachen Schaden an, der nicht durch Versicherung gedeckt ist. Von den Einbrechern und Dieben fehlt jede Spur.
Landauer Anzeiger 96 II/1909

Otterstadt, 17. Mai. Den hiesigen Fischern sind in letzter Zeit in größerem Umfange Fische gestohlen worden. Am letzten Samstag waren sie wieder auf dem Fischfang. Wie gewöhnlich befanden sich die Fische in Kästen. Die Fischer hielten gestern nacht Wache, jedoch ohne Erfolg. Letzte Nacht lagen sie wieder in einem Versteck. Nach Mitternacht kamen die Diebe, um ihr unsauberes Handwerk auszuüben; sie fuhren mit dem Nachen an die Fischkästen. Nun kam Fischer Reiland mit einem Berufsgenossen aus dem Versteck hervor, um die Diebe zu fassen. Diese feuerten aber mehrere Schüsse auf die beiden ab, die sich nun eiligst entfernen mußten. Sie wurden mehrfach getroffen und erlitten Verletzungen; so hatte Reiland nicht weniger als acht Schrotkugeln im Körper. Die Diebe blieben bis jetzt unbekannt.
Landauer Anzeiger 115/1909

Rülzheim, 14. Dez. Seit einiger Zeit mußte Metzgermeister Alfred Feibelmann die Wahrnehmung machen, daß ihm frische Würste abhanden kamen. Endlich in der Samstagsnacht gegen 11 Uhr konnte er die Diebe überraschen, zwar in der Dunkelheit keinen genau erkennen, jedoch konnte er einen derselben mit dem Schlachtmesser noch an den Fingern verletzen. Den Dieben ist man jetzt auf der Spur.
Speierer Zeitung 293/1910

Grünstadt, 11. Febr. Ein ganz bedeutender Einbruchsdiebstahl wurde heute Nacht in dem von Kirchenrat Dekan Brandstettner bewohnten Pfarrhause begangen. Ganz unbemerkt stattete der Einbrecher allen Räumen, wie insbesondere auch den Schlafzimmern des Kirchenrates und dessen Familie sowie des Dienstmädchens Besuche ab, öffnete sämtliche Schränke und nahm aus dem Zimmer, in welchem der Kirchenrat selbst schlief, dessen Hosen weg, um mit den darin befindlichen Schlüsseln u. a. auch den im unteren Stocke stehenden Kassenschrank zu öffnen, aus welchem ein Geldbetrag von 130 M. sowie eine wertvolle goldene Uhrkette entwendet wurden. Ferner sind abhanden gekommen weitere 30 M., welche sich in einem Beutel der Hose befanden. 3 M., die aus dem Zimmer des Dienstmädchens entwendet wurden und dort in einem Kästchen untergebracht waren, weitere drei goldene Uhren, eine Kameebrosche, ein silberner Revolver und sonstige wertvolle Gold- und Silbersachen, deren Gesamtwert auf 1000 bis 1200 M. geschätzt wird. Bis jetzt hat man den Dieb noch nicht entdecken können.
Speierer Zeitung 38/1911

Neustadt, 28. Febr. Ein Einbruch in die Synagoge wurde heute von dem Diener entdeckt. Der Täter hat die eiserne Vortüre überstiegen und dann die eigentliche Tür zum Innern durch Zurückbiegen des Riegels geöffnet. Er erbrach die beiden Opferstöcke mit einem Schlüssel aus Messing, dessen abgebrochener Bart sich noch in einem Opferkasten vorfand. Von einem silbernen Buchzeiger, darstellend eine Hand mit ausgestrecktem Zeigefinger, lag der Stengel am Boden, während die Hand fehlt. Ob und welche Beute aus den Opferstöcken in die Hände des Diebes fielen, ist nicht festgestellt.

Landauer Anzeiger 51/1913

Kaiserslautern, 29. Aug. In das bekannte Schuhgeschäft Altschüler wurde in letzter Nacht ein Einbruchdiebstahl verübt. Der Dieb, nämlich der Fuhrknecht Christian Hermann Jungmann stieg durch den Kellerlichtschacht ein und gelangte von dem Keller durch eine Falltür in den Laden. Das Benützen von Streichhölzern während seiner Diebesarbeit lenkte die Aufmerksamkeit der Angestellten der Wach- und Schließgesellschaft auf sich. Diesen sowie der Polizei gelang es, den Dieb, der reichlich beladen die Flucht durch ein Abortfenster in das Nachbaranwesen ergriff, dortselbst aus einem Versteck hervorzuholen und festzunehmen. Eine Untersuchung in seiner Wohnung ergab das Vorhandensein eines kleinen Warenlagers, bestehend aus Bürsten, Harmonikas, Haarspangen, Briefpapier, Gamaschen usw., offenbar alles von Diebstählen herrührend.

Pfälzischer Kurier 203/1916

REVOLVERDAMPF UND SCHIEẞEREI

Ludwigshafen, 18. Nov. Die Hellseherin und Phrenologin Adalgise von Sternberg, welcher vor nicht langer Zeit in Mannheim das Handwerk gelegt wurde und welche in hiesiger Stadt zur Ausübung ihres Gewerbes nicht zugelassen worden ist, wurde gestern Abends gegen sechs Uhr in der Wirthschaft zum Anker dahier, woselbst sie sich vorübergehend aufgehalten hat, von ihrem Geschäftsführer und Bräutigam Wilhelm Eckinger aus Pappenheim mit einer Pistole in den Mund geschossen und zwar deßwegen, weil sie die Verlobung rückgängig machen wollte. Obgleich starke Blutung eingetreten, scheint, wie die Sache heute liegt, der Schuß nicht lebensgefährlich zu sein. Nach vollbrachter That wollte Eckinger das Weite suchen, wurde aber alsbald von der städtischen Polizei festgenommen und in sicheren Gewahrsam gebracht. Die Geschossene führt drei Kinder mit sich und legitimirt sich als Wittwe Feuchtner. Dem Vernehmen nach soll deren Mann, der ein Schauspieler ist, noch leben. (L. A.)

Speierer Zeitung 271/1874

Ludwigshafen, 30. April. Der 22 Jahre alte Maurer Mesel von Ludwigshafen machte gestern abend seiner Geliebten, der Fabrikarbeiterin Eva Magin von dort, in deren Wohnung heftige Vorwürfe darüber, daß sie mit einem anderen Burschen in intime Beziehungen getreten war. Plötzlich zog Mesel ein doppelläufiges Terzerol und legte es auf seine Geliebte an. Als diese das Vorhaben des Burschen bemerkte, sprang sie zur Thür hinaus. Mesel feuerte ihr aber einen Schuß nach und traf sie in den Hals. Die Verletzung ist aber keine gefährliche. Mesel richtete sodann die Schußwaffe gegen sich und schoß sich in den Mund und die Kinnlade weg. Der Bursche lebt zwar noch, aber an seinem Aufkommen wird gezweifelt.

Landauer Anzeiger 102/1896

Vorderweidenthal, 16. Aug. Recht ungemütlich ging es hier auf einem Tanzvergnügen des „Liederkranzes" zu. Ungebetene Gäste drängten sich ein und eröffneten, als ihnen die Vereinsmitglieder entgegentraten, ein förmliches Revolverfeuer. Mehrere Schüsse trafen, und einige Anwesende wurden schwer verletzt.

Speierer Zeitung 190/1900

Maxdorf, 27. Aug. Wegen „Landfriedensbruchs" wurden heute dahier die Arbeiter Ludwig Kohl, Martin Kohl, Jakob Kohl, Philipp Guhmann, Adam Schäfer, Valentin Fink, Tobias Hahn und Karl Marnet verhaftet und in das Frankenthaler Landgerichtsgefängnis eingeliefert. Sie haben im Verein mit noch etwa 20 anderen Maxdorfer Burschen, lauter jungen Leuten, am Sonntag vor acht Tagen den Bewohnern von Fußgönheim anläßlich einer Tanzstreitigkeit eine förmliche Schlacht geliefert. Sämtlich mit Revolvern bewaffnet, haben sie mit scharfen Patronen in den Tanzsaal des Wirts Hauck geschossen und ein richtiges Schnellfeuer abgegeben, so daß alle Tänzer und Tänzerinnen flüchten und die Musikanten sich auf dem Speicher des Hauses verstecken mußten. Sodann haben sie Fensterläden zertrümmert und durch die Fenster in die Wohnungen der erschreckten Dorfbewohner geschossen und allerhand andere Rohheiten verübt. Die Fußgönheimer Polizei war machtlos. Es mußte die Feuerwehr zusammentreten, er es schließlich gelang, die Burschen aus dem Dorfe zu vertreiben.

Speierer Zeitung 199/1900

Ludwigshafen, 13. Okt. Der 69 Jahre alte Laternenanzünder Stefan Zimmermann schoß sich gestern Mittag 1 Uhr in selbstmörderischer Absicht einen Revolverschuß in den Unterleib. Ins Krankenhaus verbracht, verschied Zimmermann daselbst nachmittags 5einhalb Uhr. Er hatte vor Ausführung der That schon zu seiner Tochter geäußert, daß er am Abend nicht mehr leben werde. Ein Revolverschuß, den er kurz zuvor durchs Fenster abfeuerte, hatte zur Folge, daß ein Schutzmann in seiner Wohnung Gräfenaustraße 23 erschien, um ihn wegen unerlaubten Schießens zur Rede zu stellen. Vor den Augen des Schutzmannes gab er dann den verhängnisvollen Schuß gegen sich selbst ab.

Speierer Zeitung 239/1902

Oppau, 4. Febr. Parteipolitische Meinungsverschiedenheiten haben, wie jetzt bekannt wird, zu einer Blutthat den Anlaß gegeben, die der erste Vorstand des soziald. Wahlvereins Eisendreher H. Süß verschuldet hat. Der Genannte wurde von seinem Bruder, dem Maurer Georg Süß, vor einigen Tagen in einer Wirthschaft darüber zur Rede gestellt, daß er sich in seiner Eigenschaft als Vorstand des sozialdemokr. Vereins nicht an der Beerdigung eines auswärtigen Genossen beteiligt hatte. Die beiden Brüder gerieten dabei in einen heftigen Streit, in dessen Verlauf jeder der Streitenden für sich die größten Verdienste um die Partei in Anspruch nahm. Auf dem Nachhausewege entbrannte der Streit von neuem, wobei Georg Süß derartig in Zorn geriet, daß er auf seinen Bruder aus einem mitgeführten Jagdgewehr einen Schuß abgab. Nur leicht an einem Fuße verletzt, sprang dieser nun in sein Wohnhaus, um sein Gewehr zu holen und daraus auf Georg Süß eine volle Schrotladung abzufeuern. Die Geschosse drangem letzterem in die Brust. Die Verletzungen waren derartig schwere, daß der Verletzte ihnen erliegen mußte. Heinrich Süß wurde verhaftet.

Speierer Zeitung 31/1903

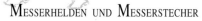

Messerhelden und Messerstecher

Pirmasens, 5. Dez. Gestern feierten die hier an der Bahn arbeitenden Italiener den Tag ihrer Schutzpatronin (für Bergleute) Barbara; dabei geriethen dieselben in der Joh. Adam Schmittschen Wirthschaft, vorm Landauer Thor, wegen eines Glases Bier etc. unter sich in Streit; ein verwahrlostes Individuum, welches schon in der Heimath seine eigenen Eltern schlug, schlitzte ei-

nem seiner Landsleute, ohne mit demselben in Disput gerathen zu sein, den ganzen Unterleib auf, so daß das Aufkommen desselben zu bezweifeln ist. Der Thäter entfloh sogleich, wurde jedoch von der Gensdarmerie, welche ihn 18 - 20 seiner Freunde entreißen mußte, verhaftet.
Speierer Zeitung 288/1874

Landstuhl, 19. Sept. Bei der gestern in dem eine Stunde von hier entfernten Ramstein abgehaltenen Kirchweihe fand wieder ein Akt brutaler Rohheit statt, indem aus geringfügiger Veranlassung zu dem beliebten Kirchweihunfug, nach dem Messer gegriffen wurde. Der verheirathete Wirth Bossong von Martinshöhe war zu seinem in Ramstein wohnenden Bruder, der ebenfalls eine Wirthschaft besitzt, gekommen um ihm behilflich zu sein. Bei der Tanzmusik entstand ein Wortwechsel, der in Thätlichkeit auszuarten drohte, weshalb Bossong den Streit zu schlichten suchte, was jedoch den als roh bekannten 36 Jahr alten Weimer von Ramstein derart erzürnte, daß er ohne Weiteres zog und dem Bossong mehrere tödtliche Stiche beibrachte. Der Verstorbene war ein durchaus braver Mann und hinterläßt eine zahlreiche Familie von acht Kindern. Der Täter ist bereits hierher in Sicherheit gebracht. (Pf. Z.)
Pirmasenser Wochenblatt 151/1882

Der 'Sp. Ztg.' wird von Altripp berichtet: Vergangenen Sonntag Abend gegen 10 Uhr geriethen zwei hiesige Burschen, Hock und Welsch, 17 und 19 Jahre alt, auf der Straße mit einander wegen Liebschaft mit noch schulpflichtigen Mädchen in Streit. Hock versetzte dem Welsch von der Seite mit einem scharfen Taschenmesser, in welchem zwei Klingen geöffnet waren, einen so wuchtigen Hieb in den Kopf, daß beide Klingen bis an das Heft eindrangen und stecken blieben. Da es den hinzukommenden Männern nicht möglich war, das Messer aus dem Kopfe des Welsch zu entfernen, wurde derselbe in die nächstgelegene Schmiede von J. Schleicher verbracht, woselbst man zu Viert und mittelst Schraubstock das Messer mit aller Gewalt zu entfernen suchte, jedoch vergebens. Erst als zwei kräftige Männer mit einer Beißzange das Messer im Kopfe von Welsch, welcher von vier Männern gehalten wurde, anfaßten, konnte das fürchterliche Instrument herausgezogen werden. Der Täter ist bereits abgeführt. Welsch schwebt in Lebensgefahr und es wird an seinem Aufkommen gezweifelt.
Pirmasenser Wochenblatt 176/1882

Mutterstadt, 17. Nov. Anläßlich der Schauernheimer Kirchweihe kam es dort gestern zu einer Keilerei, wobei auch das Messer eine Rolle spielte, und zwar waren es diesmal nicht wie gewöhnlich die Bauernburschen, sondern die Musikanten. Einer derselben verfolgte in trunkenem Zustande die Wirtin durch mehrere Zimmer, immer mit dem Messer auf sie eindringend. Ein Bursche, welcher abwehren wollte, erhielt einen Stich in den Arm, der Sohn der Wirtin einen solchen in die Brust. Endlich wurde der Wütende von den Umstehenden überwältigt und in solcher Weise Lynchjustiz an ihm geübt, daß er jetzt der 'Pf. Pr.' zufolge schwer erkrankt darniederliegt.

Landauer Anzeiger 271/1891

Ludwigshafen, 27. Juli. Auf den Baugrundstücken an der Hartmannstraße, nächst der Kanalstraße des nördlichen Stadtteils, wird in der letzten Zeit an Sonntagen ein Jahrmarkt im Kleinen abgehalten. Es sind dort eine Reitschule, sowie einige Zuckerstände aufgeschlagen und vom Nachmittag bis in den späten Abend tummelt sich daselbst eine Schar Menschen, alte und junge. So auch gestern. Einige polizei- und gerichtsbekannte Radaubrüder hatten gestern Abend zwischen 7 und 8 Uhr beim Reitschulpersonal die Bezahlung des Fahrgeldes verweigert, worüber ein Streit entstand, in dessen Verlauf die Burschen die Reitschule mit Steinen bewarfen und Lampen zertrümmerten. Kriminalschutzmann Friedrich Knobloch, der einschreiten wollte, wurde mit einer Flut von Schimpfworten und einem Hagel von Steinen empfangen und schließlich auch thätlich angegriffen. Als er einen der Hauptbeteiligten festhalten wollte, erhielt er den 'N. Pf. K.' zufolge einen mit Wucht geführten Stich in den Unterleib, der edle Teile verletzte. Auch der Tagner Stich wurde in das Bein gestochen. Den neun Jahre alten Knaben des Metzgermeisters Christmann verletzte ein Steinwurf ins Gesicht. Als derjenige, der den gefährlichen Stich nach Knobloch führte, wurde der 25 Jahre alte Taglöhner Christ von Neuleiningen ermittelt. Er entfloh und wurde bis Studernheim verfolgt, konnte aber der eingetretenen Dunkelheit wegen nicht festgenommen werden. Er entkam in der Richtung nach Frankenthal. Christ ist erst kürzlich nach Verbüßung einer längeren Strafe aus dem Gefängnis entlassen worden. Dem sonntäglichen Extravergnügen an der erwähnten Stelle dürfte nun wohl für die Folge Einhalt geboten werden. Der Stich, den Knobloch erhielt, ist nicht unbedingt lebensgefährlich.

Landauer Anzeiger 174 / 1896

Ludwigshafen, 19. Aug. Daß auch Weiber zum Messer greifen, diesen Fall konnten Augenzeugen, wie der 'N. Pf. Kr.' berichtet, gestern Abend in der siebenten Stunde auf dem nördlichen Stadtteil beobachten. Ist da eine junge Donna, deren 'Schatz' eben seine Militärzeit in Germersheim abdient. Sie brachte in Erfahrung, daß eine andere Flamme dem Marssohn von hier Briefe schreibt und darob entbrannte sie in Wut und Eifersucht gegen die Rivalin. Sie paßte ihr gestern Mittag vor deren Arbeitsstätte in einer Straße der südlichen Stadt auf und unternahm bei deren Heraustreten aus dem Geschäft einen regelrechten Angriff auf die Ueberraschte, die nur durch ihre Kolleginnen vor Thätlichkeiten der Rasenden geschützt wurde. Der zweite Akt des Dramas spielte sich abends auf dem nördlichen Stadtteil ab. Die Eifersüchtige traf an der Ecke der Kanal- und Gräfenaustraße mit ihrer Konkurrentin zusammen und ging wieder heftig auf sie los, wobei ein größerer Menschenauflauf entstand. Es kam die Schwägerin der Angegriffenen hinzu, welche mit einem Messer bewaffnet war, mit dem sie nun um sich fuchtelte und auch einige bedeutende Stiche austeilte. Das also bedrohte Mädchen suchte sich mit dem Hausschlüssel zu verteidigen. Es erhielt einen Stich in den Oberarm; zwei Stiche trafen einen unter den Zuschauern stehenden jungen Burschen. Schließlich erschien die Polizei und machte dem Weiberkrieg ein Ende, indem sie die Beteiligten notierte und so wird der ´Heldenmut´ auch seine ´Belohnung´ finden.

Speierer Zeitung 192/1898

Tierquälerei

Ixheim, 13. April. Wie grausam der Mensch gegen das arme, unvernünftige Thier sein kann, mag folgender fast unglaubliche Vorfall beweisen: Am Abend d. hat ein Knecht des Herrn Bürgermeisters Seel dahier in der Nähe des Dorfes mit einem Pferde Kartoffeln gesetzt. Das Thier scheint dem Lenker nicht ganz willfährig gewesen zu sein und wurde in Folge dessen von ihm zunächst am Maule gebremst, und nachdem das hiedurch außer Fassung gebrachte Thier noch nicht pariren wollte, wurde die Maulbremse entfernt und ihm mittelst einer Schnur und eines Knebels die Zunge gebremst. Durch die Schmerzen kam das arme, an sich etwas rasche Pferd noch mehr in Aufregung und Verwirrung. Nun lief der erboste Knecht mit den Worten: ´Ich reiß dir die Zunge aus dem Halse!´ vor , und - entsetzlich! - mit einem Riß war dieselbe an der Wurzel abgerissen! Als er die Zunge zur Erde warf, rief die dabei mit Kartoffeleinlegen beschäftigte Magd: ´Ach Gott, was hast du gemacht!´ ´Es ist geschehen!´ versetzte der Unmensch kalblütig, warf die Zunge in die Furche und fuhr sie zu. Als wäre gar Nichts vorgefallen, machte er den Acker vollends fertig und fur mit dem armen Thiere noch zwei Aecker volle 4 Stunden lang zu. Am Abend zu Hause angekommen, stellte ihn sein

im Hofe anwesender und das blutende Pferd bemerkender Dienstherr zur Rede, worauf er kalt erwiderte: 'Es hat sich die Zunge abgebissen.' Dann führte er das gemarterte Thier in den Stall und entfernte sich bald darnach aus dem Hause. Das Pferd wurde sofort in thierärztliche Behandlung gezogen; ob es wieder hergestellt werden wird, dürfte sehr in Zweifel stehen. Gegen den Knecht ist gerichtliches Strafverfahren eingeleitet, und wird ihn die Hand des Gesetzes für seine Unthat mit geeigneter Strafe treffen. (Zw. Z.)
Anzeiger 88/1874

Annweiler, 9. Mai. Ein Ackersmann aus Lug, dem sein Vieh nicht mehr gehen wollte, gerieth hierüber in solchen Zorn, daß er eine Kuh an den Hörnern packte und derselben mehrmals in die Oberlippe biß, so daß dieselbe blutete und der Wütherich selbst den Mund voll Blut und Haaren hatte. - Das k. Polizeigericht Annweiler bedachte ihn wegen Thierquälerei mit einer Haftstrafe von 1 Tage. (Land. Anz.)
Speierer Zeitung 110/1878

Bellheim, 2. Jan. Ein Akt beispielloser Roheit kam vor kurzem hier vor. Als der Schweinehirt seine Heerde in den Wald trieb, bemerkte er, daß ein Schwein etwas hinkte und nicht mehr weiter konnte. Er legte es am Waldessaume nieder und fuhr mit den anderen Schweinen weiter. Die Frau des Hirten ging später zurück, um das zurückgelassene Schwein zu beaufsichtigen. Da sah sie, wie ein Mann von hier, ein übel beleumundetes Individuum, auf dem Schweine kniete und mit einem Messer einen tüchtigen Schnitt in den Hinterkörper desselben machte, um sich einen Schinken abzutrennen. Das lebende Schwein stieß markerschütternde Schreie aus und der rohe Mensch ergriff die Flucht. Herr Gendarmeriesergeant Beck von Rülzheim recherchierte sofort die Sache und wird der betreffende Unmensch zur gerechten Strafe gezogen werden.
Speierer Zeitung 3/1886

Währungen und Masse:

Die Währung zwischen 1700 und 1793:
1 Gulden	=	15	Batzen
	=	60	Kreuzer
	=	240	Pfennige
1 Gulden	=	20	Schilling
1 Schilling	=	3	Kreuzer
	=	12	Pfennige
1 Batzen	=	4	Kreuzer
	=	16	Pfennige
1 Kreuzer	=	4	Pfennige

Längenmaße im 19. Jahrhundert:
1 Bayerischer Fuß	=	1	Schuh	=	29,18 cm
1 Rute	=	10	Schuh	=	2,92 m
1 Zoll	=	4,3 cm			
1 m	=	3,42 Bayerische Fuß			

Hohl und Raummaße im 18. Jahrhundert:
Getreide:
1 Malter	=	4	Simmer	=	16 Sester
	=	64	Maß	=	128 Liter
1 Simmer	=	4	Sester		
	=	32	Liter		
1 Sester	=	3	Liter		
1 Maß	=	2	Liter		

Flüssig:
1 Fuder	=	22	Ohm
	=	1,098	Liter
1 Ohm	=	24	Maß
	=	49,9	Liter
1 Maß	=	2,08	Liter

Holz:
1 Klafter	1741	=	4 Schuh hoch, 9 Schuh breit, 3 Schuh lang
1 Klafter	1748	=	6 Schuh hoch, 6 Schuh breit, 3 Schuh lang
1 Klafter	1782	=	6 Schuh hoch, 6 Schuh breit, 3,5 Schuh lang

LITERATUR

I. Allgemeine Rechtsgeschichte: Kriminalmuseum Rothenburg ob der Tauber (Hg.), Justiz in alter Zeit, Rothenburg 1984; Ebel, Wilhelm, Geschichte des Strafrechts in Deutschland, Hannover 1956; Schmid, Eberhard, Einführung in die Geschichte der deutschen Strafrechtspflege, Göttingen 1965; Dülmen, Richard van, Theater des Schreckens, Gerichtspraxis und Strafrituale in der frühen Neuzeit, München 1988; Dülmen, Richard van (Hg.), Verbrechen, Strafen und soziale Kontrolle, Studien zur historischen Kulturforschung, Frankfurt 1990; Dülmen, Richard van, Frauen vor Gericht, Kindsmord in der frühen Neuzeit, Frankfurt 1989; Radbruch, Gustav, Die peinliche Halsgerichtsordnung Karls V. von 1532, Stuttgart 1967; Hentig, Hans von, Studien zur Kriminalgeschichte, Bern 1962; Barring, Ludwig, Götterspruch und Henkershand, Die Todesstrafe in der Geschichte der Menschheit, Essen 1980; Mortimer, John F., Henker, Dokumente menschlicher Grausamkeit, Selbstzeugnisse, Tagebücher, Zeitgenössische Berichte, Genf 1976; Leder, Bruno Karl, Todesstrafe, Ursprung, Geschichte, Opfer, Wien-München 1980; Wrede, Richard, Die Körperstrafe bei allen Völkern von den ältesten Zeiten bis Ende des neunzehnten Jahrhunderts, Frankfurt (Reprint o.J.); Rauter, E.A., Folter in Geschichte und Gegenwart, von Nero bis Pinochet, Frankfurt 1988; Tagebuch des Meister Franz, Scharfrichter zu Nürnberg (Kommentar von Jürgen Carl Jakob und Heinz Rölleke), Dortmund 1980 (Reprint); Hensel, Gerd, Geschichte des Grauens, deutscher Strafvollzug in 7 Jahrhunderten, Altendorf 1979.

2. Justizwesen in der Südpfalz: Bachmann, Johann Heinrich; Pfalz-zweibrückisches Staatsrecht, Tübingen 1794; Eid, Ludwig, Der Hof- und Staatsdienst im ehemaligen Herzogtum Pfalz-Zweibrücken, o.O.,o.J.; Lipps, Rudolf, Bestimmungen der zweibrücker Regierung im 16. Jahrhundert über Hochzeits- und Kindstauffeiern, in: Pfälzer Heimat 3(1953), S. 47-49; Ammerich, Hans, Landesherr und Landesverwaltung, Beiträge zur Geschichte von Pfalz-Zweibrücken am Ende des Alten Reiches, Saarbrücken 1981; Rose, Monika, Das Gerichtswesen des Herzogtums Pfalz-Zweibrücken im 18. Jahrhundert, Saarbrücken 1993; Konersmann, Frank, Formen, Faktoren und Phasen der inneren Staatenbildung im Herzogtum Pfalz-Zweibrücken, in: Mitteilungen des Historischen Vereins der Pfalz 87(1989), S. 161-199; ders.; Disziplinierung und Verchristlichung der Ehe im 16. und 17. Jahrhundert, in: Blätter für pfälzische Kirchengeschichte und religiöse Volkskunde 58(1991), S. 11-43; Wilms, Rudolf, Gefängniswesen im Herzogtum Pfalz-Zweibrücken, in: Heimatkalender Pirmasens 1980, S. 55-56; Henrich, Karl, Landauer Scharfrichter und Wasenmeister, in: Mitteilungen des Historischen Vereins der Pfalz 78(1980), S. 301-381; Übel, Rolf, Der Stadt Bergzabern Feuerordnung, in: Südpfalzkurier 23(1990), S. 12-13; ders.; Schuld und Sühne im 18. Jahrhundert, in: Die Rheinpfalz, Ausgabe Landau, 28.7.;5.8;7.8.;11.8.;17.8.;22.8. und 23.8.1995; ders., Anno 1751, Kindsmord in Bergzabern, in: Südpfalzkurier 6(1990), S. 8-9; ders., Von Hochgerichten und Scharfrichtern, in: Südpfalzkurier 11(1991), S. 8-9; ders.; Öffentliche Hinrichtung auf dem Zimmerplatz, in: Südpfalzkurier 12(1991), S. 8-9.

Archivalische Quellen: Stadtarchiv Bad Bergzabern: BI/1 (Pfalz-Zweibrückische Verordnungen, 3 Bde. 16-18. Jh.); Reformiertes Kirchenbuch 1745-1794; BI/3 (Gerichtsprotokolle 1678-1692); BI/4 (Stadtfrevelprotokolle 1781-1786); A I/31-31 (Bestellung und Eyd des Polizeigarden; A I/33-36 (Polizeiwesen 1732-1783); AI/37-43 (Gerichtswesen); AI/61 (Begräbnis der decollierten Mohrin); AI/83-84 (Reinhaltung der Stadt); AI/109 (Feuerlöschordnung 1762)

Stadtarchiv Annweiler: AI/36 (Rotes Ratsbuch 1483-1591); AI/36a, (Stadtprivilegienbuch 1477-1559); AI/50-53 (Sicherheitsaufgaben); AI/57 (Feuerlöschordnungen); AI/76 (Her-

zögliche Verordnungen 1710-1793); AI/77 (Stadtgerichstprotokolle 1521-1532, 1578-1596, 1777 - 1796); AI/78 (Frevelprotokolle 1750-1784)
Landesarchiv Speyer: E4 (Oberamtsprotokolle des Oberamts Bergzabern); B2 (Bestand Pfalz-Zweibrücken)

3. Literatur und archivalische Quellen zu den Hexenprozessen: Piat, Colette, Frauen, die hexen, Freiburg i.Br. 1985; Bauer, Dieter, Die Gegenwart der Hexen, in: Hexen und Hexenverfolgung im Süddeutschen Raum, Aufsatzband zu einer Ausstellung des Badischen Landesmuseums, Karlsruhe 1994, S. 161-173; Dülmen, Richard van (Hg.), Hexenwelten, Frankfurt 1987; N.N.; Hexen und Hexenmeister, Die Okkulte Praxis,Talsimane, Der Teufel und die Magie, Hexensabbat, Wiesbaden 1975; Labouvie,Eva, Verbotene Künste, Volksmagie und ländlicher Aberglaube in den Dorfgemeinschaften des Saarraumes (16.-19. Jahrhundert), St. Ingbert 1992; Soldan-Heppe, Die Geschichte der Hexenprozesse, Neu bearbeitet und herausgegeben von Max Bauer, 2 Bde, Hanau 1911 (Nachdruck); Baschwitz, Kurt, Hexen und Hexenprozesse, Die Geschichte eines Massenwahns und seiner Bekämpfung, Gütersloh, o.J.; Wolf, Hans-Jürgen, Hexenwahn, Hexen in Geschichte und Gegenwart, Ein Beitrag zur Sozialgeschichte, Dornstadt 1989; Döbler, Hans Ferdinand, Hexenwahn, Die Geschichte einer Verfolgung; Behringer, Wolfgang, Hexen und Hexenprozesse, München 1988; Jakob Sprenger/Heinrich Institoris, Der Hexenhammer (Malleus Malificarum), Müchen 1983[3,] Lorenz, Söhnke /Bauer, Dieter R., Das Ende der Hexenverfolgung, Hexenforschung 1, Stuttgart 1995; Heinsohn,Gunnar/ Steiger, Otto, Die Vernichtung der weisen Frauen, Hexenverfolgung, Menschenproduktion, Kinderwelten, Bevölkerungswissenschaft, Herbstein 1985; Diefenbach, Johann, Der Hexenwahn in Deutschland, Leipzig 1986 (Reprint); Hammes, Manfred, Hexenwahn und Hexenprozesse, Frankfurt 1977; Levack, Brian P., Hexenjagd, die Geschichte der Hexenverfolgung in Europa, München 1995; Rummel, Walter, Bauern, Herren und Hexen, Göttingen 1991.

Zu den Landauer Prozessen: Übel, Rolf, Hexenprozesse in Landau, in: Blätter für Pfälzische Kirchengeschichte und religiöse Volkskunde 62(1995), S.167-181; Heß, Hans, Landauer Hexenprozesse, in: Landauer Monatshefte, 6(1968), S. 18-22; 7(1968) S. 13-21; Ziegler, Hans, Landauer Hexenprozesse, in: Pfälzer Heimat 1(1960), S.1-5; Bonkoff, Bernhard, Das orthodoxe Landau bis zum 30jährigen Krieg, in: Pfälzer Heimat 4(1978), S. 129-131; Eid, Ludwig, Hexengeruch in Landau, in: Der Rheinpfälzer 10. und 17.8.1929; Ziegler, Hans, Wegen bösem Hexenwercks und vielgeübter Zauberey, Eine Erzählung aus dem alten Landau vom 16. Jahrhundert, in: Pfälzer Feierowend 11(1954), 24.10.1956, S. 6-7; Henrich, Karl, Landauer Scharfrichter, in: Mitteilungen des Historischen Vereins der Pfalz 78 (1980), S. 301-381.
Archivalische Quellen: Stadtarchiv Landau AA/60; Stadtarchiv Landau B 1/13 und 14 (Ratsbücher); Landesarchiv Speyer A 21/23
Zu den Prozessen in Bliesranspach: Labouvie, Eva, Zauberei und Hexenwerk, Ländlicher Aberglaube in der frühen Neuzeit, Frankfurt 1991; Hoppstätter, Kurt, Die Hexenverfolgung im saarländischen Raum, in: Zeitschrift für die Geschichte des Saarlands 9(1959), S. 210-267.(Beide Beiträge streifen die Bliesransbacher Prozesse nur.)
Archivalische Quelle: Landesarchiv Speyer B 2/111
Prozesse in Rhodt: Raith, Anita, Ein württembergischer Hexenprozeß des Jahres 1592, eine Fallstudie, in: Lorenz/Bauer (Hg.), Hexenverfolgung, Beiträge zur Forschung, Würzburg 1995
Archivalische Quelle: Hauptstaatsarchiv Stuttgart, Best. Oberratsakten, A 209, Büschel 1752.
Zu Frankenthal: Merkel, Ernst, Hexenwahn in Frankenthal, in: Frankenthal einst und jetzt 1(1976), S. 5-8
Archivalische Quelle: Stadtarchiv Frankenthal, Ratsprotokolle 1585-1610

Erste Gegner der Hexenprozesse: Lorenz, S., Die Rechtsauskunftstätigkeit der Tübinger Juristenfakultät in Hexenprozessen (ca. 1552-1602), S. 241-321.

Krämer, Wolfgang, Kurtrierische Hexenprozesse im 16. und 17. Jahrhundert vornehmlich an der unteren Mosel, München 1959, hier: Vier Prozesse im pfälzischen Westrich 1570-1599, S. 78-118, Stadtarchiv Speyer A I/207.

4. Raubritterwesen: Übel, Rolf, Truwe und veste, Burgen im Landkreis Südliche Weinstraße, Lingenfeld 1991; ders.; der thorn soll frey stehn, Burgen im Landkreis Pirmasens, Landau 1994; ders., Hans von Trott auf dem Berwartstein, in: Heimatkalender Pirmasens 1995, S. 124-128; Andermann, Kurt, Hans von Dratt (Throtha), in: H. Harthausen (Hg.), Pfälzische Lebensbilder, Vierter Band, Speyer 1987, S. 61-85; Scholzen, Reinhard, Franz von Sickingen, Kaiserslautern 1996.

5. Hannikelbande: Arnold, Hermann, Wahre Geschichte von Räuberbanden in der Pfalz, Landau, o.J.; Übel, Rolf, Die Hannikelbande in der Südpfalz, in: Südpfalzkurier 28(1993), S. 5-6; Renner, Erich, Geschichte und Beheimatung der Pfälzer Zigeuner, in: Pfälzer Heimat 3(1988), S. 123-133; Viehöfer, Erich, Der Schrecken seiner Zeit und die Bewunderung aller Jauner und Zigeuner, Jakob Reinhardt, genannt Hannikel, in: Schurke und Held, Historische Räuber und Räuberbanden, Ausstellungskatalog, Sigmaringen 1995; Arnold, Hermann, Die Hannikelbande, in: Pfälzer Heimat 2(1957); Christian Friedrich Wittlich, Der schwäbische Schrecken, Hannikel und seine Bande, in: Boehnke/Sarkowicz, Die deutschen Räuberbanden, Band I.,Die großen Räuber, Frankfurt 1991.

Stadtarchiv Annweiler AI/52

6. Öffentliche Hinrichtung in Landau 1828: Übel, Rolf, Hinrichtung in Horstwiesen, Raubmord an königlich-bayerischem Administration Kommissär, in: Der Landauer 4(1988), S. 14-15.

Landauer Wochenblatt, 47(21.11.1828), S. 1ff; Dokumentation des Raubmordes, , erschienen 1828 bei Georges Prinz, Landau (Stadtarchiv Landau); Bildliche Darstellung: Sammlung Kohl Nr. 6007 (Stadtarchiv Landau)

7. Hans Hoffmann Quelle: StA Landau, AA 61

8. Blutgerichtsbuch von Germersheim: Döpler, Johannes: Theatrum Poenarum, Supplicorium et Executionum Criminalium Oder Schau-Platz/Derer Leibes und Lebens-Straffen, 2 Bde., Sondershausen 1693/1697; Hans, Ludwig, Galgenweg und Blutweg führen zum Richtplatz des Mittelalters, in: Die Rheinpfalz, Ausgabe Landau, Lokalseite Germersheim, 5.7.1996; Ders., Zur Geschichte des kurpfälzischen Blutgerichts, in: Pfälzer Heimat, 1(1987), S. 5 - 14; Ders., Zwischen Vergeltung und Verhütung. Strafrecht und Strafgerichtsbarkeit in der Kurpfalz im frühen 18. Jahrhundert, in: Die Pfalz am Rhein, 4(1990), S.14 f.; Merzbacher, Friedrich, Folter, in: Justiz in alter Zeit (= Bd. V der Schriftenreihe des mittelalterlichen Kriminalmuseums Rothenburg o.d. Tauber), Rothenburg o.d. Tauber 1984, S. 241ff; Schild, Wolfgang, Die Ordnung und ihre Missetäter, in: Justiz in alter Zeit (= Bd. V der Schriftenreihe des mittelalterlichen Kriminalmuseums Rothenburg o.d. Tauber), Rothenburg o.d. Tauber 1984, S. 95; Schwarz, Albert; Zur Datierung der Germersheimer Privilegien, in: Heimatbrief der Stadt Germersheim, 33 (1993), S.114ff.

9. Kukatzki, Quellen: Anzeiger (für den Landgerichts-Bezirk Landau), später Landauer Anzeiger; General-Anzeiger, Ludwigshafen; Pfälzische Volkszeitung, Kaiserslautern; Pfälzer Zeitung; Pfälzischer Kurier; Pirmasenser Wochenblatt; Pirmasenser Zeitung; Speierer Zeitung . (Jahrgänge 1871-1918, aufbewahrt in der Landesbibliothek Speyer.)